목사 김선도 1

목회가 참 신났습니다

목사 김선도
1

목회가
참 신났습니다

김영헌

김정운

박관순

유기성

최이우

황웅식

리처드 포스터

지음

서우북스
SEOWOO BOOKS

2장   인간으로서의 김선도 · 김영현

가난한 농촌 마을에 새 하늘과 새 땅을 보여 준 젊은 군목

3장 목사의 아들로 산다는 것 · 김정운

2부 † 목회 인생, 기도의 영성으로 채우다

1장 영성가로서의 김선도 · 유기성

영성을 지닌 목회자 김선도

김선도 목사의 여덟 가지 영성

2장 나의 스승, 나의 영원한 '목회임상학 교수' · 최이우

3장 영성의 목회자, 김선도 감독 · 리처드 포스터

책머리에 **세계로 뻗어 나간 김선도 목사의 영성과 신학, 교회론 · 황웅식**

1부 † 목사와 교회, 사명과 헌신으로 꽃을 피우다

포기하지 말라

리더의 가치를 지키라

사명을 사역으로

효과적인 교구 조직을 세워라

명확한 임무를 설정하고 사역하라

부지런히 소통하라

정확하게 관리하고 철저하게 기획하라

핵심가치를 세우고 집중하라

대담하게 혁신하라

전략적으로 개척하라

계속되는 자기 계발

치열하게 독서하라

낚시하는 법을 가르치고 배워라

새롭게 도전하고 창조적으로 경영하라

2부 † 영성과 신학, 희망과 긍정의 목회를 이루다

1장 장천 김선도 목사의 신학 · 서창원

장천의 신학과 교회론

장천 신학의 구조와 형성

장천의 신학적 전통 이해

영성운동을 이어주는 교회론

전인치유 구원을 선포하는 교회

장천의 교회성장론

사회변화를 활용하는 교회성장론

교회 목회의 신학, 광림교회의 5대 전통

설교자 장천과 교회론

교회론에 있어서 장천 설교의 유기체적 융합

영적 훈련으로서의 예배로 생동하는 교회론

장천 신학의 발자취와 영향

3장 　구원의 확신과 성화적 영성으로 충만한 설교자 · 김홍기

겸손과 긍정의 힘으로 사역하다

긍정의 힘으로 선교하고 나아가다

겸손과 열정의 힘으로 스스로를 이끌다

복음의 본질을 지키며 헌신하다

전통의 힘으로 경건의 예배를 지켜내다

다시 활력을 주는 힘으로 갈등과 반목을 극복하다

소명의 힘으로 복음을 전하다

창조의 힘으로 부흥을 이루다

Leader Kim Sundo like a lighthouse: Adam Hamilton

목사 김선도의 연혁

황웅식

신애감리교회 담임목사. 광림교회에서 청년선교국을 담당하고 기획목사를 역임하며 김선도 목사와 깊은 인연을 맺었다.

목사 김선도의 아흔 인생과 목회를 돌아보면서

황웅식

장천 김선도의 삶과 목회에 대한 글을 묶어내는 작업은 여기에 참여한 모든 사람에게 은혜와 도전의 시간이었다. 이 책은 종교교회 최이우 목사의 제안으로 시작되었고, 참여한 모든 필자들이 짧은 고민이나 주저함 없이 뜻과 힘을 모아 주었다.

『목사 김선도 1 - 목회가 참 신났습니다』는 대한민국 현대사를 관통하며 뚜벅뚜벅 하나님을 따라 걸어온 김선도 목사의 아흔 인생과 목회의 역사를 담아내었다. 이 책을 통해 독자들은 개인의 신앙과 목회적 삶에 대한 진지한 도전과 마주하게 될 것이다. 그만큼 김선도 목사는 시대를 통찰하는 안목과 복음적 확신으로 가득한 사람이다. 그러므로 여기에 쓰인 글들은 과거를 추억하는 것으로 끝나지 않으며 개인과 역사를 평가하는 것으로 멈추지 않는다. 더 나아가서, 미래를 바라보는 탁월한 안목을 키우는 자리로 이끌어 준다. 물론 이야기는 자신들이 경험한 김선도 목사에 대한 생각으로부터 출발한다. 그러나 오히려 그것이 여기에 쓰인 이야기들을 생생하고 역동적으로 만들어 주었다.

이 책은 평범한 내용이라고 말할 수 없다. 개인의 인생과 신앙, 그리고 목회와 신학의 모든 것이 담겨있는 결정체라고 말할 수 있다. 그렇기 때문에 이 글을 읽는 독자가 목회자이든 평신도이든, 영적인 삶에 대해 진지하게 고민하는 사람이라면 훌륭한 안내서가 될 것이다. 혹시 신학을 공부하거나 목회를 준비하는 사람이라면 그들에게는 더할 수 없는 교과서가 되리라고 확신한다.

선한 영향력을 남긴 사람

자, 이제 이 책과 함께 여러분 각자의 여행을 떠나 보시기 바란다. 이 여행에서 겁 많던 시골 소년이 어떻게 비전의 사람이 되었는지 발견해 보시라. "시골에서 자란 나는 늘 모르는 것이 너무 많았다. 겁도 많은 편이다. 하나님이 함께하시지 않으면 아무것도 할 수 없음을 항상 느끼고 있었다." 이것은 김영헌 목사의 고백이다. 이 시골 소년은 나중에 성인이 되어서 훌륭한 목사가 되고, 감리교단의 감독이 된다. 김영헌 목사는 자신이 그렇게 성장할 수 있도록 김선도 목사가 영향을 주었다고 말한다. 자신이 즐겨 묵상하고 붙잡았던 '여호수아 1:5-9' 말씀도 김선도 목사가 늘 하던 말씀이었다고 고백했다.

김영헌 목사만 그런 것이 아니다. 이 책의 출간을 처음 제안한 최이우 목사는 '목회 전반에서 김선도 목사를 롤모델로 삼았다'고 말했다. 그들을 포함해서, 이 책이 나오기까지 함께 작업한 저자들이나 '목사 김선도'를 아는 모든 사람들은 그에게 탁월한 영향을 받았다. 그것에 대한 세세한 내용이 앞으로 읽어 나갈 이야기 속에 들어 있다. 김영헌 목사의 말처럼, 이 글은 그들이 "직접 경험한 증언 Eye witness"이기 때문에 여기에 쓰인 글들은 단순한 이야기로 끝나지 않고, 독자들에게 읽어 나가는 내용을 이미지화하도록 이끌어 준다. 독자들은 이 책의 글들을 읽으면서, 그들이 마주했던 상황을 이미지로 떠올리게 될 것이다. 그 이미지는 강력하게 도전하는 메시지가 되어 독자들의 마음을 흔들기도 할 것이다. 그런 의미에서 이 글은 살아 있는 역사이며, 진실한 문학이고, 강력한 도전의 메시지이다. 따라서 독자들은 이 글을 쓴 저자들이 김선도 목사에게 받았던 영향을 고스란히 전달받게 될 것이다.

그의 고백, 그리고 그의 삶

"모태 신앙으로 자라난 나는 기독교 신앙에 대해 한 번도 의심해 보거나 탈선하려 머뭇거려 본 적이 없었다."

김선도 목사가 설교전집을 출간하면서 고백한 글이다. 그는 "목회 43년을 회고하며"라는 서문에서 자신은 한 번도 신앙에 대해서 의심해 보지 않았고, 신앙의 길에서 탈선하려고 머뭇거린 적이 없었다고 고백했다. 실제로 김선도 목사의 목회와 생애를 들여다보면 그의 말이 진실하게 느껴진다. 그는 자신이 존경했으며 일평생 닮고 싶어 했던 존 웨슬리와 같이 자신에게 철저했다. 그는 일생을 경건의 사람, 비전의 사람, 전인적 성화의 사람으로 살아내려고 했다.

한 사람의 신앙인으로서 김선도 목사는 철저한 경건의 사람이었다. 그는 하나님의 구원하신 은혜에 항상 감사하면서 신실한 신앙인으로 살기 위해서 노력했다. 그러한 이유로 자신의 설교에서 사도 바울이 남긴 고백을 자주 인용했다.

> "형제들아 나는 아직 내가 잡은 줄로 여기지 아니하고 오직 한 일 즉 뒤에 있는 것은 잊어버리고 앞에 있는 것을 잡으려고 푯대를 향하여 그리스도 예수 안에서 하나님이 위에서 부르신 부름의 상을 위하여 달려가노라"
>
> (빌립보서 3:13-14)

바울이 남긴 위대한 고백 중에 하나가 빌립보서에 있다. 김선도 목사도 바울의 고백과 같은 경건의 열심을 놓지 않으려고 했다. 하나님이 부르신 부름의 상을 위해 매 순간마다 최선을 다해 경주하듯이 목회를 했다.

청교도적인 삶의 흔적들

김영헌 목사는 어린 시절에 김선도 목사를 만나 인생의 큰 영향을 받았다. 그가 기억하는 김선도는 청교도적인 삶을 추구했던 신앙인이었다. 그래서 김영헌 목사는 김선도 목사를 회상할 때, 청교도적인 삶과 영성을 추구했던 인물이었음을 빼놓지 않고 이야기한다. 그는 '인간으로서의 김선도'를 글로 표현하면서, "김선도 군목이라는 사역자는 하루를 24시간이 아니라 30시간, 40시간으로 살았다. 부대 안에서는 젊은 장병들과 함께, 부대 밖에서는 농촌의 가난한 농부들과 함께 시골 교회를 섬기던 젊은 목사가 인간 김선도였다"고 추억했다. 그렇게 한 사람의 신앙인으로서 김선도는 자기 스스로에게 엄격했다. 김영헌 목사의 표현에 따르면, 김선도 목사는 "몸의 에너지를 생명주신 하나님을 위해 전부 소진해야 도리를 다하는 것으로 믿고 사는 분이다. 세속적인 눈으로 보면 인생을 즐길 줄 모르는 재미없는 사람"이다.

배우자인 박관순 사모가 바라본 김선도 목사도 마찬가지였다. 그녀가 청년 김선도를 처음 만났을 때, 자기의 남편이 될 사람이 세상 다른 사람들과 같을 줄만 알았다. 그녀는 청년 김선도가 결혼을 하면, "자식들 키우면서 예쁜 거 표현도 할 줄 알고 (…) 생업도상生業途上에서 남들이 누리는 행복을 조금은 추구할 줄 알면서 살겠거니" 생각했다고 한다. 그런데 처음부터 노년에 이르기까지 김선도 목사의 삶은 한결같았다는 것이다. "하지만 처음 만난 순간, 김선도 전도사가 보여 주는 기품이라든지 품격은 그런 내 예상을 여지없이 깨뜨렸다. 초지일관 하나님과 교회, 그리고 교인들밖에 모르는 목사. 평생을 살아오면서 시종일관 그렇게 똑같은 사람을 보지 못했다." 이것이 배우자로서 일생을 김선도 목사와 동역해 온 박관순 사모의 이야기이다.

둘째 아들인 김정운 박사가 기억하는 아버지도 자기 절제에 탁월한 인물이었다. 신사동에 광림교회 건축이 완공된 때가 김정운 박사가 대학에 입학할 무렵이었다고 한다. 그는 그 무렵 유성의 리조트로 가족 휴가를 갔던 기억을 끄집어냈다. "새벽이 되니, 아버지가 우리 형제들을 깨우셔서 리조트 앞의 잔디밭으로 나갔다. 아버지는 그곳에서 무릎을 꿇고 새벽기도를 시작하셨다. 우리 형제들도 얼떨결에 무릎을 꿇고 기도했다. 그런데 갑자기 어디선가 큰 고함소리가 들렸다. 아뿔싸, 우리가 기도하고 있는 곳은 골프장의 그린이었다." 두 아들을 무릎 꿇리고 골프장 그린에서 기도하던 목사 김선도의 모습을 상상해 보라. 재미있지 않은가?

그러나 그에게는 그런 것조차 당연한 일이었을 것이다. 그는 어떤 환경에서도 하나님께 기도하는 것을 생명처럼 소중하게 여겼기 때문이다.

무엇에 대해서든지 진지하게

김선도 목사는 시간을 허투루 보내지도 않았지만, 무슨 일을 하든지 허투루 하는 법이 없었다. 지난 날, 광림수도원에서 '목회자를 위한 세미나'가 열린 적이 있다. 광림수도원의 다락방 채플에 백여 명의 목회자들이 모이는 작은 세미나였다. 그 당시에 나는 세미나 준비와 진행을 맡고 있었다. 외국의 유명한 신학자도 초청되었고, 세미나에 관한 내용도 다양하게 준비하고 있었다. 세미나를 위한 준비가 일사천리로 진행되는 중이었다. 바로 그날에 있었던 일이다. 세미나 개회가 오후 3시로 예정되어 있었다. 일반적으로 세미나 강사는 개회 시간에 맞추어서 오는 것이 보편적이었다. 그런데 그날 김선도 목사는 무려 3시간이나 일찍 세미나 장소에 도착했다. 그러고는 1시간 동안 세미나 장소를 둘러보면서, 자신의 강의를 준비했다.

다락방 채플! 거기에서 설교하고 강의한 것만 수십 번일 것이다. 그런데 강의 준비라니? 그것도 평범한 준비가 아니다. 자신이 사용할 마이크를 직접 체크하고, 강단에 서서 강연하는 모습도 시연해 보았다. 준비하는 관계자들로 하여금 회중석에 앉아서 강연하는 모습에 대한 피드백을 하도록 했다. 또 한편으로는 자신이 회

중석에 앉은 채로 강단을 바라보면서 설교하는 자기의 모습을 연상하기도 했다. 그러면서 더 좋은 모습, 더 좋은 조건이 되도록 열심히 강연을 준비하는 것이다. 그때 내가 얼마나 놀랐는지 여러분은 상상도 하지 못할 것이다. '정말, 뭔가 다르구나!'라는 생각 말고는 어떤 생각도 할 수가 없었다. 김선도 목사에게 있어서, 모임의 크기와 사람의 숫자는 상관이 없었다. 자신의 메시지가 하나님 앞에서 진실해야 된다고 생각했던 것처럼, 사람들에게도 진실하게 전달되기를 바랐을 뿐이다.

피터 드러커와 함께 현대 경영의 창시자라고 불리는 경영의 대가가 톰 피터스이다. 그가 저술한 『리틀빅씽The Little Big Thing』(더난 출판)이란 책에서, 그는 자신의 강연이 엉망이 되었던 경험을 이야기한 적이 있다. 그의 기억에 따르면, 결정적인 순간에 마이크와 스피커가 작동하지 않아서 당황했던 경험이었다. 그 일을 겪은 후부터 그는 강연장에 항상 먼저 가서 마이크를 점검한다고 했다. "강단이 어떻게 설치되어 있는지, 강연장에는 몇 명이 앉을 수 있는지, 강연장의 크기는 얼마 만한지 등을 종합적으로 점검한다"는 것이다. 어떻게 이렇게 대가들은 공통적으로 비슷한 점이 있는 것일까? "대가가 되려면 대가를 지불해야 한다"는 말이 있다. 그것이 어디로부터 출발하는지 우리는 잘 알아야 한다. 그것은 바로 진지함이다.

아들로서 아버지를 바라보는 김정운 박사의 기억도 똑같은 맥락이다. 그는 아버지 김선도를 다음과 같이 기억했다. "아버지는 허투루 시간 보내는 것을 극도로 싫어하신다. 항상 손에 책을 잡고 계셔야 마음이 편하신 듯하다. 어딜 가든 책가방은 반드시 들고 가신다. 그 안에는 언제나 성경책과 영어책, 그리고 일본어책이 들어 있다. 잠시라도 빈 시간이 나면 책을 꺼내 읽으신다." 이런 기억들은 그만의 생각이 아니다. 김선도 목사를 아는 목회자와 성도들의 한결같은 기억이다. 어떤 공간에서든지 앉으면 책을 펴서 읽었고, 어떤 장소에서든지 제일 먼저 찾아간 곳이 서점이었다.

단 한 사람을 위해서라도 충성스럽게

김선도 목사가 자주 했던 말이 있다. "태도가 사회적 지위를 결정한다Attitude makes Altitude"는 말이다. 그는 모든 순간을 진실함과 진지함으로 대하려고 했다. 그래서 단 한 사람에게 설교를 하더라도 충성스럽게 말씀을 준비했다. 어느 해 가을로 기억한다. 용인에 있는 광림교회 지성전에서 부목사로 섬기던 분과 만났다. 그가 하는 말이 '지난 월요일에 감독님이 남교회로 설교 준비를 하러 오셨다'는 것이다. 그래서 부목사가 교회 입구에서 기다리는데, 김선도 목사가 가방 두 개를 양 손에 들고 차에서 내렸다는 것이다. 그가 물었다. "목사님, 무슨 일입니까?" 그의 질문에 김선도 목사는 "설교 준비하러 왔습니다. 목사님은 신경 쓰지 마십시오."라고 말하시더라는 것이다.

당시에 목사들은 월요일이 쉬는 날이었다. 그런데 누구를 위해서 설교하길래, 쉬는 날까지 설교를 준비하러 남교회까지 갔던 것일까? 바로 다음 날에 있는 설교 때문이었는데, 그 설교의 회중은 오직 한 사람이었다. 단 한 사람을 위해서 그렇게 설교를 준비했던 것이다. 김선도 목사가 그 당시에 했던 이야기가 아직도 내게는 생생하게 들린다. "50년 넘게 목회하면서 설교를 했으니, 그 중에 좋은 설교 하나를 골라서 해도 된다고 생각할 수 있다. 그러나 단 한 사람을 위해서라도 충성을 다해야 하는 것이 목사이다." 이것이 '목사 김선도'이다. 대형교회 목회자이기 때문에 한 영혼에 대해서 소홀할 수도 있다는 것은 편견이고 오해이다. 그가 한 영혼을 구원하기 위해서, 군목 시절 군대의 감옥(영창)에 들어가서 밤새 복음을 전했다는 유명한 일화가 있지 않던가.

김선도 목사가 후배 목사들에게 강의할 때마다 했던 이야기가 있다. "목사는 전적으로 헌신total commitment 을 해야 목사입니다."라는 말이다. 박관순 사모가 곁에서 지켜본 김선도 바로 그런 인물이었다. 그녀가 말하는 김선도는 "오늘의 사람"이다. 이것이 그의 충성스러움을 그대로 드러내는 표현이다. "남편은 오직 오늘의 사람이다. 오늘밖에 없다. 언제나 오늘을 마지막처럼 살고 있다. 이처럼 종말론적으로 살아가는 목사도 없다. 의정부에서도 오늘이었고, 전농교회에서도 오늘이었고, 군종 시절에도 오늘이었고, 영천교회를 건축할 때에도 오늘이었고, 미국 유학을 가서도 오늘이었고, 광림교회에서도 늘 오늘을 살고 있다." 이것이 박관순 사모가 말하는 김선도 목사의 충성스러움이다. 오늘을 사는 김선도의 현실이란, 하나님을 위해 모든 것을 헌신하는 희생을 의미했기 때문이다. 사모가 말한 것처럼, 김선도 목사는 "언제나 맡겨진 목회 현장에서 교회를 위해 죽을 작정을 하고 목회를 했다."

간절한 기도에 뿌리를 둔 영성

"늘 수많은 책에 파묻혀 있던 남편도 영혼의 허기를 느끼긴 마찬가지였던 것 같다. 한마디 말도 없이 어딘가로 갔다 치면 어김없이 기도원에 있었다. 용문산기도원, 삼각산기도원을 비롯해서 남편은 기도원이란 기도원은 죄다 찾아다니며 기도했다." 박관순 사모는 김선도 목사의 기도 생활에 대해서 이렇게 이야기하며 그가 수많은 목회자들을 앞에 두고 강단에 서서 강조한 이 말을 떠올렸다. "목사님들, 영성의 시대가 오고 있습니다. 지식에 연연하지 마십시오. '모어 댄 디그리more than degree(학위 이상)'의 시대는 성령 충만한 목사님을 간절히 원하고 있는 것입니다."

유기성 목사도 김선도 목사의 기도와 영성을 닮으려고 했던 목회자 가운데 한 사람이었다. 유기성 목사는 '김선도 목사의 영성의 가장 큰 특징을 꼽으라면 기도의 영성'이라고 했다. 자신도 김선도 목사를 가까이에서 보고 배우면서 특별했던 것으로 '기도의 모범'을 이야기했다.

그는 자신의 글에서 영혼을 치유하는 김선도 목사의 설교에 대해서 이야기하고 있다. "내가 부목사로 광림교회에서 섬기던 당시에 매 주일마다 수많은 교인들이 적극적인 신앙을 외치는 김선도 목사의 설교를 들으며 상처와 불안을 치유받고 극복하는 것을 보았다." 그렇게 김선도 목사의 설교는 성도들로 하여금 전인적 치유와 위로를 경험하도록 이끌어 주었다. 그러나 그것은 단순한 위로와 치유 이상이다. 그는 영혼의 상처를 위로하고 치유하는 것으로 그치지 않았다. 사람들에게 비전을 향해서 전진하도록 도전했다. 그래서 김선도의 설교는 추상적이지도 공허하지도 않다. 늘 언제나 사람들의 실천을 이끌어 냈다.

그의 기도하는 영성은 실재적으로 그를 경험한 목회자와 성도들에게 귀감이 되었다. 그는 기도를 통해서 '하나님이 자기가 생각한 것보다 더 크신 분이라는 것'을 잊지 않았다고 했다. 그런 기도의 모판이 확실했기 때문에 신앙과 목회가 하나님의 은혜로 가득한 '은총의 낙관주의'를 가능하게 한 것이다.

책임적 응답이 거룩한 사명으로

인간의 책임적 응답은 성실한 생활과 선교적 사명으로 이어진다. 그는 목회자가 된 이후, 한순간도 목회적 사명을 잊은 적이 없다. 하나님의 은혜로 교회가 성장할 때에는, 더욱 자신의 사명을 잊지 않으려고 노력했다. 김영헌 목사는 김선도 목사에 대해서 "가난에 찌들어 있는 동네 주민들에게 복음을 전하고, 그들이 예수를 믿어 어려운 환경을 이겨 내고 사람다운 삶을 살 수 있는 희망을 불어넣어야겠다는 사명감에 붙들린 듯했다."고 말했다. 김영헌 목사가 기억하는 김선도는 "언제나 주어진 자리에서 주어진 사명에 대해 최선을 다해야 직성이 풀리는 성격"의 인물이었다.

박관순 사모도 자신의 글에서 남편과의 결혼생활이 사명이었다고 고백했다. "남편과 나는 그렇게 운명에 따라 살지 않고 사명을 따라 살게 되었다"고 고백하면서 김선도 목사의 목회적 사명에 대해서 분명하게 이야기했다. "남편은 모든 인간적인 목적과 가치를 버렸고, 하나님과 교회밖에 모르는 사람, 세상을 살아가는 모든 가치가 오직 목회밖에 없는 사람이 되었다." 목사 김선도는 그렇게 하나님의 사명에 붙잡힌 사람이었다. 심지어 자신의 아내에게조차 "당신도 나와 결혼해서 목회하는 거니까 나와 똑같아야 해요."라고 말할 정도였다.

그는 언제나 자기를 구원하신 하나님의 은혜에 책임적으로 응답하는 사명자가 되려고 힘썼다. 그는 6.25전쟁을 겪으면서 "살려만 주시면 주의 종이 되겠다"고 서원했던 일을 생각하며, 늘 감사와 사명감으로 뜨거운 마음을 가지고 살았다. 유기성 목사나 박동찬 목사의 글(『목사 김선도 2 - 목회의 지도를 그리다』)에도, 김선도 목사의 사명감에 대한 글이 등장한다. 그들은 김선도 목사의 자서전에 나오는 이야기를 공통적으로 기억해 냈는데, 그것은 다음과 같다.

"하나님은 내게 성장을 허락하셨다. 그리고 나는 광림교회가 성장하는 순간 속에서 한시도 그 성장의 이유를 잊은 적이 없다. '나눔을 위한 성장', '섬김을 위한 성장', 죄와 사망에서 생명으로, 절망과 좌절에서 소망으로, 이 나라 백성들과 고통 속에 있는 세상의 사람을 출애굽시켜 내야 한다는 사명감을 잊은 적이 없다."

김영헌 목사는 어린 시절부터 김선도 목사를 알고 따르다가 그 자신도 목사가 된 사람이다. 앞서도 잠깐 언급했지만, 김영헌 목사가 기억하는 김선도는 사명감으로 무장한 그리스도인이었다. 김영헌 목사의 글에는 다음과 같은 내용이 소개되고 있다. "감리교의 목사인 김선도는 성직자라는 직임 이전에 그리스도인으로서의 분명한 사명감을 갖고 있었다. 신앙의 본능에서 나오는 신념이었다. 하나님을 사랑하고 교회를 보호하는 일에는 언제든지 목숨을 걸고 있었다." 이와 같은 그의 사명감은 시골에서 농촌 교회를 섬길 때에나, 군목으로 기지교회를 섬길 때에나 한결같았다고 한다. 그리고 김영헌 목사의 말대로, 그는 "도심의 대형교회를 이룩하여 섬길 때에도 하나님과 교회를 위해서는 일사각오의 사명자"였다. 교회의 부흥과 성장을 위해서 몸을 바쳤고, 주님의 교회를 지키기 위해서는 생명을 걸었다.

사명으로 채찍질하던, 그러나 따뜻한 인간애를 가진

그의 사명은 구원의 은혜로부터 출발했고, 구원의 은혜를 모두 갚기 위해서 충성을 다했다. 바울이 고백했던 것처럼 "뒤에 있는 것은 잊어버리고 앞에 있는 것을 잡으려고 푯대를 향하여" 충성스럽게 달렸다. 사명자 김선도, 그의 목회와 삶이 바로 그것을 향하고 있다. 그가 가졌던 삶의 태도는 단 한순간도 비틀어진 적이 없었다. 최이우 목사는 목회자로서의 김선도를 회상하면서 다음과 같이 이야기한다. "1976년, 김선도 목사를 대학 강의실에서 처음 만난 날부터 오늘까지 그분의 태도는 달라진 것이 없다. 지금은 연세가 드셔서 체격이 줄어들고 기운은 다소 빠지셨지만 태도만은 여전하시다." 그렇다. 김선도 목사는 자기의 의지가 살아있는 동안에, 한 번도 태도를 흐트러뜨린 적이 없다. 언제나 '코람데오'의 모습으로 인생을 살아내고, 목회적인 사명을 수행해 냈다.

그러나, 독자들은 김선도 목사의 철저한 영성과 목회적 삶의 저변에 흐르는 인간애를 잊으면 안 된다. 나는 김선도 감독의 인간적인 면에 상당한 매력을 느끼는 사람 중에 하나이다. 김정운 박사는 어릴 때 군복을 차려입고 스케이트를 멋지게 타던 아버지를 회상했다. 군복을 입고 아들에게 스케이트를 가르쳐 주던 젊은 시절의 김선도를 떠올려 보라. 그도 다른 이들과 똑같이 자식을 사랑하는 아버지였다.

김영헌 목사는 염소 한 마리와 관련한 이미지를 평생 기억한다고 했다. 그의 어린 시절에 아버지는 몸이 아프고, 먹을 양식은 변변하지 못했다. 그는 몸이 아프신 아버지 옆에서 배고프다고 보채던 동생들을 보면서 화가 났다고 했다. 그래서 언덕에 올라서 하나님을 향해서 소리쳤다는 것이다. "하나님, 당신은 누구입니까? 예수만 잘 믿으면 굶주리지 않는다매요! (…) 당신은 누구입니까? 제가 혹시 없는 하나님을 믿는 것은 아닙니까? 아니면 당신은 무능한 하나님이 아닙니까?" 그때 누군가가 먼발치에서 두 주먹을 불끈 쥐고 하늘을 향해 소리소리 지르는 자신의 모습을 보았다고 했다. 그가 누구였겠나? 그날 일을 마치고 퇴근을 하던 김선도 목사였다. 그리고 다음 날, 김선도 목사는 염소 한 마리를 김영헌 목사에게 끌고 왔다고 했다. 그러면서 "잘 길러서 아버님 영양보충해 드리고 잘 먹으라"는 말을 해 주었다는 것이다.

그의 목회에서, 빼놓을 수 없는 존재가 배우자인 박관순 사모이다. 그녀는 "남편이 목회에 전력으로 투신할 수 있도록 하염없이 노력했다"고 했다. 박관순 사모는 남편의 사명을 자기의 사명으로 삼고 목회일념으로 사는 남편과 일평생을 동역자로 살았다. 그리고 영적인 가문을 세우는 어머니로 헌신했다. 그녀는 시아버지가 남겼던 유언 한마디, "가문을 바꾸라"는 말에 눈물을 흘렸다. 그리고 남편과 목양일념의 세월을 살면서 영적인 가문을 세우는 일에 정성을 다했다. 그러니 어떻게 병이 나지 않을 수 있을까? 며칠 동안 앓아누운 적도 있었다. 박관순 사모의 이야기를 들으면, "며칠을 앓아서 누워 있었어도 남편 조반을 항상 차렸다"고 했다. 남편이 "여보, 몸도 성치 않은데 아침식사 준비하느라 고생하셨소."라고 말 한마디 해주면 좋았을 텐데, 김선도 목사는 과묵하기만 했다고 한다. 그런데, 그렇게 과묵하기만 하던 남편이 교회에서 성경공부를 하다가 눈물을 흘렸다는 것이다. 교인들에게 기도를 부탁하면서 울먹였다는 이야기이다. 바로 이것이 김선도 목사의 인간적인 면모이다. 인간 김선도, 그는 따뜻한 사람이다. 그의 내면에 있는 따뜻함이 사명감으로 감싸여서, 사람들이 알아보지 못했을 뿐이다.

사명감보다 큰 은혜의 하나님

이 대목에서 독자들은 중요한 관점 하나를 가지고 가야 한다. 그것은 최이우 목사의 글에 나타나 있는 통찰력이다. 그는 예수님

의 '지상대명령'을 이야기하면서, 사명에 따라오는 은혜를 이야기
했다.

> "그러므로 너희는 가서 모든 민족을 제자로 삼아 아버지와
> 아들과 성령의 이름으로 세례를 베풀고 내가 너희에게 분부
> 한 모든 것을 가르쳐 지키게 하라 볼지어다 내가 세상 끝날까
> 지 너희와 항상 함께 있으리라 하시니라"
>
> (마태복음 28:19 – 20)

최이우 목사는 다음과 같이 말한다. "예수 그리스도는 제자들
에게 최후의 명령과 함께 놀라운 약속을 하셨다." 그 약속이란 무엇
인가? "모든 민족을 가르쳐 지키게 함으로 제자 삼으라. 하늘과 땅
의 모든 권세를 가진 내가 세상 끝날까지 항상 함께 있겠다"는 것이
다. 최이우 목사의 글에는 다음과 같은 놀라운 구절이 나온다. "사명
도 크지만 약속은 더 크다. 제자가 모든 사람을 가르쳐 지키게 하는
사명을 엄수하면 예수님은 반드시 함께하신다."

독자들은 바로 이 지점을 끌어안고 가야 한다. 김선도 목사는
사명에 대한 크고 거룩한 부담감을 가지고 있었다. 그러나 그 사명
속에서 함께하신 주님이 언제나 그의 사명에 에너지를 공급해 주

셨다. 최이우 목사의 말처럼, 그의 '사명도 컸지만, 거기에 함께하신 약속은 더 컸다'고 할 수 있다.

목사 김선도는 사명자로 사는 것을 외롭게 여기지 않고, 오히려 예수님처럼 일할 수 있는 위대한 기회로 삼았다. 또한 그의 인생과 영성, 목회자로서의 이러한 사명은 세계로 뻗어 나가 영향을 끼쳤다. 20세기 영성의 거장인 리처드 포스터가 김선도 목사에게 기도를 받고 그 영성에 깊은 영향을 받았다는 고백은 가슴을 뭉클하게 한다.

나는 독자들이 이 책을 읽으면서, 저자들이 느끼고 전하고자 하는 '목사 김선도'의 모든 것에 대해 깊이 생각하고 공감하는 계기가 되기를 바란다. 끝으로, 이 책을 펴내는 '서우북스'의 대표 김정신 권사와 총괄 기획을 담당하며 동분서주한 이상완 목사, 이 책의 출판에 힘을 보탠 모든 분들의 노력에 깊이 감사한다.

1부

아흔 인생,
하나님
가까이에서 걷다

1장

사나 죽으나
우리는
주님의 것

박관순

박관순

서울신학대학교 목회학 명예박사. 현 사단법인 광림 및 광림주간보호센터 이사장, 광림복지재단 이사, 서우장학회 회장으로 활동하고 있다. 서울대학교 간호학과를 졸업하고 간호사로 근무하다 김선도 목사를 만나 평생 하나님을 섬기며 살겠다는 다짐으로 1960년 부부의 연을 맺었다.

우리 부부는 아침 8시면 어김없이 조반朝飯을 든다. 오늘은 무를 듬성듬성 썰어 넣고 소고깃국을 맑게 끓여 보았다. 곰국 같은 것을 빼고서는 매일 다른 음식을 준비한다. 찬장에 가지런히 놓여 있는 그릇들 중에서도 항상 새로운 그릇을 꺼내어 식탁을 차린다. 매일이 새로운 날인데 아침 식탁도 신선하고 생기 있으면 얼마나 좋은가? 남편의 건강이 아내인 나에게 달린 이상, 작은 반찬도 허투루 내고 싶지 않은 마음이다.

"목사님은 어떻게 그리 건강하신지 비결을 좀 말씀해 주세요."
종종 물어보시는 목사님들도 있다. 그럴 때면 두 가지 답을 드린다.
"아침 식사는 꼭 챙깁니다. 제가 구증구포九蒸九曝하지는 못해도 지금껏 약재상에서 잘생긴 인삼 골라서 직접 달여서 드렸어요." 어느덧 60년의 세월이 지나고 있지만 우리는 한결같이 아침 식탁에 마주 앉아 새로운 하루를 시작한다.

오늘 아침은 여느 때와 달랐다. 찬장을 열고 반찬 담을 접시와 국그릇들을 꺼내려는데 웬일인지 오래전에 사용했던 그릇들이 먼저 손에 덥석 잡히는 것이었다. 우리 내외의 손때가 묻은 그릇들. 기왕에 한동안 쓰지 않던 은수저도 꺼내 두었다. 세월이 담긴 그릇들 탓인지, 기억 너머로 아득히 지워진 줄 알았던 추억들도 파노라마처럼 되살아났다.

식탁에 앉아 있는 남편의 굽은 어깨가 유독 안쓰럽게 눈에 들어왔다. 속사람은 벌써 기도하고 있었다. "하나님, 내 사랑하는 남편이 짊어지고 온 십자가의 무게를 제가 조금이라도 더 덜어 줄 수 있게 해 주세요. 그토록 쩌렁쩌렁했던 음성에 성령의 힘찬 기운을 불어넣어 주세요. 그럴 수만 있다면 이 몸 하나 부서지는 것은 하나도 아깝지 않아요."

평소 나는 내 남편을 '할아버지'라고 칭한다. 일곱 명의 손주들이 태어나서 커가는 동안 입에 붙은 습관이다. 물론 교인들 앞에서는 목사님이지만, 할아버지라는 호칭에 그렇게 다들 다정다감함을 느낀다. 비단 호칭 때문만은 아닐 것이다. 아내의 진심은 말투와 어감으로 전달되는 것이니까. 그러고 보니, 남편을 처음 만났을 때 무엇이라고 불렀었는지 아련하기만 하다. 처음 우리가 만난 날 그이는 저 먼발치에서 야무지면서도 커다란 매무새로 성큼성큼 걸어오고 있었다.

하나님과 가까운 자리에서 시작된 인연

세상천지에 둘도 없는 이런 사람

그때 나는 내 남편이 될 사람도 세상 다른 사람들과 같을 줄만 알았다. 자식들 키우면서 예쁜 거 표현도 할 줄 알고, 아무리 하나님 일을 한다고 해도 생업도상生業途上에서 남들이 누리는 행복을 조금은 추구할 줄 알면서 살겠거니, 했다. 그렇지 않은가? 세상사 희로애락喜怒愛樂이 있고, 생사병로生死病老의 굴레에서 한 발짝 바깥 편에 벗어나 있는 사람은 하나도 없으니 말이다.

하지만 처음 만난 순간, 김선도 전도사가 보여 주는 기품이라든지 품격은 그런 내 예상을 여지없이 깨뜨렸다. 초지일관 하나님과 교회, 그리고 교인들밖에 모르는 목사. 생각하는 것과 행동하는 것, 추구하는 것이나 목적하는 것 모두가 오직 하나님을 향해 있는 사람이었다. 평생을 살아오면서 시종일관 그렇게 똑같은 사람을 보지 못했다. 내 말이 교만하게 들릴지도 모르겠으나 세상에 할아버지 같은 사람은 하나이지 둘도 될 수 없는 사람이다. 어릴 적부터 남편은 남달랐다.

유년기를 두고서 다른 말로는 철부지 시절이라고 말한다. 그러나 일제 강점기의 식민통치와 한국전쟁을 겪으면서 자라난 우리 세대는 철부터 먼저 들 수밖에 없었다. 세월이 험악했고 현실은 비참했다. 역사가 어떻게 흘러갈지 참 암울했다. 생활 환경은 너무나도 궁핍했다. 그런데도 남편은 자신의 유년 시절을 두고 '영적으로 너무나 풍요로웠노라'고 말씀하곤 한다. 지금도 시절을 탓하는 법이 없다. 매번 긍정의 요소를 찾아내고 하나님의 섭리를 기필코 발견해 내고야 마는 사람이다. 청교도적인 가풍과 어머님의 엄격한 신앙교육이 지대한 영향을 끼쳐서인지 도무지 부정이라는 것을 찾을 수 없는 사람이다.

당시 나는 유복한 집안에서 태어났고 전형적인 유교적 가풍 속에서 자랐다. 예수님을 처음 알게 된 것은 장로님의 딸이었던 친구 최정희의 손에 이끌려 다니게 된 교회 유치원 때부터였다. 주일학교 선생님이 들려주는 이야기도 너무나 신이 났다. 노아 일가족이 방주를 지어서 생명들을 살리는 이야기에, 야곱의 아들 요셉의 서러운 세상살이며, 마리아가 남편 요셉과 함께 호적을 하러 갔다가 방이 없어서 마구간에서 자게 된 일화, 그리고 신전을 무너뜨린 힘센 삼손과 수많은 성경 속 인물들 이야기에 배를 움켜잡고 웃기도 했고, 마치 내가 경험한 것 마냥 서럽게 울었던 적도 한두 번이 아니었다. 그러나 감성적으로는 이야기에 몰입해 공감하며 데굴데굴 굴렀을지라도 생각의 무게는 늘 이성에 기울어 있었다. 말씀이 전하는 이야기에 도취되었다가도 '사람이 어떻게 마구간에서 자는가? 그렇다고 해서 어떻게 그분이 예수님이신가? 그건 연극 같은 이야기일 뿐 아닌가?' 라는 생각을 하던 때였다. 그런데 누가 알았겠는가? 나는 신앙의 현실 적응도가 그만큼밖에 되지 않았을 때 목사의 아내가 되었다.

하나님께 가장 가까이 서 있는 사람

많은 사람들이 부부인연이 있다고들 말한다. 나는 그때나 지금이나 우연한 인연을 믿지 않는다. 신심 좋다고 스스로 자부하는 사람들 사이에서는 하나님이 짝지어 주셨다는 말을 한다. 하지만 이런 생각은 믿음을 가장한 운명론에 지나지 않는다. 그럼에도 불구하고 평생의 한 사람을 만나는 순간, 더욱 적극적으로 개입하시고 축복하시는 하나님의 섭리가 있다.

1950년대 겨울은 모두가 어렵게 살림을 이어 갔고 더없이 추웠다. 한국전쟁의 폐허 위에서 어떻게든 살아 보자고 온 국민이 아등바등 살아가던 험한 시절이었다. 대개는 자기 안위를 위해 무슨 일이든지 다 했고, 그 와중에도 서러운 사람 이용해 먹는 불한당도 많았다. 다른 많은 곳도 그랬지만 특히 청계천 주변에는 상처 입은 사람들로 북적거렸고 새 희망을 찾는 판자촌이 즐비했다.

시부모님이 철원에서 목회하고 계시던 그때, 남편은 이미 청계천 아랫자락의 전농감리교회에서 담임전도사가 되어 목회를 하고 있었다. 담임자가 없던 전농교회 교인들이 워낙 마음에 들어 해서 신학대학교 4학년 때부터 그곳에 파송을 받은 것이다. 남편은 교인들이 어찌 살아가는지, 형편은 어떠한지, 오직 교인들만 염려하면서 성경에 몰입해 있었다. 그래서인지 시부모님은 '우리 아들이 저렇게 교인들 일에만 골몰하며 목회하다가 혼기를 놓치는 것 아닌가, 사모가 있어야 목회도 온전할 텐데…' 그렇게 늘 장남의 결혼을 기도 제목으로 두셨던 것 같다.

분명 그이를 눈여겨 본 사람들은 교회 가까이에서 사모감을 찾고 있었을 것이다. 나도 어릴 적부터 인륜대사人倫大事는 선근후원先近後遠이라는 것을 배웠다. 인생에서 가장 중요한 일들은 가까운 곳에서, 가깝게 있는 사람들로부터 시작해야 한다는 말이다. 아마도 여기저기 가까운 곳에서 여러 중신이 들어왔을 것이다.

아니나 달랐을까. 전농교회를 개척한 가정 중에서 어느 가정의 장로님 외손녀딸이 교회학교 선생이었는데, 그 가정에서 담임전도사를 사윗감으로 점찍어 두었다는 얘기였다. 좋은 대학을 나왔고 말수도 적은데다가 참해 보이는 여성은 누가 봐도 딱 사모감으로 여겨질 만했다고 한다. 그러나 시부모님의 안목은 그러한 통념과는 크게 다르셨다. '성실하고 얌전한 분이지만 그런 속을 가지고선 사모 노릇하기 어려울 것이다. 게다가 가난한 집안 맏며느리 노릇은 오죽하겠냐'는 단호한 말씀이셨다.

당시 나는 서울대학교 간호학과를 졸업하고 서울대학병원에서 간호사로 일하며 아픈 사람들을 돌보고 치료하는 일에 매진하고 있었다. 밤을 지새우며 일하는 시간이 워낙 많았기 때문에 새벽을 맞이하는 것은 퍽이나 익숙했고, 신선한 새벽의 공기를 마시는 가운데 온몸을 새롭게 빚어내시는 하나님의 숨결을 여러 번 체험하기도 했다. 그래서 나는 새벽 미명에 깨어있는 것을 좋아한다. 병원 업무를 마친 새벽이면 반드시 새벽예배를 드리고 난 후에 귀가했다. 철원에 갔을 때에도 부지런히 새벽예배에 참석했다. 그리고 그 새벽예배에서 시부모님을 만났다.

기도하는 시간에 하나님은 많은 지혜를 주신다. 기도하는 그 자리에서 하나님은 특별한 만남을 허락해 주신다. 그래서 나는 잘 알고 있다. 하나님의 크신 일은 사람에게 가까운 자리에서 시작되지 않고 하나님께 가까운 자리에서 시작된다는 사실이다. 하나님의 역사는 인간적인 경험으로 습득되는 게 아니다. 말씀이 녹아들어간 기도의 자리에서 탄생한다. 그런고로 나는 인륜대사人倫大事는 선근후원先近後遠이로되, 하나님께 가까이 서 있는가를 여전히 가장 중요시한다.

오직 순종으로 운명을 뒤집고 사명으로 살다

나는 변두리 가장자리에서 주저하며 서 있는 것을 별로 달가워하지 않는다. 무얼 하든지 당차게 핵심으로 가서 중심을 잡고 일했다. 하나님의 일이라면 두말할 나위가 없었다. 혼담이 오갈만 한 나이의 나는 커다란 포부가 있었다. 하나님의 영광을 위한 삶을 살고 싶었고, 정말 열심히 일했다. 철원의 관인교회. 새벽예배에서도 언제나 맨 앞자리가 내 자리였다. 그런 내 모습이 시아버지의 눈에 띈 모양이다.

그러나 애초부터 내 남편은 결혼에 대한 관심은 저 멀리에 있었고, 나 또한 목사의 아내가 되리라는 일말의 꿈도 꾸지 않고 있었다. 나는 시대의 근대화 과정에서 어떠한 여성들보다 비범한 꿈과 높은 이상을 가지고 있었다. 누군가 비행기를 타 보았다고 하면 나는 내 전용 비행기를 타고 다니고야 말리라는 생각을 했다. 세계 굴지의 기업을 일궈 총수가 되는 꿈, 애굽의 총리대신이 되었던 요셉과 같이 나라를 다스리는 여인이 되는 꿈, 요즘 같으면 대형마트나 백화점의 회장 정도는 되고야 말리라는 비전을 품고 하나님 앞에서 기도하던 신여성이 바로 나였다.

부모의 간절한 기도를 자녀들이 얼마나 헤아릴 수 있으랴. 시부모님은 한참을 기도하시고 난 연후에 중신을 서셨다. 직접 자신의 아들을 중신에 나서는 부모가 또 있을까 생각을 하기도 했지만, 하나님은 나에게도 깊은 확신을 안겨주고 계셨다. 그렇게 며칠이나 흘렀을까. 햇살이 너무나도 눈부신 어느 날이었다. 나의 인간적인 의지를 꺾는 동시에 남편의 눈을 번쩍 뜨게 한 사건이 있었다. "박 선생과 결혼하지 않으면 호적에서 파버리겠다"는 시아버지의 벼락 같은 불호령이 떨어진 것이다. 이 한마디 말씀에 나는 그간 꿈꾸던 기업의 총수에 대한 미련과 절연絶緣했다. 시아버지의 말씀은 남편에게 준엄한 명령이었고 어쩌면 가문의 앞날에 대한 선언처럼 들리기도 했다. 남편과 나는 그렇게 운명에 따라 살지 않고 사명을 따라 살게 되었다. 그때의 남편이 어떤 속마음을 가지고 있었는지 알 도리가 없지만, 지금에 와서는 농담 반 진담 반으로 내 어깨를 툭 치며 말하곤 한다. "내가 당신과 결혼한 것은 순전히 순종하는 목적이었소." 그러면서 별로 웃지도 않는 남편이 슬그머니 그 특유의 미소를 지어 보이는 것이다.

　　부모의 기도는 자녀의 미래를 뒷받침하는 능력이 된다. 장손에 대한 기대치가 여느 부모와는 달라도 확연히 달랐던 시부모님이 하염없이 그리울 때가 있다. 시아버지는 장손이 맞이할 사모감으로 나를 택하신 걸 두고서 그저 가난한 집의 맏며느리 인품을 보았노라고 평안한 어조로 지그시 눈을 감고 말씀하실 따름이었다. 지금도 여전히 시원하고 서글서글하셨던 시아버지의 얼굴이 선명하다. 그리고 한량없이 인자하면서도 매섭게 기도하셨던 시어머니의 간절함이 귓전에 들려오는 것만 같다.

그리스도의 완전을 향해 나아가는 증표들

우리는 남편의 은사이신 홍현설 목사님을 주례목사님으로 모시고 아현감리교회에서 혼례를 올렸다. 평생의 러닝메이트가 된 순간이다. 지금은 의식이 많이 바뀌었지만, 그때는 전형적인 가부장 사회였다. 여성의 신분과 운명이 남성에 의해 결정된다는 사고 방식이 팽배한 시대였다. 게다가 남편이라는 사람이 말씀에 순종해서 결혼한 것이라니, 누가 들어도 속상할 말이다. 그러나 정작 나는 아무런 속상함도 아쉬움도 없었다. 내 눈앞에 그려지는 우리 두 사람의 미래는 하나님의 영광일 뿐이었다. 물론 고난인들 왜 없겠느냐마는, 사람이 경험하는 아무리 힘든 고난이 있다고 한들 하나님의 영광을 가릴만한 고난이 어디 있겠는가. 예수님 믿어서 받았던 과거의 핍박이나 예수님 믿어서 앞으로 받게 될 고난이 있다고 할지라도 그것은 믿음의 길에서 마땅히 누려야 할 값비싼 은총의 한 자락일 따름이며, 이제 내게 바뀐 것은 흰색 간호사복에서 사모의 무명옷 한 가지일 뿐이었다.

신혼살림을 시작한 집은 교회 다락방이었다. 처음 가서 보니까 몇 평 남짓한 다락방 안에는 의료기기며 약병 등으로 한가득 채워져 있었다. 남편이 목회의 길에 들어서기 전에 차렸던 병원에서 그대로 옮겨다 둔 것이었다. 우리가 살림을 시작할 생활 도구는 얼핏 봐도 수저 두 벌과 양은냄비에 그나마 쓸 만한 그릇 몇 개가 전부였다. 남편은 멀쩡한 낯빛으로 덩그러니 서 있었다. 결혼하면 내가 사모가 되는 줄만 알았지, 함께 사택 생활을 해 나갈 신경은 전혀 쓰지도 못한 모양이었다.

신기하게도 그런 풍경이 내겐 낯설지 않았다. 남루해 보이지도 않았다. 도리어 생명을 살리는 약병들, 그리고 남편에게도 나에게도 익숙한 의료기구들은 남편과 내가 가야 할 길을 보여 주는 증표처럼 한눈에 들어왔다. 있는 모습 그대로를 보여 주는 남편의 모습에 긍휼한 마음이 솟아 나왔고, 여기서 시작하자고 외치는 듯한 진정 어린 속내가 들여다보여 내심 감사했다. 이제 막 시작하는 우리는 아무것도 가진 것 없었지만, 달리 바라보자면 모든 것을 소유하는 지점에 서 있었다.

나는 완성된 상태에서 출발하는 사람은 아무도 없다고 생각한다. 만약 나무랄 것 없이 완성된 상태를 뽐내고 주변에서도 인정하는 지위와 환경에서 출발했다면 그만한 불행도 없다. 완성을 향해 나아가도록 촉진하는 하나님의 은혜를 절대 알 수 없기 때문이다. 다락방에 첫발을 내디디면서 알게 되었다. '내 남편과의 신혼살림은 하나님이 함께하시는 축복의 시작이로구나.' 나는 그때 분명히 체험했다. 지나온 시간 동안 시린 개울가에서 빨래하며 얼어 터진 내 양손에 하나님의 따스한 눈물방울이 떨어지고 있었다. 그리고 수술실과 병동을 오가며 환자들을 돌보면서 상기되었던 내 양 볼에도 하나님의 뜨거운 사랑이 흘러내리고 있었다.

참으로 신났던 목회 인생

영혼의 허기를 채우시는 불성령의 체험

목사의 아내가 되었을 때, 나는 언제나 느끼던 공부에 대한 허기를 달래고 채울 수 있으리라 생각했다. 응당 목사는 일평생 공부하는 사람이니까 러닝메이트인 아내도 함께 공부하는 시간을 보내게 되리라는 기대가 컸다. 실제로 나는 역사에 대한 관심이 많다. 주변에서는 예술을 보는 안목도 남다르다고 한다. 역사는 학문의 출발점이고 예술은 진선미를 추구하는 모든 학문의 귀결점이기 때문에 내 학문에 대한 욕구는 언제나 역사와 예술을 동시에 붙잡고 있었다. 당연히 예수님을 더 굳건히 믿고 싶고 성경 말씀을 더욱 깊이 알고 싶은 욕구는 세상의 학문에 대한 그것 이상으로 너무나도 강렬했다. 그런데 이 갈급함이 해소된 곳은 상아탑이 아니었다. 하나님을 만나는 자리였다.

나는 고등학교 3학년 시절에 불성령을 한 차례 체험했다. 성결교회 이성봉 목사님의 부흥회에서였다. 예수님 앞에 갔을 때 면류관을 받으리라는 결단을 처음 했다. 그리고 훗날 내 영혼의 허기를 어떻게 채울 수 있을까 갈피를 잡지 못하고 있던 때에 부흥회로 다시 달려갔다. 당시 얼마나 큰 은혜를 받았는지, 미숫가루를 타고 수유통을 만들어서 포대기에 아들을 둘러업고 부흥회에 참석했는데 그 자리에서 두 번째로 불성령을 받았다.

늘 수많은 책에 파묻혀 있던 남편도 영혼의 허기를 느끼긴 마찬가지였던 것 같다. 한마디 말도 없이 어딘가로 갔다 치면 어김없이 기도원에 있었다. 용문산기도원, 삼각산기도원을 비롯해서 남편은 기도원이란 기도원은 죄다 찾아다니며 기도했다. 우리 부부는 아이들을 재우고 깊은 밤중에 교회 뒷동산의 공동묘지에 올라가서 함께 기도하기도 했다. 기도의 자리는 갈급한 영혼에게 주어지는 특권이면서 문제의 실타래를 풀어헤치는 하나님의 능력이 이루어지는 자리다.

2013년 6월, 서울신학대학교 100주년을 기념하는 자리에서 남편은 명예문학박사 학위를 받고 나는 명예신학박사 학위를 받았다. 당시 총장의 학위수여사가 기억에 남는데 존 웨슬리 이후 가장 큰 복음의 역사를 이루고 실천한 부부로 남편과 나를 소개해 주었다. 세계적으로 부부가 동시에 학위를 수여받는 것은 매우 드문 일이라고 한다. 남편도 나도 학위가 아니라 하나님의 일에 최우선을 두었기 때문에 주어진 찬사라고 생각하고 있다. 수많은 목사님들이 모인 어느 세미나에서 남편이 강조한 말이 기억난다. "목사님들, 영성의 시대가 오고 있습니다. 지식에 연연하지 마십시오. '모어 댄 디그리More than Degree(학위 이상)'의 시대는 성령 충만한 목사님을 간절히 원하고 있는 것입니다."

불성령을 받은 나는 무엇이든 감사로 마감하고 감사로 시작하게 되었다. 하나님은 내가 생각하는 현실도 깨뜨리시고 내가 살아가는 현실도 깨뜨리셨다. 언제나 더 나은 현실을 열어주고 계셨다. 그리고 무엇으로도 깨어지지 않는 최고의 가치를 누리게 하셨다. 하나님과 맺은 약속이었다.

하나님과 맺은 의리가 최고의 가치

세상에는 모진 사람이 적지 않다. 그걸 겪는 상대방은 나쁘게 말하면 잔인한 것으로 느낀다. 그런데 스스로에게도 모진 사람은 찾기 힘들다. 남편은 스스로에게 더욱 엄격하게 모질고 철저한 사람이다. 목사 안 될 사람이 하나님 손에 붙들려 목사가 되었다고 해도 여느 목사들처럼 목회의 통증을 호소할 법도 한데, 남편의 사전事典에는 못한다, 어렵다, 힘들다, 이런 단어들이 없었다. 그건 남편 성품의 한 편린片鱗이기도 했지만, 더욱 중요한 영향은 전쟁터 죽음의 골짜기에서 하나님께 드린 서원誓願의 힘이기도 했다.

수시로 남편은 말한다. "사람이 사람의 약속도 지키는데 하물며 하나님과 맺은 약속은 반드시 지켜야 하지 않겠는가." 의리 중에 이런 의리가 또 없다. 성품이 그렇고, 경험이 그렇고, 믿음이 그러하니 의사의 신분으로 병원을 개업하고서 돈 잘 벌고 한창 잘 나갈 때 정작 속으로는 무서워 죽을 것 같았다고 한다.

사실 남편은 휴전협정 체결 후, 서울 명동 근처에 병원을 개원해 의사로 일하고 있었다. 당시 일주일이 멀다 하고 건너편에 있는 한국은행에 가서 예금을 할 정도로 대략 2년의 기간 동안 많은 돈을

벌었다고 한다. 남편은 이북에서 의과대학을 다닐 때부터 외과의
사가 되고 싶어 했다. 그리고 이제 막 병원을 개원해서 돈도 제법 풍
요롭게 벌고 있었으니, 고향 땅에서 품었던 희망이 어느덧 실현되
는 시점이었다. 생활도 안정되고 욕심도 부릴 만했을 때였다. 하지
만 웬걸, 그런 마음이 들면 들수록, 벌이가 많아지면 많아질수록 하
나님을 더욱 두려워하며 지냈다는 것이다. 결국 그이는 하나님과
의 약속을 지키고자 신학에 몸을 던졌다. 한순간 집안에서는 난리
가 났다. 동생들은 어떻게 하나, 장손 밑으로 주렁주렁한데.

　　하나님의 사람은 하나님이 부르실 때 모든 것을 멈추어야 하는
카이로스가 반드시 있다. 추구하던 목적과 인생의 가치를 사도 바
울의 고백처럼 배설물로 버려야 하는 때가 있다. 남편은 모든 인간
적인 목적과 가치를 버렸고, 하나님과 교회밖에 모르는 사람, 세상
을 살아가는 모든 가치가 오직 목회밖에 없는 사람이 되었다. 그는
수시로 아내인 나에게도 "당신도 나와 결혼해서 목회하는 거니까
나와 똑같아야 해요."라고 말했다.

궁핍도 곤고도 약속을 성취하는 은혜의 과정

전농동 시절, 나는 새벽기도를 마치면 조용히 예배당을 나와서 채소 도매시장으로 향했다. 부지런히 걸어서 청량리 가는 길 건너편 깡시장에서 채소를 다듬고 난 뒤에 떨어져 있던 배춧잎들을 주웠다. 그만큼 우리는 가난했다. 어떻게든 형제들을 돌봐야 했고, 교인들도 충족시켜야 했다.

그때의 일을 알고 있는 나와 가까운 지인들은 그림 속 풍경의 이삭 줍는 여인이나 성경 속 인물 룻을 연상했다고 하지만 직접 경험해 보면 그런 생각일랑 싹 달아난다. 얼마나 열심히 주웠던지, 통치마를 둘러 입고 속장에게 얻은 쌀자루에 누르고 넘치도록 담았다. 무거운 배추 자루를 휘청거리고 들고 집에 오면 남편이라는 사람이 "고생해서 어떡하니?" 그렇게 한마디라도 말해 줄만도 한데, 말을 아끼는 건지 그런 법이 없었다. 아내의 고생을 당연하게 여겼다. 나도 묵묵히 주워온 배춧잎을 다듬을 뿐이었다.

너무 가난하게 자라서 그런가 보다, 어머님 고생하는 걸 보고 자라서 여자란 그러는 줄 아는가 보다, 배춧잎을 다듬으며 그리 생각하고 넘기곤 했다. 시어머니의 고된 생활상이 아련하게 내 살아가는 모습과 겹쳤다. 예기禮記와 동몽선습童蒙先習에 부자자효父慈子孝라고 했다. 그런 생각이 들 때면 시어머니께 무엇 하나 더 사랑을 전하고 싶게 마련이었다. 언젠가는 어린 아들과 함께 시어머니를 모시고 3대三代가 세종로에 나간 적이 있었다. 식사도 하고 부츠도 사드렸다. 이 신발이며 저 신발을 아들로 하여금 할머니에게 신겨 드리도록 했다. 한 핏줄의 사랑을 더욱 깊게 느끼도록 해 드리고 싶어서였다.

힘겨움을 지극히 당연한 것으로 여기던 그 시절을 회상하면서 이제와 내가 조금 투덜거릴라치면 남편은 이렇게 응수한다. "그 시대에 살려면 그렇게 했어야 해요."라고.

남편은 생활이 궁핍해도, 교회가 혼란스러워도, 역정 낼 만한 사태가 벌어져도, 그 모든 것을 다만 과정으로 수용하고 있었다. 이 과정이란, 하나님과 맺은 약속을 이행하는 과정에서 당연히 거쳐야 할 고난이었다. 하나님의 영광을 가리울 만한 고난은 없다는 내 생각과도 일치했다. 그렇기 때문에 나는 말을 아끼는 남편을 애써 이해할 필요가 없었다. 이 모든 고난의 여정을 치러 온 남편을 더욱 존경하고 사랑하게 되었다. 그리고 목회 과정에서 행여나 남편이 불필요하게 신경 쓸 만한 일들은 전부 내 몫으로 돌리고 싶었다.

불가능을 가능으로 역전시키는 전적인 투신

남편이 미국으로 유학을 떠나있는 기간 동안 우리 가족은 셋방 살이를 했다. 집주인의 잔소리에 더해서 후생주택을 구입하며 핍박도 많이 받았다. 생존의 문제를 두고 다가오는 핍박은 감내하기 어려운 일이었다. 차라리 순교가 낫다는 억울함이 올라온 적도 여러 번이다. 그런 연후에 광림교회에 부임하고 보니까, 20여 년 된 교회가 나라 땅 불하받는다고 당시 국회의원 후보였던 박인각 후보가 덮어 놓고 교회부터 지어버린 탓에 빚만 잔뜩 지고 있었다. 재정적으로도 그렇고 노후한 교회건물도 손봐야 할 그런 상황에 청빙을 받은 것이다.

그냥 청빙도 아니었다. 신학교 재학 시절 담임전도사로 초빙된 경력에, 군목으로 성공하고 신화를 써나가는 군목이란 별명이 사방 도처에 알려진 때에 교인들이 우리 이삿짐을 꾸려서 광림교회로 옮겨 온 것이다. 거기에는 안타까운 신앙의 현실이 있었다. 교인들은 무슨 말을 해도 불가능이요, 무슨 일을 해도 불가능하다는 표정부터 지었다. 남편은 불가능을 뒤엎고, "할 수 있거든이 무슨 말이냐 믿는 자들에게는 능히 하지 못할 일이 없느니라"(마가복음 9:23)는 말씀을 강력히 외치기 시작했다. 15평 남짓했던 후생주택도 아낌없이 팔아 교회의 빚을 갚는 데 모두 바쳤다. 공군 군목 당시에 영천교회를 건축하는 일에 봉급을 모두 바친 것처럼, 남편은 목회의 모든 순간마다 전적으로 헌신했다. 누구에게 얘기하지도 않고, 누구보다 앞서 스스로가 투신하니까, 남편 한 사람이 움직이면 모든 성도들이 따라왔다. 한 사람의 헌신과 확신이 얼마나 중요한지를 남편은 목회의 모든 순간 행함으로 증명하고 있었다.

아내인 나는 남편이 목회에 전력으로 투신할 수 있도록 하염없이 노력했다. 며칠을 앓아서 누워 있었어도 남편 조반을 항상 차렸다. "여보, 몸도 성치 않은데 아침 식사 준비하느라 고생하셨소."라고 그렇게 더도 덜도 아니고 딱 한마디만 해준다면 아픈 거 털어내고 일어날 수 있었을 텐데 남편은 과묵하기만 했다. 그런데 어찌 된 일인지 교인들 사이에서는 목사님이 애처가라고 소문이 나 있는 것이 아닌가.

알고 보니 내가 그토록 아팠을 때 트리니티 성경공부를 진행하던 남편이 그만 울먹거렸다는 사연이었다. "교인 여러분, 우리 사모가 지금 많이 아파서 일어나지 못하고 있습니다. 저는 그 사람 없으면 목회 못 해요. 위해서 기도해 주세요." 정작 아내에게는 아무런 말도 못하던 속 깊은 남편의 사랑을 나는 그렇게 느끼며 살았다.

가난을 천국처럼 소유하며 살다

그 무렵 시아버지께서 임종을 앞두고 가족들을 불러 모으셨다. 마지막 유언遺言을 남기시는 그 자리에서 가만히 나를 불러 손짓하시면서 내 귀를 입 가까이 대라고 하시는 것이었다. 그때 아주 가느다란 음성으로 "하나 있는 고모를 네가 거둬 주거라. 그리고…." 그렇게 당부하시면서 며느리의 심장을 울리는 한마디를 이으셨다.

"가문을 바꿔라."

그 말씀을 듣자마자 눈물부터 왈칵 쏟아졌다. 이내 옷소매로 닦아냈지만, 목구멍 안으로도 흐르는 눈물은 어쩔 도리가 없었다. 디딤돌 위에 아버지의 신발이 있는 것만으로도 가족은 평안을 누린다고 했는데, 가문을 지켜 오신 시아버지의 신발을 이제 거두어야 하는 시간을 맞이한 것이다. 시아버지의 유언과 함께 내 머릿속에는 예수 그리스도의 족보가 가만히 펼쳐지고 있었다. 예수님의 팔복八福을 따라 살리라는 다짐도 함께였다.

오직 하나님과 교회와 교인들에게 모든 것을 드리는 남편과 함께 가난을 소유하며 살리라, 그렇게 또한 천국을 소유하며 살리라. 시아버지의 유언은 정언명령으로 다가왔다. 그리고 하나님은 이미 남편과 나를 통해 가문을 새롭게 변화시키고 계셨다. 우리 목회와 우리 가족이 살아가는 현실은 사도 바울의 고백 그대로였다.

> "근심하는 자 같으나 항상 기뻐하고 가난한 자 같으나 많은 사람을 부요하게 하고 아무것도 없는 자 같으나 모든 것을 가진 자로다"
>
> (고린도후서 6:10)

실제로 우리 가족은 말씀대로 살고 있었다. 남편이 신던 양말을 자르고 기워서 두 아들에게 신겼다. 그렇게 헌 양말을 고쳐 신기면서도 호렙산에 올라섰던 모세의 두 발을 생각하며 기도했다. 쌀을 씻다가도 오병이어를 떠올리며 기도했고, 쌀 한 톨이 하수구로 빠져들어 가는 것을 주워 담으려다가 서럽게 운 적도 있다. 가난의 순간을 기억하고 끄집어내어 열거하는 일이 무슨 큰 의미가 있으랴마는 적어도 남편과 나는 가난의 경험들을 통해 천국을 소유하는 훈련을 하고 있었다. 하나님의 신비하신 계획과 섭리를 몸으로 익히고 있었다.

폭넓은 포용력과 과감한 결단력의 조화

언젠가 성 어거스틴St. Augustine의 글을 보니까, "과거는 주님의 긍휼에 맡기고, 현재는 주님의 사랑에 맡기고, 내일은 주님의 섭리에 맡기라"는 말이 있었다. 이 말이 은혜가 되어서 남편에게 그대로 전했다. "목사님, 어거스틴이 글쎄 은혜로운 말을 이렇게 남겼지 뭐예요." 그러자 남편이 대뜸 이렇게 말했다. "그럼, 어거스틴은 주님께 다 맡기고 무얼 했다고 해요?"

남편은 오직 오늘의 사람이다. 오늘밖에 없다. 언제나 오늘을 마지막처럼 살고 있다. 이처럼 종말론적으로 살아가는 목사도 없다. 의정부에서도 오늘이었고, 전농교회에서도 오늘이었고, 군종 시절에도 오늘이었고, 영천교회를 건축할 때에도 오늘이었고, 미국 유학을 가서도 오늘이었고, 광림교회에서도 늘 오늘을 살고 있다. 하나님께 모든 걸 맡긴 남편의 현실에서의 삶이란, 하나님을 위해 모든 것을 헌신하는 희생을 의미했다. 언제나 맡겨진 목회 현장에서 교회를 위해 죽을 작정을 하고 목회를 했다. 그래서 목사님들에게 강의할 때마다 빠지지 않는 항목이 '목사는 전적인 헌신total commitment을 해야 목사'라는 말이다.

믿음과 생활이 따로 분리된 모습을 남편은 마치 질병이 퍼진 징후로 생각을 했다. 쌍림동 광림교회 시절부터 이미 좋지 못한 습속들이 교인들에게 있었다. 예배를 드릴 때 뿐이지, 믿음 따로 생활 따로 지나친 괴리가 생긴 지 벌써 오래된 상태였다. 의견을 가진 교인들이 있다는 것은 다행이다. 서로 간 이견이 생긴 교인들의 갈등에 일방적으로 자기의 주장을 고수하는 교인들도 있었으니, 이런 의견과 이견과 주장이 마구 뒤섞여서 교인들 다수를 아주 힘들게 하고 있었다. 이런 현상은 당시 감리교단에 속해 있는 많은 교회들이 공통적으로 겪고 있는 폐단이었다. 대체 어디서 교회를 뒤흔들고 변질시키는 주장들이 속속 등장하는 것일까. 십중팔구는 직원회가 분쟁의 씨앗 역할을 했다. 남편은 감리교회 역사상 처음으로 직원회를 폐지했다. 교인들이 충분히 이해할 때가 되었을 때, 즉 광림교회가 새 성전 건축에 들어가서 천막을 치고 예배하는 시점에 직원회를 없애고 장로회를 열어서 매주 모였다.

교회의 현안들은 장로회를 통해서 의논되었고, 초민주적으로 진행이 되었다. 나도 그때 장로회에 참석할 자격을 얻었는데, 일사천리로 회무가 마무리되는 모습에 적잖이 놀라기도 했다. 세상에, 교단에 속해 있는 목사가 다수의 교회들이 행하고 있는 직원회를 폐지하다니. 실상 장로교에서는 있을 수도 없는 일인 데다가 감리교에서는 초유의 사건이기도 했다. 남편은 무슨 일에건 자신감이 넘쳤고 과감하게 일을 성사시켰다.

이런 과감한 결단력의 바탕에 무엇이 있었는지는 남편과 대화를 나누어 보았거나 남편에게 상담을 받아 본 사람들은 어렵지 않게 알 수 있을 것이다. 여러 사람들이 고백하는 공통된 말들이 있었다. "사모님, 저에게는 목사님을 만난 것 자체가 이미 해답을 얻은 거였습니다.", "사모님, 목사님께서 어떻게 저의 말을 토씨 하나 빠짐없이 기억을 하고 계시는지요?"

남편은 듣는 데 은혜가 있는 사람이다. 웬만한 크기의 포용력이 아니다. 얼마나 듣는 데 집중을 하는지, 화장실을 가야 하는 생리현상도 잊고 귀 기울일 정도다. 한마디도 놓치지 않고 말하는 사람에게 아쉬움이 남지 않을 정도로 전부 듣는다. 그리고 과감하고 주관 있게 결단한다. 모든 사람들의 이야기를 끝까지 듣는 사람이면서 동시에 누구의 이야기에도 흔들리지 않는 사람이다. 결국은 목사님의 결정에 모두가 고개를 끄덕인다.

어떻게 그럴 수가 있을까. 결단력과 포용력이 어떻게 하나가 되어 공존할 수가 있을까. 남편 스스로가 전적으로 헌신하는 사람이었기 때문이다. "구하기 전에 너희에게 있어야 할 것을 하나님 너희

아버지께서 아시느니라"(마태복음 6:8) 말씀하신 예수님의 가르침을 전적으로 신뢰하는 사람이었기 때문이다. 예수님이 남편의 중심에 계시고, 자신의 생활과 마음 전부를 교인들 한 사람 한 사람에게 지극정성으로 전부 쏟아 넣었기에 가능한 일이었을 것이다.

나에게도 수미일관 똑같다. 여전히 내 남편은 나를 세상에서 제일 사랑하지만, 아내인 나의 말에는 일 점도 흔들림이 없다. 그러나 예외적으로 남편이 나를 의지하는 때가 있으니 바로 기도하는 순간이다.

헌신의 텃밭에서 자라나는 믿음의 열매들

교회에 크고 작은 문제가 발생할 때면 남편은 언제나 내게 기도를 요청했다. 종일토록 일하고 곤해진 몸을 누일 때에도 나를 채근하곤 했다. "당신은 나가서 기도를 하세요."

남편이 20일을 금식할 때에도 내게는 동반자 의식이 있었다. 함께 금식하며 기도하는데 살이 쭉쭉 빠지는 서로의 모습을 의식하면서도 울며 기도했다. 그때 나는 나름대로 목회 방향성을 설정하게 되었다. 당신은 강단에서 설교하는 목사요, 나는 필드에서 교인들을 상담하고, 전도하고, 심방하고, 격려하겠다는 결단이었다.

간절히 매달려 기도를 할 때면, 하나님은 강단에서도 현장에서도 성령의 불길이 타오르게 하셨다. 점차적으로 교인들은 믿음과 생활의 일치를 이루었고 교회와 현장이 하나가 되어 가는 목회가 신나게 펼쳐졌다. 남편도 사모의 역할을 제가치산濟家治産하는 자리에 한정 짓지 않았다. 내 안에서는 마르다의 헌신과 마리아의 믿음이 역동하고 있었다.

교회건축을 위한 논의가 시작된 초기였다. 남편은 2,400평을 짓자고 했고, 장로님들은 그 절반인 1,200평을 주장했다. 국가재건최고회의 의장 공관이 장충동에 있었고 가시적인 효과가 있어 좋아 보였지만 터가 좁았다. 그래서 포기하게 되었다. 충현교회에서는 이미 강남에 부지를 정해 놓은 상태였다. 너나없이 교회의 부흥을 꿈꾸던 때였고 더 넓은 곳을 지향하고 있었지만, 장로님들은 좀처럼 장충동 일대에서 벗어나려고 하지 않았다. 이유는 단순했다. 헌금을 해야 하니까. 광야에서 모세가 하나님의 성막을 지었을 때에도, 다윗과 솔로몬이 예루살렘 성전을 지었을 때에도, 헌금은 쉽지 않은 일이었을 것이다. 그러나 하나님은 우리의 진정성을 원하시지 않는가?

토요일이면 장로회가 열렸다. 예배와 회무가 마쳐지면 담소가
오가는 석식이 마련되어야 했다. 교회 재정은 없지, 누구 하나 선뜻
저녁 식사를 준비하기 위해 헌신하는 이들도 없었다. 우리 주택에
서 장로회가 열렸는데, 매번 같은 반찬을 낼 수도 없고, 그렇다고 해
서 목회자의 살림 형편에 과한 음식을 차릴 수도 없는 노릇이었다.
그렇게 2년간 장로회가 계속해서 열렸다. 김장을 하면 300포기를
했다. 김칫국도 끓여 먹고 시래기도 다듬고 푹 삶아 먹이면서 식모
없이 밥을 꾹꾹 눌러 담고 설거지하기를 수천 번 반복했다. 그 기간
을 지내면서 한 번도 수고 많이 했네, 그렇게 격려하는 소리를 들어
본 적 없지만, 김장하는 포기 수가 늘어 가는 만큼 교인들의 믿음도
커지는 것 같아 감사할 뿐이었다.

나는 마르다처럼 온 정성을 기울여 장로회 식사 준비를 했고,
남편은 여타의 교회들이 이사하기 위해서 들썩거리기 훨씬 전부터
몇천 명이 예배할 수 있는 좌석을 갖춘 교회를 봉헌하고자 이미 기
도하고 있었다. 그 2년 동안 남편은 단 한마디 개인의 의중을 비치
거나 내색하지 않고 장로회를 이끌었다. 그저 열심히 식사를 준비
하고 묵묵히 회의를 이끄는 과정에서 하나님은 은혜를 베풀어 주
셨다. 입맛도 다르고 식성도 다른 분들이 한 상에 둘러앉은 그 자리
에서 신앙의 연대의식도 생겼고, 하나님께 연連하여 봉헌했던 말씀

속 성도들과 광림의 성도들이 차츰차츰 일치하는 계기를 발견하게 된 것이다. 그 2년의 기간 동안 우리는 헌신의 텃밭을 일구었다. 그리고 결국은 헌신의 텃밭에서 감사와 헌신의 열매들이 자라나는 것을 목격했다.

낡은 교회가 허물어지고 오랜 구습도 함께 무너져 가다

회의를 주관하던 남편은 설교 단상에 올라가면 완전히 다른 사람이 되었다. 성령의 두루마기를 휘감은 듯 강력하게 확신 있는 비전을 선포하고 성도들의 가슴을 두들겼다. 그 말씀이 성도들의 잠든 영혼을 깨우고, 적극적으로 변화시켰다. 요지부동이던 성도들이 움직이기 시작했다. 평일에는 전도에 전도, 또 전도를 했다. 수요일이면 사도행전 성경공부를 30분동안 꽉 채우고 둘씩 짝을 지어 전도했다. 말씀훈련과 전도훈련이 계속되면서 교인들이 총체적으로 전도해야 된다는 생각을 하게 되었고, 전도의 열매가 생기면서 전도자의 확신으로 가득하게 되었다.

교회가 부흥하니까 교회 분위기가 부드럽고 너무 좋다는 소문이 널리 퍼졌다. 과거에는 500명이 앉는 좌석의 예배당에 150여 명이 드문드문 앉아 어색하고 차가운 분위기에서 예배하던 교회였다. 여느 목회자들은 악명 높은 곳이라며 광림교회를 두고 비하하기도 했었다. 그런 교회의 분위기와 인식이 설교를 통해 깨어지고 전도를 통해 쇄신되기 시작했다. 어느새 교인들이 500명을 넘어섰고, 700명으로 늘어나더니 3년이 채 지나기도 전에 1천 명을 훌쩍 넘어서게 되었다.

모든 생명이 생장 과정을 지나면서 성장통을 겪고 어른이 되듯이 교회가 차츰 성장하게 되면서 격조 있고 성숙한 신앙인들로 자리를 잡아 갔고 잡음들마저 자취를 감추게 되었다. 광림의 교인들을 주목하는 시선들도 넘치면서 기독교인은 성실한 생활의 사람들이로구나, 풍요로운 창조성을 이룩하는 사람들이로구나, 그와 같은 긍정적인 인식들이 확장되고 있었다. 주일이면 새가족들을 맞이하는데 행복한 분주함을 누리게 되었다. 부흥의 열매로 교회의 뿌리를 증명하는 순간들이었다.

성령의 바람이 뜨겁게 몰아치자 교회가 급변하기 시작했고, 지은 지 20년 가까운 세월 동안 낡고 부서지기 시작한 교회건물을 보면서 건축을 서둘러야 한다고 모두들 얘기하기 시작했다. 시멘트를 쓰지 않고 회벽을 바른 벽면이며 지붕이 비만 오면 부스러지고 있었다. 하나님은 우리를 재촉하고 있었다. 교인들 스스로도 오래도록 벗어던지지 못했던 구습과 병폐와 불신앙의 내면들을 허물어 가기 시작했다.

예수님 말씀 그대로 새 술은 새 부대에 넣어야 한다. 장로님들이 몇 분씩 짝을 지어 웬만한 강남의 부지를 전부 돌아보고 기도하고 확인하고 기도했다. 그러던 중 배밭 몇 필지를 둘러보면서 마음도 하나로 모였다. 그때 장로님들을 중심으로 결단했다. 1억 헌금을 할 수 있는 사람 10명을 목표로 정했다. 우리는 생활비도 전혀 받지 아니하고 10명 중 한 명으로 참여했다. 당시에 전병희 장로가 의정부 땅을 하나님께 바쳤다. 그럼에도 열 사람이 채워지지 않았다. 우리는 예배당을 판 돈과 헌금을 모아서 그 땅을 샀다. 남편의 설교에 은혜 받은 교인들이 부흥의 현실을 맞이하니까 너나없이 자발적으로 교회건축에 팔을 걷어붙였다. 교인들을 역동적으로 이끌어가는 남편의 목회 열정에 탄복하는 이들이 더욱 힘써 모이게 되었다.

모질게 기도할 때 주신 신유의 체험

그렇게 내 몸 돌보지 않고 교회 일만 돌보던 중에 이상증세가 찾아왔다. 교회를 짓자는 발의를 하던 때 묘한 허리 디스크가 찾아온 것이다. 막내 정신이가 초등학교 2학년 때다. 정신이가 아궁이 불도 때고 빨랫감도 삶아 널었다. 나는 방에서 가만히 내다볼 뿐이었다. 어린 자식을 고생시키는 어미의 중심은 죽으면 죽으리라는 마음으로 가득 차 있었다. 죽는 것도 두렵지 않았다. 예수님 위해서 죽으면 면류관 받으니까.

골방에서 할 수 있는 일은 오직 기도뿐이었다. 남편은 며칠을 금식하며 기도하는 나를 세브란스병원으로 데리고 갔다. 디스크를 전공한 의사의 말은, 못 고친다는 청천벽력의 진단이었다. 이대로 주저앉는 것인가. 그때 나는 앉은뱅이가 되는 줄 알았다. '그래, 이왕 이렇게 되었다면 죽자. 한 번 제대로 죽어보자.' 나는 열하루이틀을 물도 마시지 않고 기도했다. 물병을 아예 치워버렸다. 남편은 내가 금식하며 기도한다는 것만 알았지 죽기를 작정했다는 사실은 꿈에도 몰랐다.

일주일 정도가 흘렀다. 등 언저리 척추 마디를 타고서 음성이 들려왔다. 그땐 이사야서의 말씀인지도 몰랐다.

"너희는 광야에서 여호와의 길을 예비하라 사막에서 우리 하나님의 대로를 평탄하게 하라 골짜기마다 돋우어지며 산마다, 언덕마다 낮아지며 고르지 아니한 곳이 평탄하게 되며 험한 곳이 평지가 될 것이요 여호와의 영광이 나타나고 모든 육체가 그것을 함께 보리라 이는 여호와의 입이 말씀하셨느니라"

(이사야 40:3 – 5)

마치 내 등에 마이크를 대고 말하는 것 같았다. 주변 사위에 아무것도 없었고 오직 말씀이 내 몸을 통과하고 예배당 모든 공간을 울리고 있었다. 그 음성은 죽기를 작정하고 눈물범벅으로 토해 내던 내 기도 소리를 품어주었다. 시간이 멈춰 버린 듯 느껴진 그 순간 나는 예수님의 이름으로 기도를 마치고 엉금엉금 기어서 예배당 문을 열고 나왔다. 그런데 집에 들어갈 때는 뚜벅뚜벅 걸어서 들어갔다. 남편이 휘둥그레 놀란 눈을 뜨며 말했다. 어떻게 걸어서 왔느냐고. 무슨 일이냐고. 그제서야 나도 알아차렸다. 나는 한쪽 다리도 제대로 펴지 못했었지. 신유의 체험이었다. 그 이후로는 20일 금식기도를 해도 끄떡없었다. 죽으면 면류관이니까. 죽기를 각오한 목회에 안 되는 일은 없다. 감사 찬송이 저절로 흘러나왔다.

한 손에는 성경을, 그 어깨에는 쌀자루를 짊어진 목사

감사하는 사람은 하나님에 대해서도 사람을 대하여서도 인색함이 없다. 예나 지금이나 나는 십일조를 철저하게 지킨다. 칼같이 단호하게 엄수한다. 모든 것은 하나님께서 주셨고 사람은 다만 사용할 뿐인데, 어떻게 감사하지 않을 수 있는가. 물질만이 아니다. 나는 시간의 십일조를 저절로 경험했다. 1할이 공부하는 시간이었다면, 나머지 9할은 교인들을 만나는 시간에 전부 쏟고 있었다. 하나님은 내가 공부하는 시간조차 하나님의 사람들을 돌보는 일에 허용하고 계셨다. 교인들을 만나 상담하는 데에는 더욱 전문적인 지식이 요구되었고 나도 그러한 지식을 배양해야 되겠다고 생각을 했다. 그러나 내 몫이라고 여겼던 기회는 언제나 목회의 현장에 속해 있었다.

워낙 교회 주변은 물론이거니와 저 멀리 심방에, 전도에, 기도하러 분주히 다니니까 어느 골목 어귀에서는 나를 생선장수로 보는 사람들도 있었고, 어떤 주민들은 어디 복덕방에서 집 보러 나온 사람으로 여길 정도였다. 교회에 끼치는 목회자의 덕은 고상한 지식을 쌓고 겉모양을 치장한다고 해서 절대 나오지 않는다. 발품을

팔면서 교인들의 삶과 고뇌, 아픈 형편들을 부둥켜안고 진심으로 공감할 때 생성된다. 그것이 참된 목회자의 덕이고 목회의 품격이다. 목회란 그런 것이다. 그걸 알고 나니까, 공부할 수 있는 기회가 찾아오고 떠나보내기를 수차례 반복했어도 허탈하거나 안타깝지가 않았다.

남편 목회의 훌륭한 면 가운데 하나가 여기에 있었다. 남편은 시간을 초 단위로 쪼개고 또 쪼개면서 사용했다. 누구나 시간을 아껴서 사용하지만, 그 시간이 누구를 위한 것이며, 무엇을 위하여 소비되는가에 따라서 가치가 달라진다. 남편은 아낌없이, 그리고 남김 없이 하나님께서 맡겨 주신 교인들을 위해서 사용했다.

시간의 쓰임새조차 이러하니 다른 것은 말할 나위가 없었다. 공부할 기회가 생겨도 교인들을 위해 선용했다. 어느 때에는 권사님을 유학 보내는데 자신의 일인 것마냥 어찌나 반기던지, 하워드 클라인벨 교수에게 추천서를 정성껏 써주고 등록금도 마련해 꼬박꼬박 보내 드리는 것이었다. 조용히 그리하면 될 것을 "하나님의 사역에 바쳐진 돈으로 공부하는 것이니 공부 마치고 꼭 교회에 헌신하셔야 합니다." 하며 굳이 거기에 덧붙이는 것이었다. 더 나아가 아내가 상담학 공부를 못하고 있는 모습이 못내 안타까웠는지 나중에는 아예 한국 최초로 목회상담학을 교회 현장에 도입한 선구자가 되었다.

남편은 교인들에게 그렇게도 후하다. 어떤 사람이 방문해도 그분 그림자가 사라지기까지 바라보면서 기도를 한다. 몇 차례씩이나 작별인사를 나누었으면서도 또 인사하고 다시 손을 잡는다. 교인들을 영적인 자녀로 대하고 섬기는 남편의 모습이 어떤 경우에는 이삭을 바라보는 아브라함처럼 느껴지기도 했다.

때로는 우리 가족 쌀독이 텅텅 비어 가는 것은 전혀 모르면서 교인 가정의 수저 개수를 모르면 불같이 역정을 내곤 했다. 교인들을 먹여도 그처럼 후하게 먹이는 목사는 다시없을 것이다. 칼 바르트Karl Barth는 '목사는 한 손에는 성경을, 다른 한 손에는 신문을 반드시 들고 있어야 한다'고 했다는데, 내 남편은 한 손에는 성경을 그리고 그 어깨에는 교인들을 위한 쌀자루를 짊어지고 목회를 했다.

교회성장학이나 상담학에서도 하는 말이지만, 교회의 역동성은 목회자의 열정과 성실을 따라가게 되어 있고, 교인들은 자신들이 어떻게 헌신해야 할지를 목회자의 헌신을 보고 배우며, 교회의 수준은 목회자의 수준을 결코 넘지 못한다.

광림교회에 부임한 이래 눈코 뜰 새 없이 바쁘게 지내면서도 남편은 설교 한 편을 쓰기 위해 정말 열심히 공부했다. 자식들에게서 눈을 뗀 적은 있을지언정 책에서 눈을 뗀 적이 없다. 그러니 책에 먼지가 쌓일 일이 없었다. 교회의 수준도 목사를 따라 올라갔다. 내 신발에도 먼지가 쌓일 일이 없었다. 교인들을 찾아가는 만큼, 아니 그 이상으로 교인의 수가 놀랍게 늘어 가기 시작했다.

번제물로 자신을 바치는 희생의 사람

목회하는 부부는 러닝메이트다. 전환점에 이르기까지, 그리고 마지막 목표에 평생을 던질 때까지 중심을 잡고 부지런히 달려가야 한다. 주변에는 목회의 중심을 잡지 못해서 흔들리는 목회자들도 있고, 드문 일이지만 균형이 허물어져서 중도 포기하는 사례까지 생기기도 한다. 건강상에 문제가 생겨서, 심신이 미약해져서, 자녀의 성장통을 겪으면서, 경제적인 사정으로 인해서, 집안사나 다반사 때문에, 때로는 교단의 사정에 엮여서, 교회 안과 밖의 대소사로 인해서, 이유를 대려면 얼마나 많은지 모른다.

우리 부부가 오늘도 흔들림 없이 달리고 있는 것에는 별다른 노하우가 있는 게 아니다. 성 프란치스코는 "아무것도 청하지 말고, 아무것도 거절하지 말라"고 했고, 십자가의 성 요한은 "아직 다다르지 않은 곳에 다다르려면 도중 아무 곳에도 발을 멈추지 말라"고 했다지만, 우리는 "너희는 먼저 그의 나라와 그의 의를 구하라"고 하신 예수님의 말씀을 의지해서 그저 하나님의 영광을 위하여 온전히 바치기에 힘썼을 뿐이다.

실제로 우리 부부는 모든 것을 하나님을 위해 바쳤다. 기독교대한감리회 감독회장이 되어서도 주는 법은 있어도 받는 법이 없었다. 과거 군목으로 섬기던 시절에도 수개월을 칼국수와 수제비만 번갈아 가며 먹다 보니 가족 전부가 영양실조로 쓰러지는 일은 있었어도 하나님께 드리는 것이 먼저였고, 드리는 일에 멈춤이 없었다. 남들이 보기에는 얼마나 미련해 보였을지 몰라도 하나님은 절대로 우리 헌신을 외면하지 않으신다.

남편은 하나님께 평생의 비전을 바쳤다. 쌍림동 광림교회에서 비전을 꿈꾸었고, 신사동 광림교회에서 비전의 정상을 향해 힘차게 올라갔다. 철골 파동이 일어나고 레미콘 파동이 일어나서 교회 건축의 위기가 몰아닥친 때에는 골수마저 바싹 타들어 가는 고통을 참아가며 어금니를 꽉 깨물었다. "내 한 몸 던져서라도 하나님께 교회를 온전히 봉헌할 수 있다면, 기꺼이 하나님께 바치겠다"는 말을 입버릇처럼 했다. 주일 예배 시간 강단을 향해 걸어가는 남편의 뒷모습이 마치 죽기 위해 모리아 땅의 한 산으로 올라가는 이삭처럼 보이기도 했다. 그렇게 드리고 또 드리자, 현실적으로는 도저히 해결되지 않을 문제들이 하나둘씩 풀려나가기 시작했다.

교회가 완공된 후에는 '이만하면 됐지'라는 안일함이 여기저기에서 고개를 내밀기 시작했다. 목회에서 정말 큰 위기가 닥치는 순간은 이같이 안일함과 자족감에 배불러 있을 때다. 남편은 영적인 위기를 극복하는 목회의 핵심 중 하나로 반드시 창의성이 있어야 한다고 강조하고 계속해서 실행에 옮겼다. 목회를 말로 하지 아니하고 반드시 실천을 했다. 그렇게 언행이 일치하니까, 한국 교회에서 처음 시도하고 모든 교회가 정착시킨 프로그램들이 계속해서 탄생했다. 특별새벽기도회와 총력전도주일, 주중 성경공부 시간 등이 대표적이다. 하나님은 기도하는 남편에게 끊임없이 창의적인 목회의 아이디어를 주시고 또 이루어 주셨다.

남편과 내가 만난 하나님을 어찌 다 말로 표현할 수 있으랴. 우리 부부의 삶과 목회는 모든 순간이 은혜 받을 만한 때였고, 구원의 날이었다. 주의 제단 앞에 번제물로 드려지는 남편의 희생적인 목회를 하나님께서 너무나도 기뻐하셨다. 그러나 그것은 입술의 고백이나 마음의 결단만으로 되는 일은 분명히 아니다.

위로는 박하되 아래로는 후하게

교인들을 위해서는 항상 쌀자루를 두둑하게 준비하는 남편이지만, 재물에 관해서는 아예 자기가 관여할 바가 아니라고 알고 평생 살았다. 부흥회에 다녀와서 사례비를 열어 보지도 않고 그대로 가져다주는 것은 물론, 돈 쓰는 것도 용도를 꼭 말하고서 내게 타서 쓴다. 한번은 어느 목사님이 돈을 가슴에 넣고 다닐 때 하던 말이 이랬다. "목사님은 가슴에 돈을 넣고 어떻게 설교가 나옵니까?"

가정생활도 다르지 않았다. 돈에 대해서는 일평생 만져 본 일이 없었고 교회에서 주는 돈을 내가 가지고 있으면 "요즘 생활비가 얼마나 되지요?"라고 물을 정도였다. 그러고 나선 "그저 하나님과의 관계에서 영력을 받고 설교 잘하고 그럼 되는 거지요." 대답하곤 그걸로 끝이다. 사람에게 있어 가장 밀접한 관계 중 하나가 물질의 관계인데 남편은 돈을 돌로 여겼다. 돈과는 전혀 관계가 없는 사람으로 살았다. 평생 남편은 그렇게 살아왔다. 자신이나 윗사람에게는 박하게 하고 아랫사람은 언제나 후하게 대했다. 우리는 상박하후上薄下厚의 정신으로 살아왔다.

남편은 하나님만을 의식하며 살아가는 그런 목회자였다. 설교한 편에 내내 시간을 쏟고 설교 제목을 정하는 데도 얼마나 신중에 신중을 기하는지 모른다. 지극한 정성이다. 그러면서 꼭 나에게 묻고 의논을 구한다. 제목을 잡고 나면 식사도 잊어버리고 시간도 잊어버리고 대여섯 더미로 쌓아 놓은 수십 권의 책들과 씨름한다. 그러다 보면 사람이 오고 갔는지도 의식에 없었다.

한 번은 당시 노태우 대통령 주치의였던 새문안교회 장로님이 내 내시경을 해 주었는데, 그 결과를 볼 때 꼭 보호자를 데리고 오라고 당부한 적이 있었다. 나는 달력에도 약속된 날짜를 표시해 두고 남편에게 며칠 전부터 여러 번 말해 두었다. "꼭 당신과 함께 오라고 했어요. 같이 가야지, 안 그러면 새문안교회 장로에게 우리 체면이 말이 아니에요." 계속 말하니까 그제야 수첩에 표시를 해 두는 것이었다. 정작 병원 가는 날, 책상에 앉아서 나를 물끄러미 바라보더니만 "나는 설교를 준비해야 하니까 당신이 혼자 가도록 해요." 그러는 것이었다. 그때 남편은 목숨을 걸고 설교를 준비하고 있었다. 수십수백 군데 교회를 지나치고 세상 유혹의 처소를 지나온 교인들을 위해 한 문장 한 문장에 피를 말려 가며 혼신을 담고 있었다. 그 심중을 헤아리니 내 속사람도 말하고 있었다. "그래요. 아무렴요. 하나님께서 맡겨 주신 양 떼들을 먹여야지요. 살려야지요."

예수님 앞에 고꾸라지고 재산목록 1호를 얻다

남편은 교회와 교인들에게 가정과 돈과 인간관계 그 모든 것을 전부 올인all-in하는 사람이다. 그러니 하나님이 축복하시지 않겠는 가. 그래서 나는 대놓고 이야기한다. 누구나 다 믿을 수는 있다. 그렇 지만 야고보서의 믿음을 배워야 한다. 광림교회에 와야 한다. 행함이 있는 믿음 그리고 믿음이 있는 행함. 그런 김선도 목사님을 하나님이 축복의 통로로 삼아서 쓰신다. 나는 그런 남편하고 일생을 살았다.

남편과 나는 인간적인 행복과 만족이라는 한낱 사치와 허영에 시간을 소비할 여유조차 가져 보지 못했다. 목회 현장과 우리 가족 은 불이不二의 동체同體가 되어 하나님이 주신 사명을 행할 뿐이지 교 회와 교인들 외에는 세상에서 추구하는 바도 없었고, 하나님이 우 리를 쓰신다는 현실에 절대 만족할 따름이었다.

전도했던 성도 한 사람이 변화되니까 3대가 행복하게 살아가 는 모습을 보면서 구원이 안겨주는 최고의 삶의 가치를 누리며 살 았다. 은퇴하고 나서 나의 재산은 과연 무엇인가를 가만히 살펴보 니 목회 현장의 인간관계에서 맺어지고 형성된 하나님의 식구들 이 평생의 가장 큰 재산임을 감사하게 된다. 이편에서 법적인 어려 운 일들을 겪을 때는 저편에서 하나님의 식구들이 해결을 해 주고,

저편에서 재정적인 상황을 만날 때에는 이편에 도움을 요청할 하나님의 식구들이 있고, 건너편의 식구가 극한의 곤란에 빠졌을 때도 도움의 손길을 내미는 하나님의 식구들이 있다. 하나님의 사람들이 우리에게는 전부다. 물질이라든가 우리에게 남아 있는 물건들은 세상과 작별하는 날 싹 정리하고 갈 거다. 남길 거 없다. 목회한 교인들이 재산목록의 전부인데.

목사 부인, 할 만하다. 그렇지 않은가? 나처럼 까다로운 성격에 예수님이니까 고꾸라진 거다. 세상 누구에게나 까다롭고 까칠한 면들이 고루 있게 마련이다. 그런데 예수님 앞에 고꾸라지면 예수님 때문에 출세하게 되는 거다. 원래 나는 여자 장로가 꿈이었다. 돈방석 위에 앉아서 가난한 교인들을 다른 한 손이 모르게 도와주고 목사님의 목회비가 마르지 않게 채워드리고 그러면서 교회의 엄마 노릇과 어른 노릇을 하고 싶었다. 그렇게 하기 위해 교회 장로가 되겠노라 꿈꾸던 시절이 있었다. 참으로 감사한 일은 내 인생이 세상 앞에 고꾸라지지 않고 예수님 앞에 고꾸라진 것이다. 예수님 덕분에 그 많은 영혼을 구원하고, 개인적으로도 예수님을 만나고, 예수님 만난 남편 김선도 목사를 통해서 전도하게 되고, 목회에 성령 충만함을 받고, 하나님의 교회를 성장시키게 된 것이다.

세상천지에 어떠한 여성이 은퇴하고서 당신의 재산을 꺼내 보라고 하면 당당히 꺼내어 놓을 수 있을 것인가. 게다가 과연 누가 자신이 평생 몸담아 온 교회의 인간관계를 보석처럼 찬란한 재산목록 1호로 제시할 수 있겠는가. 그리고 또 하나. 대한민국에서 그리고 세계 교회에서 '김선도' 하면 그만한 보증수표가 없다. 그런 남편이 내 재산목록 0호라는 것에 감사한다.

웃고 계시는 예수님을 닮아가는 남편

요즘은 남편의 유머러스한 감각과 위트를 재발견하고 있다. 과거에 의학을 공부하면서 자연스레 이과 쪽으로 이성이 발달되어 그런가, 부흥회 가서 본인의 신변 이야기도 하고 신명 나게 웃길 줄도 알아야 하는데 그걸 쑥스러워 못하는 건지 유전자가 없어서 안 되는 건지 도통 할 줄을 모르는 것이다. 김선도 목사 당신은 '엄격했던 집안의 청교도적인 분위기 탓'으로 돌리기도 했었는데, 사실은 흰소리와 헛웃음에 말씀의 맥락을 뺏기기 싫었던 모양이다. 그러면서도 예수님 그림 중에서는 힘차게 껄껄 웃고 계시는 예수님을 가장 좋아하는 사람이 내 남편이다.

그렇게 웃음기 뺀 담백하고 단순하며 단번에 가슴을 치는 설교를 하는 목사여서 그런지 관대함도 쉬이 찾아볼 수가 없었다. 남의 잘못에 대해서 관용할 줄을 모르는 것이다. 그래서 도대체가 왜 그럴까. 목회는 관계성이라고 말하면서 왜 남에게 관대하게 관용을 베풀지 않는 것일까. 도무지 이해하기가 힘들었다. 그런데 분명한 이유가 있었다. 남도 자기 같은 줄 아는 것이다. 자신이 그러질 않으니까 다른 사람도 당연히 그럴 줄 아는 것이다. 이런 걸 두고서 순수한 인간형이라고 말을 해야 할지 시야가 좁은 인간형이라고 말을 해야 할지 모르겠으나 분명한 사실은 있다. 그는 설교 단상에서 선포한 말씀과 생활이 일치하도록 부단히 힘써 살아온 목사이며 남이 인색하게 느낄 정도로 자기 스스로를 철저하도록 엄격하게 하나님 앞에 세워 온 사람이다. 달리 말하면 본인이 스스로 그렇게 사니까 광림교회 교인들은 모두가 고상하고 깨끗하게 살아가는 줄 알고 더욱 사랑하고 자랑스러워하는 것이다.

그런 남편인데 하물며 자식들을 교육하고 훈육할 때 아버지로서의 혈육지정은 어땠을까 짐작할 수 있을 것이다. 정말 매서웠다. 농사꾼에게 철이 있듯이 자녀교육에도 철이 있다. 그러한 철은 성장과 퇴행의 지점에 자녀들이 도달한 시기이기 때문에 혹독하리만큼 세게 훈계했다. 고등학교를 저 멀리 거창으로 보내고서 3년 동안 달랑 카드 한 장 보낸 것이며, 식탁에서 식사하다 말고 버럭 소리를 내지르며 테이블 매너를 가르치던 시간이며, 아버지 무서워서 오밤중에 슬금슬금 들어오던 자식들 학창 시절이며, 그 모든 기억은 새삼스럽게 슬쩍 웃음을 짓게 되는 어렴풋한 과거의 추억이다.

그러나 두 아들과 막내딸이 장성하여 비로소 일가一家를 이루던 시기에는 말의 엄격함을 거두고 자녀들 가정의 미래를 먼저 걸어서 답사하고 손주들이 가지고 놀 장난감도 만지작거리며 발걸음으로 손길로 깊은 사랑을 표현했다. 자녀들이 만나서 배워야 할 사람들도 직접 찾아 나서서 대화를 나누기도 했다. 큰아들이 공부한 애즈베리에 몇 번씩이나 오고 가며 기도했던 순간이며, 둘째 아들이 독일에 갔을 때도 베를린에 감리교회가 없으니까 장로교회를 찾아내어 아들에게 소개해 주고 베를린 장벽 밑을 왔다 갔다 하면서 벽을 쓰다듬고 기도하던 일이며, 사위를 본 후 존스홉킨스에 가서 의과대생 동창을 찾으려고 종일토록 돌아다니다 그곳에서 성형외과 과장으로 있던 해주 의과대 동창을 만나 번듯한 사위 본 것을 가슴 뿌듯해 하던 일이며, 어찌 보면 남에게 해야 할 자식들에 대한 자랑을 그저 아버지의 깊은 속정으로 안으로 거두어들이기만 한 세월이 안타깝기도 하다.

눈물 쏟으며 기도하는 아버지이자 대제사장

분명히 남편은 애즈베리에서 존 웨슬리와 프랜시스 애즈베리의 영성과 감리교의 경건성이 이 땅으로 이어지기를 기도했을 것이다. 독일에서는 마틴 루터를 비롯한 종교개혁자들의 개혁정신과 신앙의지가 이 땅의 프로테스탄트 정신을 일깨우길 기도했을 것이다. 분단의 처절한 경험을 가진 이가 어찌 베를린 장벽 앞에서 한반도의 자유와 민주와 평화통일을 위하여 기도하지 않았으랴. 사위가 첨단의 의학을 공부하기 위해 유학했던 미국 메릴랜드에 가서도 그 대학의 표어가 '진리가 너희를 자유케 하리라'는 요한복음의 말씀인 것을 알고 어린아이처럼 어찌나 활기차게 교정을 거닐던지 모른다. 그 대학 표어는 딸이 나온 연세대학교의 건학이념이자 표어이기도 했다. 젊은 날 자신이 접어 두었던 의학자의 맹아萌芽가 딸 가정을 통해 꽃피우고 있었으니 아버지로서 속으로는 얼마나 기뻤을까.

자식에 대한 사랑처럼 감리교 후배 목사들에 대한 사랑과 정성도 자식 사랑 그 이상이었다. 마지못해 감독회장이 되어서도 남편은 행정수장인 감독직은 아예 생각지도 않았다. 그는 감독직을 수행하는 모든 기간을 더 넓은 예배의 현장으로 여겼다. 희생 없는 예배는 죄라면서 스스로 헌신을 재촉하며 일거수일투족 겸손에 힘썼고 감리교를 위해 무얼 희생할까 골몰하기만 했다. 과거 목회자 파송 제도의 병폐를 세차게 지적할 때도 그랬지만 패기와 영성을 갖춘 지도자를 양성하고 배출하기 위해 제 몸 사리지 않고 뛰어들었다.

전도사 시절에도 담임목사 시절에도 감독을 지내면서도 여기에다가 일일이 열거할 수 없을 정도로 영적인 후배들과 자녀들을 참 많이도 길렀다. 자녀들은 물론이고 그 많은 목회의 후배들은 내 남편에게서 온화한 예수님의 모습을 발견할 수 있을지 모르겠다. 분명한 사실은 예수님이 제자들을 향해서 믿음이 떨어지지 않기를 눈물로 기도하신 것처럼 남편도 새벽제단에 엎드려 무르팍 쓸어가면서 한 사람 한 사람을 위하여 기도의 눈물을 훔칠 줄 아는 아버지요, 목사라는 것이다.

남편에게 물어보고 싶은 한 가지가 있다. 살면서 가장 행복한 순간이 언제냐고. 어쩌면 우문愚問일 수도 있다. 불 보듯 뻔하게 답할 것이 분명하기 때문이다. 남편은 기도로 하나님과 동행하는 삶을 시작했고, 지금도 기도하면서 하나님과 이 땅을 거닐고 있다. 남편과 나는 평생을 마른 수건을 적셔 가며 기도의 눈물을 많이도 쏟았다. 어린아이가 엄마한테 자신의 모든 것을 맡기며 의지하듯 기도했다. 기도할 때마다 하나님이 응답해 주셨고 기도를 통해서 추위를 이겨낸 꽃을 피웠고 무더위를 견뎌낸 열매를 맺었다.

새벽기도를 마치고 난 창조의 시간. 오늘도 어김없이 남편과 나는 햇살 눈부신 식탁에 앉아 조반을 들며 새 아침을 맞이한다. 하나님은 일용할 양식을 주시고 하나님의 일터로 우리를 늘 새롭게 부르고 계신다. 사나 죽으나 우리는 주의 것(로마서 14:8)이다.

어린 시절의 김선도(오른쪽 아래). 청교도적인 가풍으로 엄격한 신앙교육을 받고
자랐다. 생활 환경은 가난했으나 영적으로 너무나 풍요로웠다고 회상한다.

박관순 사모와 세 남매 김정신, 김정운, 김정석(오른쪽 위부터 시계 방향으로).

1958년 감리교신학대학을 졸업하는 청년 김선도(가운데).

1961년 전농감리교회 창립7주년 기념사진. 당시 박관순 사모는 새벽기도를 마치고
채소 도매시장으로 나가 버려진 배춧잎을 주워 끼니를 해결했다.

1999년 중국 광림교회에서 기도하는 박관순 사모(앞줄 오른쪽)와 성도들. 광림교회는
김선도 목사가 부임한 이후 기적적인 성장을 이루며 세계 각지에 교회를 건축했다.

1997년 미국에서 유학 중인 사위를 찾아가 격려하는 김선도 목사(왼쪽).
가족에 대한 사랑을 마음껏 표현하지 못하고
깊은 속정으로 안으로 거두어들이기만 한 세월이 안타깝다.

2009년 수도원 다락방 봉헌 예배에서 기도하는 김선도 목사.
아흔이 된 지금도 한결같이 하나님 앞에 낮은 자세로 기도하는 목회자이다.

2장

인간으로서의
김선도

김영헌

김영헌

은평감리교회 원로목사 및 기독교대한감리회 서울연회 17대 감독. 감리교
신학대학교를 졸업하고 미국 에모리대학교에서 석·박사 학위를 수여받았다.

내게 주어진 글의 주제가 '인간으로서의 김선도'이다. 김선도 목사의 회혼을 맞이하여 제자들과 동역자들, 그리고 함께 사역했던 분들이 김선도 목사 내외분과 경험한 삶의 이야기와 발자취를 엮어 헌서하는 책을 출간하기로 뜻을 모았다. 이 책에서 나는 김선도 목사의 인간적인 면모를 서술하고자 한다. 오랜 시간 그의 지근거리에서 내가 보고 겪은 경험을 근거로 쓰는 글이라서 전적으로 주관적인 견해로 보일 수 있겠다. 그래도 아이위트니스Eyewitness(직접 경험한 증언)이니 그 나름의 가치는 있을 듯하다.

가난한 농촌 마을에
하늘과 새 땅을 보여 준 젊은 군목

시골 교회에 온 젊은 군목

김선도 목사와의 만남은 60여 년 전쯤으로 거슬러 올라간다. 공군 중위 계급장을 단 젊은 군목으로 우리 동네에 셋방을 얻어 이사를 오실 때부터다. 공군 부대의 뒤편에 자리 잡은, 교통이 꽉 막힌 가난한 농촌 마을이었다. 마을 농민들은 작은 농토에서 나오는 곡식으로 연명하며 답답한 삶을 살아갔다. 나는 이 마을에서 태어나 자라고 있었으니 더벅머리를 한 채 외양간의 소를 먹이고 논밭의 소출만 바라보고 있었을 때다.

뒷동산 언덕마루에 작은 흙벽돌 초가 예배당이 있어서 주일이면 몇 안 되는 사람들이 예배를 드리고 있었다. 우리 동네 교회는 6.25전쟁 후 공군 일등병(임병택 일병)이 주말에 외출비를 절약한 돈으로 아미다마 사탕(눈깔 사탕)을 사 들고 와서 시작한 교회이다. 전쟁 피난길에서 돌아온 농민들은 살길이 막막하였고, 집집마다 아이들을 학교에 보낼 능력이 없었다.

공군 일등병은 주말에 외출을 나와서 코흘리개 아이들을 모아 놓고 성경 이야기를 들려주고 찬송가를 가르쳐 주었다. 아이들은 사탕을 얻어먹고 때로는 색종이나 연필 등을 받는 재미로 교회로 모여들었다. 어린아이들을 모아 놓고 주일학교를 시작하였다는 소식을 들은 대전 지역 미국 감리교 선교사 부부가 가끔 방문하여 성경 이야기를 들려주었다. 모여든 아이들에게 초콜릿을 나누어 주는 날이면 이웃 동네 아이들까지 몰려들어 사랑방 마당이 차고 넘칠 지경이었다. 공군 일등병은 군부대 동료들을 데리고 와서 우리와 함께 예배를 드리기도 했다. 그 일등병이 떠난 후 감리사는 대전 감리교신학교 학생들을 주말에 보내서 예배를 인도하게 했다. 우리는 그 신학생들을 전도사라고 불렀는데, 지금으로 말하면 시간제 근무 전도사였다. 희망하는 신학생이 없으면 몇 달이고 교역자 없이 지내야 했다. 그러는 중에 김선도 군목이 이사를 들어온 것이다. 목사님도 목사로서 우리 교회에서 처음으로 설교를 하는 셈이었고, 교인들도 그제야 처음으로 목사의 설교를 듣게 되었다.

당시 공군 중위 정도 되면, 풍족하게는 아니어도 도시 주변에 번듯한 양옥집 방을 얻어 살만은 했다. 그런데도 김선도 목사는 흙벽돌로 지어진 작은 교회, 그것도 교역자도 모실 수 없는 미자립 감리교회를 보시고는 사역자로서의 본능이 발동해서 농가에 셋방을 얻어 들어오신 것이다. 이사할 당시 김선도 목사는 예쁜 새댁 사모님과 어린 두 아들을 데리고 오셨다. 주일날이면 일찍 공군부대(K-5 기지) 기지교회에 가셔서 예배를 인도하시고는 지프차를 타고 우리 동네 시골 교회(영천교회)로 달려오셔서 예배를 인도하셨다. 군목은 기지교회에서 장병들의 신앙을 지도하고 예배를 인도하기만 하면 됐다. 그러나 김선도 군목님은 가난에 찌들어 있는 동네 주민들에게 복음을 전하고, 그들이 예수를 믿어 어려운 환경을 이겨 내고 사람다운 삶을 살 수 있는 희망을 불어넣어야겠다는 사명감에 붙들린 듯했다. 원체 놀고는 못 배기는 성품이신지라 하루하루가 바빠지기 시작했다.

비전을 심어주는 복음적이고 진취적인 설교

젊은 공군 군목은 우리의 가슴을 열어젖히게 하였다. 비전을 말하고 꿈을 말하고 희망을 보여 주었다. 주일마다 젊은 군목은 여남은 명의 촌로들을 앉혀 놓고 비전을 논하고 희망을 말했다. 늘 예배당에 가면 듣던 설교가 아니었다. 젊은 김선도 군목의 설교는 언제나 바쁜 그의 발걸음처럼 우리들의 가슴을 꿈틀거리게 하는 명확한 두드림이었다. 교회당에 다니며 예수 잘 믿으면 죽어서 천국 간다는 막연하고 평범한 말이 아니라, 실질적이고 구체적인 삶의 변화와 운명을 바꾸어 놓는 길을 열어주는 설교였다. 그의 설교와 행동을 볼 때, 믿음은 살아 움직이는 것이며 삶에 동력을 불어넣는 실체였다. 교인들이라고 해야 열 명이 채 되지 않는 작은 농촌 미자립 교회였고, 그동안 한 번도 목사의 타이틀을 가진 분들의 설교를 들어 본 적이 없는 교회였다. 교육받은 사람은 전무하다시피 한 까닭에 학교 문 앞에도 가 본 적이 없는 우리 어머니가 가장 큰 어른 노릇을 했으니 청년 군목의 설교가 귀에 잘 들릴 리가 없었을 것이다. 그런데 우리 어머님은 그 설교에 푹 빠지셨다. 어머니가 기도하실 때면 김선도 군목의 설교에 등장했던 단어들이 줄줄이 튀어나왔다. 나는 하도 신기해서 "어머니, 비전을 갖고 살게 해달라고 하셨는데,

그게 무슨 말이지요?" 하고 여쭸더니 "몰라, 이 녀석아! 좋은 게니까 밤낮 목사님이 비전을 가지라 하지." 하셨다. 오죽하면 졸다가 깨면서 "비전이야!" 하며 잠꼬대를 하셨을까.

특심한 열정을 지닌 농촌 계몽가

처음에는 김선도 목사를 그냥 평범한 공군 장교로만 알았다. 그러나 시간이 흐를수록 예사 사람이 아님을 알게 되었다. 원체 놀고는 못 배기는 성품이신지라 하루하루를 바쁘게 사셨다.

열성적인 복음 전도자로서 시간만 나면 집집마다 찾아다니며 교회에 나오라고 방문 전도를 했다. 가난한 이웃들과 더불어 살아가는 따뜻한 가슴으로 때로는 바지를 걷어 올리고 농부들이 일하는 논에 들어가 함께 모내기나 김을 매기도 하고 타작마당에 들어가 도리깨질을 하며 가을 추수를 거들기도 했다. 어떻게 해서든지 가난한 농민들이 예수 믿고 잘살아 보게 하려는 노력을 구체적으로 펼쳐 나갔다. 그는 가난한 농민들을 계몽시키기 위해 군목의 신분으로 김용기 장로가 운영하는 가나안 농군학교에 입소해서 훈련을 받고 와서는 농부들을 모아 놓고 체계적인 농사법을 가르쳤다. 고구마는 어떻게 심어야 수확을 많이 거두며 감자는 어떻게 심어야 하는지, 거둔 곡식들은 어떻게 보관해야 하는지를 가르쳤다. 집에서 비누를 직접 만들어 사용하는 법과 비누를 낭비하지 않고 절약하며 쓸 수 있는 방법도 알려주었다. 가마니를 어떻게 짜야 튼튼하고 새끼는 어떻게 꼬아야 시장에 가서 값을 더 많이 받을 수 있는지를 시범을 보이며 가르쳤다. 우리들의 눈에는 군목이 아니라 농촌지도소 직원이나 농촌 교회 전도사를 방불케 할 만큼 열정적으로 농민선도에 앞장섰다.

전도의 접촉점: 영화상영

젊은 군목은 퇴근 후에는 주민들의 사랑방을 찾아다니며 예수님을 믿고 그 믿음으로 이 가난에서 벗어나야 한다고 설득하기 시작했다. 한 달에 한두 번쯤은 공군 부대 정훈관을 동원하여 대민 사업으로 영화를 상영했다. 마을회관 앞마당에 동네 주민들을 모아 놓고 영화를 상영하면 인근 마을의 사람들도 떼 지어 몰려들었다.

아날로그 영화는 큰 필름이 다 돌아가면 되감기 위해 상영을 잠시 멈추는데, 바로 그 찰나가 목사의 전략이 통하는 순간이었다. 영화를 관람하러 모여든 농민들에게 젊은 군목은 목소리를 높여서 '왜 예수님을 믿어야 하는지'를 쏟아내기 시작했다. 구도자를 위한 열정이 넘치는 전도 설교였다. 사람들을 모으는 데 영화만큼 좋은 방법이 없었다. 그때의 젊은 김선도 군목의 열정적인 설교는 내게도 많은 영향을 끼쳤다. 순박한 시골 농민들은 영화 못지않게 젊은 군목의 외침에 귀를 기울였다. 그들의 표정이 얼마나 진지했던지 수십 년이 지난 지금도 나는 그때의 표정들을 잊지 못한다.

1960년대 무렵 농민들은 교육다운 교육을 받지 못했다. 겨우 한글을 읽고 더하기 빼기 정도의 산술 실력이 있었을 뿐이다. 무식하고 무지하고 순박하기만 했다. 그러니 글깨나 안다는 면서기나 말단 공무원들이 자주 이 순박한 농부들의 눈에 눈물이 흐르게 하는 횡포를 저질렀다.

한번은 6.25전쟁 영화를 상영했다. 총알이 비 오듯 떨어지는 산 정상으로 주인공들이 진격해 올라가는데 수많은 국군이 총에 맞아 피를 흘리며 쓰러졌다. 그때 동네 이장이 손을 들고 물었다. 이렇게 총알이 쏟아지는데 어떻게 활동사진을 찍었냐는 것이었다. 이장 정도면 그 동네에서는 지도자급인데 영화가 어떻게 만들어지는지를 전혀 모르고 있던 것이다. 그런 사람들에게 예수 안에서의 꿈을 말하고 비전을 말하고 구원을 말하니 그들이 쉬이 알아들을 턱이 없었다. 하지만 김선도 목사의 열정은 식을 줄 몰랐다. 그 군중에 끼여 있던 꼬마 촌놈은 기어이 가슴이 열려 꿈과 희망을 싹틔우기 시작하였다.

의분과 영적인 권위

복음과 건전한 문화로 사회의 생활방식과 도덕을 개혁하고자 하는 그의 농민 사랑은 때로는 엄청난 폭풍을 몰고 오기도 했다. 기억에 남는 사건이 하나 있다. 겨울에 전도를 하려고 동네 사랑방들을 순방하다가 어느 사랑방에 사람들이 모여 있다는 얘기를 듣고는 찾아가신 모양이다. 문을 열고 들어서니 30-40대의 젊은 사람들이 화투장을 돌리며 노름을 하고 있지 않은가. 젊은 피가 끓는 김 군목은 눈을 크게 뜨고는 방으로 뛰어 들어가 방바닥에 깔린 담요를 집어 들어서 그들을 후려치기 시작하였다. 이 아까운 시간에 어떻게 하면 더 잘살 수 있을까 공부하고 장래에 대한 계획을 세우고 준비를 해야지 긴긴밤에 모여 화투 노름을 하며 시간을 낭비하다니

말이 되는가? "이렇게 노름이나 하니 밤낮 굶주리는 것이요. 가난에 짓눌리고 다른 사람들에게 무시당하고 살지 않소? 그놈의 빚에 억눌려 밤낮 허리 한번 펴 보지 못하는 것이 아닌가?" 아마도 이런 내용으로 소리소리를 질렀던 것 같다. 거기 모여 앉아 있던 예닐곱 명의 젊은이들은 꿈쩍도 못 하였다. 참 이상하지 않은가? 거의 비슷한 나이이거나 아니면 더 어린 군목인데 남이야 노름을 하든 술을 마시든 무슨 상관이라고 난데없이 침입해 들어와서는 담요로 마구 후려치며 호통을 치는가? 순경도 아니고 형사도 아니다. 그렇다고 동네 어른도 아니다. 낯선 나그네가, 기껏 공군 중위 따위가 왜 남의 일에 끼어들어 훼방을 놓는가? 어쩌면, 한 잔 술을 걸친 젊은이가 있었다면 주먹을 불끈 쥐고 덤벼들었을지도 모를 상황이었다. 멱살잡이를 하고도 남는다. 그런데도 끽소리 못하고 방구석으로 몰려가 고개를 숙이고 그 욕을 다 듣고 있었다. 누구도 감히 일어나 항변하거나 대들지 못했다.

나는 두고두고 회상을 해 본다. 어디서 그런 권위가 나왔을까? 본래 김선도 목사는 눈이 커서 그 눈을 부라리시면 무섭다. 그 눈매 때문에 그 많은 사람들이 꼼짝을 못했을까? 아니면 공군 장교 제복 때문이었을까? 오랜 세월이 지난 다음에야 나는 깨달았다. 성령께서 주시는 영적 권위가 그분에게 있었던 것이다. 성령님의 옹위하심이다. 그렇지 않고서야 어디서 그런 용기가 나오겠는가? 그 앞에 있는 이들은 무슨 말을 들어도 꿈쩍 못한 채 주눅이 든다. 평생 지켜본 김선도 목사는 그랬다. 눈에 보이지는 않지만 타의 추종을 불허하는 영적 권위Spiritual Authority의 소유자다.

어느 날 동네 골목길을 가다가 김 군목은 담배를 꼬나물고 있는 어린 중학생을 만났다. 그는 학생이 담배를 피우는 모습을 그냥 지나치실 분이 아니다. 그 아이를 앞에 세워 놓고 어린아이가 담배를 피우면 안 된다, 건강에도 나쁘니 앞으로는 입에 대지 말라고 타일렀다. 그러나 그 아이는 당신이 남의 일에 왜 참견이냐는 듯이 삐뚤어진 눈으로 치켜 보았다. 그러자 젊은 김 목사는 "어른이 말하면 '미안합니다. 잘못했습니다.' 그래야지 어찌 못된 얼굴로 어른을 치켜 보는가?" 하며 뺨을 때렸다. 대개 그런 아이들은 부모의 과잉보호가 있게 마련이다. 그날 저녁 그 아이의 어머니가 김 군목에게 달려왔다. "그 아이가 당신 자식이오? 내 자식인데 나도 지금껏 뺨 한 번 때린 적이 없는데 왜 때렸소?" 하며 막무가내로 덤벼들었다. 이런 장면에서는 보통 그 아이의 태도가 좋지 않아서 버릇을 고쳐주려고 했다는 둥 이유와 변명으로 부모를 설득하기 마련이다. 그런데 젊은 김 목사는 아무 말도 하지 않고 물끄러미 쳐다보기만 했다.

아마 너무 기가 막혀서일 것이다. 그런데 이상한 일이 벌어지는 것이 아닌가. 그렇게 악을 쓰며 덤벼들던 그 아낙네가 김 군목의 얼굴을 몇 번 보더니 이내 풀이 죽는다. 꼬리를 내리고는 "안녕히 계세요!" 하고 자기 아들의 손목을 잡고 내빼듯 되돌아갔다. 동네 강아지가 무작정 짖다가 맹견이 다가오면 깨갱 소리도 제대로 못 내고 꼬리를 내리고 도망치듯 말이다. 어디서 그런 권위가 나오는 것일까?

> "네 평생에 너를 능히 대적할 자가 없으리니 내가 모세와 함께 있었던 것 같이 너와 함께 있을 것임이니라 내가 너를 떠나지 아니하며 버리지 아니하리니 강하고 담대하라 (…) 내가 네게 명령한 것이 아니냐 강하고 담대하라 두려워하지 말며 놀라지 말라 네가 어디로 가든지 네 하나님 여호와가 너와 함께 하느니라 하시니라"
>
> (여호수아 1:5-9)

내가 훗날 목사가 되면서 이 하나님의 음성을 들을 수 있었던 것도 김선도 목사로부터 받은 후광이었을 것이다. 나는 하나님의 음성을 듣기를 사모했다. 시골에서 자란 나는 늘 모르는 것이 너무 많았다. 겁도 많은 편이다. 하나님이 함께하시지 않으면 아무것도 할 수 없음을 항상 느끼고 있었다.

"강하고 담대하라Be strong and courageous. 너를 능히 대적할 자가 없다No one will be able to stand up against you all the days of your life. 결코 두려워하지 말라Do not be terrified; do not be discouraged."

내 입속에서 쉬지 않고 되뇌는 여호수아서의 이 말씀들은 어려서부터 듣던 말씀, 김선도 목사의 입에서 쉼 없이 터져 나오던 말씀들이다.

새 하늘과 새 땅을 보여 준 영적 멘토

그분과 관계를 맺고 산 세월도 거의 반세기 가까이 된다. 나의 세계 안에는 그분이 늘 먼발치에 있다. 오히려 그분의 눈길을 피하려 하는데도 나를 따라오는 듯하다. 모나리자의 눈빛이 그림을 감상하는 사람들을 쫓아온다는데 마치 그런 느낌이다. 언뜻언뜻 그분의 설교에 담겼던 표현들이 내 입에서 튀어나온다. 그분의 제스처가 내게서 나타난다고 한다. 수년을 만나지 못했는데도 그분의 형상이 내 머리에 늘 떠 있다. 김선도 목사를 아는 분들 중에 내 설교를 듣고 나면 "목사님, 꼭 젊은 날의 김선도 목사를 보는 듯해요!"
라고 한다. 이미 고인이 된 김건도 목사는 가끔 "김영헌 목사님, 나
는 피를 나눈 형제이니 닮는다고 하지만 형은 우리와 전혀 다른 피
인데 왜 우리 큰형을 더 닮아가지?"라고 농을 던졌다. 무슨 이유일
까? 나중에 배워서 안 단어이지만 목사의 길을 걷고 있는 나에게 인
간 김선도는 무의식 속에서 나의 '멘토Mento'로 자리매김을 하고 있
던 것이다. 나뿐만 아니라 그분과 함께 일했던 이들은 알 수 없는 인
간 김선도의 강한 인상이 그들의 삶 안에 머물러 있다고 한다. 그분
과 함께 사역했던 어느 목사는 심한 꾸지람을 듣고 제 발로 뛰쳐나
갔는데도 인간 김선도의 영상이 자기를 떠나지 않았다고 했다. 자
기 생각 속에서 지우려 해도 무의식중에 그분을 닮고 있는 모습을
본다고 고백했다.

어쩌면 나는 김선도라는 젊은 군목을 만나 새 하늘과 새 땅에
대한 꿈을 꾸며, 새 세상으로 가는 길에 눈을 뜨기 시작했는지도 모
른다. 그도 그럴 것이, 태어나서 경험한 온 세상이 싸리문 앞의 논과
밭, 산과 들, 그리고 먼 산 밑에 맑게 흐르는 시냇물이 전부였다. 초
등학교 시절 산에 올라 도토리 주워오고, 칡을 캐 먹고, 맑은 시냇가
에서 피라미와 송사리 잡는 즐거움이 성인으로 가는 길목 어딘가

쯤이라고 알고 자라던 시골 촌놈이었다. 어쩌다 아버지와 오일장에 맞춰 열리는 소 장터에 가서 암소를 바꿔 오는 날이면 장터국수 한 그릇 먹는 즐거움에 신바람이 나서 장날을 손꼽아 기다리던 철부지 아이였다. 이런 나에게 새로운 세상을 향한 막연한 꿈과 희망을 뜨게 하는 말씀이 들려왔다.

내가 만일 김선도라는 인물을 만나지 않았으면 어떻게 됐을까? 사방이 막힌 가난한 마을, 하루 세 끼니가 걱정인 사람들 속에 끼어 있으면서 무슨 꿈을 꾸는 소년이었을까? 아마 둘러막힌 산세를 넘지 못하고 그 고인 하늘 아래서 맴돌지 않았을까? 그런데 김선도라는 젊은 군목은 막힌 산을 뚫고 새로운 세계로 나의 길을 안내했다. 나는 늘 어렵게 사는 사람들에게 "예수의 힘으로 저주의 맥을 끊읍시다."라고 설교한다. 내가 그리했기 때문이다.

우리나라 마을들은 어디를 가나 사방이 산으로 둘러싸여 있다. 산이 전 국토의 75퍼센트나 되니 그럴 수밖에 없다. 처음 미국에 유학 왔을 때 사우스 캐롤라이나South Carolina와 조지아Georgia, 알라바마Alabama 주를 여행한 적이 있다. 끝없이 펼쳐지는 평원을 따라 이어지는 고속도로에서 바라보는 들판은 내게 감격과 감탄 그 자체였다. 소나무나 이름 모를 잡목들로 가득 찬 들판을 보며, 농사를 지으면 엄청난 옥토가 될 땅들을 저렇게 놀리다니 너무 아깝다고 생각했다. 국토가 넓다는 것은 얼마나 큰 축복인가? 우리나라는 땅덩어리가 너무 작아 전주평야나 김해평야쯤 가야지 겨우 지평선을 볼 수 있다. 이외에는 어디를 가더라도 사람이 사는 마을은 그 주변이 첩첩이 산으로 둘러싸여 있다.

언젠가 경기도 가평 지방에 가서 연합부흥회를 인도하는데 그 지방 감리사가 "강사님, 우리 가평은 하늘이 넓은 지방입니다."라고 지역을 소개했다. 사방이 산으로 빙 에둘러 있는데 무슨 하늘이 넓다는 말인가? 그 말을 듣고 다시 한 번 주변을 보았더니 둘러싼 산들이 양팔을 벌려 벌렁 뒤로 고개를 젖히고 있는 듯했다. 그래서 좁은 하늘이 더 넓게 보이는 것이 아닌가. 주민들에게는 사방으로 둘러친 산들이 뒤로 넘어질 듯해서 하늘이 그만큼 넓게 보였을 것이다. 그래서 지역 별명을 하늘이 넓은 가평이라 칭하면서 하늘을 나는 큰 꿈을 꾸도록 한 것이다. 그 지혜가 대단하다. 오죽하면 그렇게라도 해서 자기 고장을 사랑하려고 했을까.

옛 우리 마을도 다르지 않았다. 사방이 하늘로 둘러싸여 있었다. 그러니 그 안에 사는 우리의 사고도 지형 그대로 갇혀 있을 수밖에 없는 우물 안의 개구리였다. 그런데 서울에서 내려온 젊은 김선도 군목은 산 너머에 있는 새로운 세상, 더 넓고 아름다운 새 하늘과 새 땅을 바라보게 했다. 산들을 하늘을 가로막고 있는 장벽이 아니라 산의 정상에서 더 높은 하늘과 더 넓은 세계를 보게 하는 디딤돌로 삼게 한 것이다. 그것이 인간 김선도, 젊은 김선도가 가난한 시골 소년에게 심어준 꿈과 희망이요, 비전이었다.

풋내기 목사에게
전인적 사역의 본을 보여 주다

전인적 사역과 성육화의 사역

반세기를 훨씬 넘는 세월을 인간 김선도 목사와 직간접으로 관계를 맺으며 살아왔지만 김선도 목사의 생애와 사역을 '전인적 사역Holistic Ministry'이나 '성육화의 사역Incarnational Minisstry'이라는 단어들로 표현해 본 적이 없었다. 그런데 이번에 김선도 목사와 함께 사역을 했거나 깊은 관계를 맺어 왔거나 배워 온 제자들이 모여서 헌정집을 발행하기로 뜻을 모으고 김선도 목사의 생애와 사역을 정리하면서 이러한 표현을 발견했다. 이 제목들을 보면서 깜짝 놀랄 만큼 적확한 표현을 발굴했다고 느꼈다.

'목사는 누구인가? 목사가 하는 일은 무엇인가?' 45년을 목회하고 은퇴했으면서도 이러한 질문에 간단명료하게 답을 내기가 어려웠다. 목사도 한 사람의 인간에 불과하기에 보편적인 인간이 가는 길을 많이 벗어나지는 않기 때문이다. 더구나 목회라는 분야가 하도 많아서 어느 길이 참된 길이며 어떻게 살아야 잘 사는 길인지 분간하기가 쉽지 않다.

종의 형체로 낮아지며

내가 개인적으로 경험한 김선도 목사는 '전인적 사역', '성육화의 사역'이라는 단어들로 요약해서 설명할 수 있는 생애를 살아오신 분이다. 우리가 처음 만난 시골 마을은 1950-60년 시대의 모든 농촌이 다 그러하듯이 몹시 가난했다. 그중에서 우리 마을은 더 가난한 마을이었다. 봄기운이 감돌면 삼라만상이 생명의 싹을 틔우고 살아있는 생명들은 기지개를 펴며 기운을 솟구쳐 새 세상을 열어젖힌다. 그러나 당시 한국의 가난한 농촌은 봄이 오는 길목에서 두렵고 무서운 지옥의 기운이 마을을 덮었다. 소위 보릿고개라는 그림자 때문이다. 웬만큼 농삿거리가 있지 않으면 이 보릿고개를 무사히 넘기기가 쉽지 않았다. 일 년 내내 농사를 지어 가을에 추수를 하면 농촌은 풍요로운 밥상이 온 식구들을 즐겁게 한다. 그러나 그 즐거움은 오래가지 않았다. 거둬들인 볏 가마는 세금 공출로 바쳐야 하고 방앗간에서 갓 빻아 온 햅쌀은 고리대금업자네 집으로 실려 가야 했다. 5.16군사정변 주체 세력은 이 고리채를 정비한 적이 있었다. 그러나 그런 정리는 오래가지 않아 다시 발목을 잡았다. 농가는 아무리 늘려 먹어도 1월 하순이면 양식이 떨어진다. 그때부터 서서히 보릿고개가 시작된다. 시래기 말린 것을 된장에 무쳐 허기진 배를 채우기도 하고 땅에 묻어 둔 무나 배추 뿌리로 점심을 때우기도 했다. 방 윗목에 놓인 고구마더미는 하나씩 꺼내서 아침에도 먹고 점심으로도 먹다 보면 어느새 푹 꺼져 농민들의 한숨과 함께 축 늘어져 버린다. 2월이 되면 먹을 것이 바닥났다. 산에 가서 딱딱한 소나무 껍질을 벗기면 원줄기에 붙어있는 연하고 달콤한 속줄기가 나온다. 우선 먹기에는 입맛을 당긴다. 그러나 거기에는 소나무의 송진이 들어 있어서 이내 변비에 걸려 큰 고통을 겪게 된다. 하지만 다 알면서도 우선 배가 고프니 그것을 벗겨 먹고 배앓이를 하는 아이들이 많았다. 오죽하면 할아버지 할머니들이 밥을 먹고 뛰는 손주들을 보고 "얘야, 뛰지 말거라 배 꺼진다. 기껏 먹였더니 뛰면 되느냐?"며 소리 질러 야단을 쳤겠는가.

그런 마을에 젊은 공군 군목 중위 가족이 들어와 살았다. 김선도 목사는 '기독교 안에서 사역자Minister는 그리스도의 삶을 전할 뿐만 아니라 그리스도의 삶을 본받아 사는 사람'이라고 정체성 Identification을 밝힌다. 하늘 보좌를 버리시고 이 땅에 종의 형체로 오셔서 죽기까지 복종하신 그리스도의 삶, 그분은 우리를 살리기 위하여 당신을 희생하시고 끝내는 우리 죗값으로 당신의 생명을 내놓으셨다.

> "너희 안에 이 마음을 품으라 곧 그리스도 예수의 마음이니 그는 근본 하나님의 본체시나 하나님과 동등됨을 취할 것으로 여기지 아니하시고 오히려 자기를 비워 종의 형체를 가지사 사람들과 같이 되셨고 사람의 모양으로 나타나사 자기를 낮추시고 죽기까지 복종하셨으니 곧 십자가에 죽으심이라"
>
> (빌립보서 2:5 - 8)

사도 바울은 이 놀라운 그리스도의 은혜와 사랑에 감사해서 이렇게 간증했다.

고난당하는 이들을 돌보며

교인들은 가난으로 굶주렸다. 여기저기 아픈 사람들이 있어도 약을 지어 먹을 형편이 안 되었다. 그 대표적인 교인 가정이 우리 집이었다. 아버지는 6.25전쟁 때 제2국민병으로 징집되어 동지섣달 추운 겨울에 대구까지 끌려간 후유증으로 큰 병을 얻으셨다. 눈보라가 몰아치는 한국의 추운 겨울을 보급품도 없이 산골짜기 눈밭에서 석 달 이상 견뎌냈으니 어느 장정인들 그 몸이 견딜 수 있었겠는가? 결국 엄청난 병을 얻으셨다. 그 중에 해소천식은 장정의 농부를 자리에 드러눕게 만들었다. 어머니는 열 식구를 먹여 살려야 하니 밤낮을 가리지 않고 품팔이 일거리를 찾아다니셨다.

김선도 군목은 병든 환자가 보릿고개로 제대로 먹지 못하고 영양실조로 가쁜 숨을 몰아쉬는 모습을 보고는 사방을 다니며 약을 구해 오고 천식에 좋다는 음식들을 구해다 주셨다. 김선도 군목은 본래 이북에서 의과대학을 다니고 군의관으로 6.25전쟁에 참전했던 분이라 누가 아프다면 먼저 찾아가서 진맥을 한다. 하지만 그렇게 약을 처방해도 가난한 농민들은 그 약을 살 능력이 없었다. 그러면 군부대 군의관들에게 간청해서 진료도 하게 하고 약도 지원하게 했다. 고등학교에 다니던 나도 원인을 알 수 없는 두통에 시달렸다. 김선도 군목은 나를 부대 기지병원으로 데려가서 엑스레이도 찍고 진료도 받게 했다. 진통제도 얻어주었다. 나중에 알고 보니 나는 그때 극심한 영양실조 상태에 있었다.

언젠가 이른 봄날 학교에서 돌아오니 어린 동생들이 가쁜 숨을 몰아쉬며 누워 계신 아버님 곁에서 너무 배가 고프다며 먹을 것을 보채고 있었다. 아버지는 뼘으로 하늘의 해를 재면서 한 뼘만 지나면 해가 지고 그러면 엄마도 오고 오빠도 와서 밥을 먹을 수 있다고 달래고 계시지 않는가? 나는 너무 화가 났다. 예수 잘 믿으면 굶지 않고 풍성한 삶을 살 수 있다는 설교를 수십 번 들었는데 저 죄 없는 어린 것들이 왜 저렇게 굶주려야 하는가? 사춘기에 접어든 나는 뒷동산 남의 묘지에 올라가서 하늘을 향해 항변을 쏟아냈다. "하나님, 당신은 누구입니까? 예수만 잘 믿으면 굶주리지 않는다매요! 저 어린 것들이 배고프다고 울부짖는 소리를 듣지 못하십니까? 당신은 누구입니까? 제가 혹시 없는 하나님을 믿는 것은 아닙니까? 아니면 당신은 무능한 하나님 아닙니까?" 정말 그때는 신God이라 불리는 하나님이 싫었다. 그때 누군가가 먼발치에서 두 주먹을 불끈 쥐고 하늘을 향해 소리를 지르는 내 모습을 보고 있었다. 퇴근을 하던 김선도 군목이었다. 다음 날 그는 우리집에 염소 한 마리를 끌고 오셨다. 잘 길러서 아버님 영양보충해 드리고 잘 먹으라 하시던 인간 김선도의 모습은 평생 뇌리에서 떠나지 않는다. 당시 김선도 군목도 넉넉한 삶을 살지 못하셨다. 가정적으로는 장남으로 암을 앓고 계시는 아버님을 비롯해 부모님 가정을 돌봐야 하고 아래로는 대여섯 명의 동생들 뒤치다꺼리를 감내해야 했다.

이러한 일들을 겪으며 나는 자연스럽게 '나도 김선도 목사와 같은 훌륭한 목사가 되겠다'는 꿈을 꾸게 되었다. 그렇게 감리교신학대학에 합격은 했지만 내게는 입학금과 등록금이 문제였다. 나는 신학교를 가야 하는데 등록금이 있을 리가 없다. 내가 감리교신학대학에 붙었다는 소식을 듣자마자 김선도 군목은 우리 어머니에게 축하 전화를 거셨다. 권사님의 기도에 하나님께서 응답하셨으니 훌륭한 목사가 될 것이라고 칭찬을 많이 하셨단다. 물론 내게는 늘 엄하여 신학교에 합격한 나를 한 번도 칭찬해 주신 적이 없다. 늘 엄하기만 했던 그분은 서울에 올라가면 못된 아이들과 어울려 다니며 어영부영 세월을 낭비하지 말고 기도를 열심히 하고 공부에 전념해야 한다는 당부만 거듭하셨다. 그리고 나의 신학교 입학금을 마련하느라 동분서주하셨다. 이 사람 저 사람 찾아가서 머리 숙여 부탁하셨을 것이다. 어느 선교사가 장학금을 주겠다는 통보를 해 오자 단숨에 내게 달려오셔서 빨리 가서 장학금을 받아 입학금을 내라며 얼마나 기뻐하시던지…. 당사자인 나보다 훨씬 좋아하셨다. 그 장학금이 있었기에 나는 홑바지에 허름한 기성복 잠바를 걸치고 서울 냉천동에 들어갈 수 있었다. 이름이 냉천동이어서 그런지 그 해는 얼마나 춥던지 기숙사 방 안에 연탄난로가 없으면 배기지 못할 정도였다. 충청도 시골 촌놈이 감리교신학교에 오니 수업 시간마다 세계를 논한다. 그때부터 나는 평생토록 감리교 목회자의 신분을 갖고 하나님을 섬기며 살고 있으니 그분에 대한 감사한 마음을 잠시라도 잊을 수가 없다.

인간 김선도의 삶 속에 어찌 나만 있었겠는가. 그분의 주변에 나와 우리 집만 그런 어려움을 당하고 있었을까. 아니다. 아마 젊은 김선도 시절부터 그가 살았던 삶의 주변은 사방을 둘러봐도 온 천지가 도움이 필요한 사람들뿐이었을 것이다. 눈만 뜨면 도움의 손길을 기다리는 이들로 에워싸여 있었을 것이다. 이 모든 일들이 당시 군목이었던 김선도 목사가 꼭 해야 할 일도 아니었다. 그러나 목사의 사명을 지닌 김선도는 갖가지 고난과 어려움으로 신음하는 이들을 돌보는 사역들이 당신의 몫이라 여겼을 것이다.

무너진 성벽을 세우며

흙벽돌 교회는 한 모퉁이가 세월을 못 이겨 허물어져 내려서 비가 오면 초가지붕이 새어 마루에 세숫대야나 양재기를 놓고 빗물을 받아야 했다. 농사를 짓고 난 볏짚으로 갈아 이어야 하는데 교회 재정으로는 불가능했다. 그러니 담임자도 아니었던 공군 장교 김선도 군목이 그 모든 짐을 혼자 짊어져야 했다. 더구나 부서져 내리는 흙벽돌은 더 이상 교회당을 지탱할 수 없어 새로운 교회를 지어야 할 형편이었다. 그러나 누가 건축비를 헌금할 능력이 있었겠나? 몽땅 김선도 군목의 몫이었다. 여기저기 도움을 받아 시멘트를 구해 와서 퇴근 후에 시멘트 벽돌을 찍어냈다. 사모님은 찍어 놓은 시멘트 벽돌 위에 주기적으로 물을 주어 양생시켜야만 했다. 주말이면 부대 시설대장을 설득하여 군 트럭을 동원해 먼 강가에 가서 돌을 실어 왔다. 주말에 외출을 차단당하고 차출된 운전병들은 입이 댓 발이나 나올 수밖에 없었다. 어느 날인가 궂은비가 내리는데 돌을 잔뜩 실은 트럭이 포장되지 않은 도로를 달리다 물구덩이에 빠져 바퀴가 헛돌았다. 운전병은 운전석에 앉아 액셀러레이터를 밟으며 바퀴만 공회전을 시킬 뿐, 빠져나올 궁리를 하지 않았다. 답답한 김선도 군목은 삽을 들고 바퀴 밑으로 들어가서 내가 받칠 테니

시동을 걸어 보라고 했다. 될법한 일인가? 운전병은 투덜거리면서 흙투성이가 된 군목을 나오라 하더니 스스로 삽과 돌들을 들고 기어 들어가 바퀴를 고이고 차를 굴려냈다. 진흙탕 물을 뒤집어쓴 채 비지땀을 흘리는 젊은 군목의 모습은 어린 나에게 강한 인상으로 남아있다. 그 모습을 지켜보던 동네 청년들이 달라붙어 차도 밀어 주고 벽돌도 찍어냈다. 그러나 벽돌만 있으면 어떻게 교회를 짓나? 들어갈 건축자재가 엄청나게 많았으니, 김선도 군목은 공군 중위 봉급을 거의 건축자재 사는 일에 쓸 수밖에 없었다.

1960년대 아무리 우리나라가 가난하다 해도 공군 중위 봉급은 젊은 가족들이 먹고살기에는 부족하지 않을 만한 액수이다. 그러나 김선도 군목은 교회를 지어야 하는 절박함에 생활비를 절약해야만 했다. 그러니 양식이 부족할 수밖에. 그래서 군부대 사병식당에 부탁해서 누룽지를 사다가 끓여 먹고 도시락을 싸기 위해 한편에 쌀을 얹어 밥을 했다는 것이다.

훗날 사석에서 들은 이야기다. 옆집의 중사 가정이 저녁이면 꽁치를 구워 먹는데 그 냄새가 얼마나 좋은지 침이 저절로 나왔다는 것이다. 어린아이들은 얼마나 먹고 싶었을까. 그러나 그런 꽁치를 사 먹을 돈이 없었단다. 사모님은 어찌 살아오셨겠나. 국제신사라고 자랑할 만한 공군 장교 부인이다. 여인들의 로망인 코티분도 바르고 한껏 멋 내며 살고 싶은 서른 안팎의 젊은 나이였다. 그러나 살림비가 턱없이 부족하니 옷이나 화장품을 제대로 살 수가 없었을 것이다. 무슨 패턴의 옷이 유행하는지 관심도 없고 알지도 못했을 것이다. 늘 뽀쁘링(포플린) 통치마를 앞뒤로 빙빙 돌려 가며 입고 다녔다는 얘기를 여러 번 들은 적이 있다.

그래서인지 나는 어렸을 때 진한 화장을 한 사모님의 얼굴을 본 기억이 없다. 늘 민낯 그대로였다. 아마 사모님은 지금 생각해도 억울하실 것이다. 누구에게나 가장 젊고 아름다울 황금기 삼십 대를 통치마 한 벌로 나며 그 흔한 화장품 한번 제대로 발라보지 못하고 보냈으니 말이다. 그래도 내 눈에는 사모님이 그 동네에서 제일 미인이셨다. 화장품 살 돈은 커녕 양식을 살 형편도 되지 않아 늘 민낯으로 젊은 날들을 보내야 했던 사모님은 아마도 이삼십 대에 진하게 화장을 하고 멋을 부린 화사한 사진이 한 장도 없을 것 같다.

선한 길로 인도하며

군목은 부대 내에서는 장병들의 종교 생활을 인도하고 그들이 군 생활을 잘할 수 있도록 지도하며 군인들의 사기를 높여 국가 안

보를 잘 지키도록 돌보는 일이 우선이다. 장교들도 그렇지만 사병들은 이십 대 안팎의 젊은이들이라 스스로 살아가야 할 인생길을 놓고 많은 번민을 하는 시기이다. 얼마나 군목 사역에 정열을 쏟았던지 훗날 많은 이들로부터 김선도 군목의 영향을 받고 바른 인생관을 정립할 수 있었다고 간증하는 이들이 많다고 들었다. 더구나 미래의 진로를 놓고 고민하다가 김선도 군목과 상담한 후에 방향을 잡았다는 사람들도 많다. 기독교와 전혀 관계없는 인생을 살아온 병사 하나가 김선도 목사의 정훈교육을 받고 군 기지교회를 처음 찾아가서 예배를 드리다가 결국 다니던 대학을 그만두고 신학교에 들어가 목사가 되기도 했다. 그분이 바로 감리교회의 고故 황규록 목사님이다.

당시 김선도 군목은 수천 명이 기본군사훈련을 받는 공군 훈련소의 군목이었다. 군목 활동을 하며 남긴 전설적인 일화들이 많다. 훈련소에서 삼십 대를 넘은 병사는 노병 취급을 받는다. 기본군사훈련 과정이 나이든 병사들에게는 체력적으로 쉽지 않기 때문이다. 그런데 이 나이든 군목은 완전무장의 군장을 메고 훈련병들이 낙오하지 않도록 후보생들과 함께 수십 킬로미터를 구보하며 땀을 흘리곤 했다. 때로는 숨을 헐떡이며 낙오하는 병사들을 어깨에 둘러메고 번호를 붙이며 함께 뛰기도 했다. 여간해서 군목들이 하지 않는 일을 해냈으니 그다음 군목들이 얼마나 힘들었으랴!

탈영한 병사들과 군법을 어긴 병사들이 영창에 들어오면 그들의 애로를 들어주고 해결해 주기 위해 함께 영창에서 잠을 자면서 상담하고 심정을 이해해 주려 애썼다. 그러니 군 지휘관들은 중위 김선도 군목이 두려웠다고까지 할 지경이었다. 한번은 영창에서 잠을 자다가 빈대와 벼룩에게 너무 물려서 온몸의 피부가 벌겋게 부어올랐다. 벌겋게 부푼 피부를 지휘관에게 보여 주며 영창에 빈대와 벼룩이 너무 많으니 소독을 해 달라고 건의하자 부대가 발칵 뒤집힌 적도 있었다. 그 부대의 단장(김동흘 준장)은 키 작은 군목의 열정에 감화되어 교회에 다니기로 결심하기도 했다.

몇 년 전에 90세가 넘으신 그 김 장군님을 플로리다 탬파Tempa, Florida에서 부흥회를 인도하는 중에 만났다. 예나 다름없이 하얀 백발을 지닌 김 장군 내외는 맨 앞줄에 앉아서 열심히 설교를 듣고 있었다. "나는 그때 김선도 군목의 활동에 큰 감동을 받았지요. 그때부터 예수님을 믿기로 하였으니까요!" 공군 군목으로 섬겼다는 내 간증을 듣고는 일부러 오셔서 그때의 일을 회상하셨다. 나는 그 소식을 김선도 목사께 알려 드렸다. 김선도 목사는 팔십 대 중반을 넘어서는 노구를 이끌고 그 다음해에 미국 플로리다로 날아가서 수십 년 만에 백발이 된 옛 지휘관을 만났다. 탬파 연합감리교회를 섬기는 백승린 목사의 주선으로 두 옛 전우가 조우했다. 나는 백발이 된 두 노장들을 만나게 했다는 뿌듯함에 잠시 행복했다.

전설적인 일화

김선도 군목과 단장이신 김 장군과 얽힌 재미있는 일화가 있다. 공군의 전설로 전해져 내려오는 이야기이기도 하다. 교회를 나오기로 결심한 단장(공군 준장)은 주일에 기지교회에 나와서 훈련병들과 함께 예배를 드렸다. 몇 번 예배를 드린 단장에게 김선도 군목(당시 중위)은 당찬 주문을 했다. '장군님은 예배만 보시지 말고 예배 봉사위원을 맡아 달라'는 부탁이었다. 무슨 봉사를 하면 되느냐는 질문에 "꼭 장군 복장을 하시고 일찍 오셔서 교회에 들어오는 훈련병들에게 주보를 직접 나누어 주시면 좋겠습니다."라고 요청하셨단다. 단장은 주일이면 별을 단 복장을 하고 땀에 젖어 들어오는 병사들에게 주보를 나누어 주었다. 당시 기지교회는 신발을 벗고 들어와 예배를 드리도록 마루가 깔려 있었다. 군화를 벗어 놓는 신발장이 차고 넘쳤다. 벗어 놓은 훈련병들의 군화 냄새가 오죽했겠는가.

단장님은 미처 신발장에 들여놓지 못한 군화를 정리했다. 훈련병들을 인솔해서 교회로 들어오는 내무반장들은 대개 하사나 병장들이었다. 기간 사병인 그들은 일과 후에는 깡통 사령관으로 불린다. 그만큼 훈련병들에게는 무서운 존재들이다. 그들은 대개 모자를 삐딱하게 쓰고 껌을 질겅질겅 씹으며 병사들을 이끌고 교회로 들어온다. 신발도 아무렇게나 벗어 던진다.

그때 병사 하나가 별을 단 단장님이 사병들이 벗어 던진 군화를 정리하는 모습을 보고 기겁을 했다. 그는 벌떡 일어나 부동자세를 취하고는 벼락같이 군호를 외쳤다. "부대 차렷! 내무반장 ○○○ 병장 이상 무"하고 보고를 하지 않았겠는가? 예배당 안이 난리가 난 것은 불문가지다. 물론 지휘관을 보면, 첫 번째 본 장병이 인솔한 전 부대원을 차렷시키고 큰 소리로 상황을 보고해야 하지만 교회는 예외지역이다. 그러나 군기가 바짝 든 이 내무반장은 혼이 나간 듯 소리를 지르고 말았다. 이 소문이 부대 안에 퍼지자 하급 지휘관들이 어찌 주일에 집에서 뒹굴며 여유로이 쉬고만 있겠는가? 모든 지휘관들이 교회로 몰려올 수밖에…. 이러한 연유로 기지교회가 차고 넘쳤다는 이야기는 공군 군목 세계의 전설이 되었다.

제 살을 깎아내리며

김선도 군목은 부대 밖에서까지 농촌 지역의 가난한 사람들을 돌보며 그들의 살길을 열어주기 위해 밤낮을 가리지 않고 찾아다녔다. 그러니 거느린 가족들의 삶은 어떠했겠는가. 온 식구가 헌신을 강요당해야만 했을 것이다. 오죽하면 막내딸(김정신 권사)이 영양실조 상태의 미숙아로 태어났을까. 우리 어머님이 출산 바라지를 하셨는데 아기를 받고 오셔서는 너무 불쌍해서 못 볼 지경이라며 걱정이 태산 같았다. 그래서인지 지금까지 김선도 목사 내외분은 딸에 대한 애정과 정성이 지극하다. 그 딸이 연세대학교에 합격했을 때 온 세상이 떠날 만큼 기뻐하시는 모습을 보고, 그 옛날에 딸을 안고 눈물지으며 안타까워하시던 사모님의 얼굴이 떠올랐다. 먹을 것을 절약하느라 영양가 없는 누룽지 죽으로 연명을 하고 꽁치 한 마리 사 먹을 돈이 없어서 침만 삼키며 태중의 아기를 길렀으니 영양 상태가 말이 아니었을 것이다. 우리 어머님만 아는 비밀 하나가 있었는데 세 아이를 위해 꼭 사야 할 것이 있어서 모아둔 돈을 어느 날 목사님이 모두 들고 나가 교회 건축 자재를 사 왔다는 것이다. 너무 섭섭해서 사모님이 뒤돌아서서 눈물을 훔치더라는 말을 내게 여러 번 해 주셨다.

이는 젊은 군목의 장교 봉급이 절대 부족해서가 아니었다. 장교 봉급은 많지는 않지만 자기 가족 하나 먹이고 살 만한 돈은 된다. 그러나 젊은 군목은 해야 할 사명이 있었다. 농촌 교회를 지어야 하고 가난한 교인들을 보살펴야 하니 자신의 가족을 희생시킬 수밖에 없었을 것이다. 젊은 군목의 마음에서 들끓는 파토스(Pathos: 연민의 정, 애절함)는 열정으로 이어져서 언제나 하나님의 일이 먼저였다. 어쩌면 그것이 인간 김선도의 본능이었다.

목회자가 자기의 삶을 비운다는 것은 모든 것을 내려놓고 낮아진다는 말인데 이는 결코 쉬운 일이 아님을 나는 45년 동안 목회하면서 깨달았다. 사역Ministry을 위해 자신의 삶을 희생하는 것만으로도 어려운데 가족에게까지 헌신을 강요하기란 더욱 힘들다. 아마 김선도 목사의 사역을 보필하는 사모님이나 세 자녀들도 처음에는 이해하기가 어려웠을 것이다. 언젠가 둘째 아들인 김정운 박사가 "아버지의 젊은 날 사역 기간 중 '우리'라는 존재는 없었다"고 피력하는 것을 보고 충분히 수긍이 갔다. 천주교의 성직자나 불교 조계종 승려들은 단신으로 수행을 하는 사람들이지만 우리 개신교회의 사역자들은 결혼을 해 가정을 이루고 목회에 가족이 동반된다. 그러니 자기만이 아니라 가족의 많은 부분들까지 희생하며 목회하기란 힘들고 어렵다. 그러나 인간 김선도는 목사 김선도로 살기 위해 모든 것을 내려놓고 감내했다.

전인적 사역이 무엇이고 성육화된 사역이 무엇인지 그 뜻을 알기 때문에 실천하려고 했던 목회는 아니었을 것이다. 김선도 목사는 언제나 주어진 삶과 사역의 현장에서 자신의 인생 전부를 바쳐 섬기고 돌보며 인도하고, 보다 나은 비전을 공유하고 제시하며 살아왔다. 교회적인 언어로는 전인적 사역을 실천한 분이요, 성육적인 사역의 삶을 살아왔다고 할 수 있지 않겠는가.

청교도적 삶을 추구하며

젊은 김선도 군목은 하나님이 주신 물질과 재능과 지식, 시간을 하나님이 충성되이 여겨 맡겨 주신 것으로 알고 주어진 삶의 자리에서 청교도적 삶을 추구하며 사셨다. 자기의 에너지를 하나님을 위해 전부 소진해야만 만족하는 성품이었다. 그래야만 하나님께 기쁨을 드리는 삶이라는 확신을 가진 인물이었다. 김선도 군목이라는 사역자는 하루를 24시간이 아니라 30시간, 40시간으로 살았다. 부대 안에서는 젊은 장병들과 함께, 부대 밖에서는 농촌의 가난한 농부들과 함께 시골 교회를 섬기던 젊은 목사가 인간 김선도였다.

이뿐만이 아니다. 인간 김선도는 자기 자신에게는 너무나 엄격했다. 하루의 삶을 어영부영 보낸다는 것은 스스로 용납하지 않았다. 그래서 나는 늘 김선도 목사를 일에 빠진 워커홀릭, 즉 일에 중독된 사람이라고 했다. 목회자가 하는 일은 곧 사역이니 인간 김선도는 완전히 사역에 중독된 사람이다. 몸의 에너지를 생명을 주신 하나님을 위해 전부 소진해야 도리를 다하는 것으로 믿고 사는 분이다. 세속적인 눈으로 보면 인생을 즐길 줄 모르는 재미없는 사람이다.

하기야 평생을 함께 하는 사모님도 오래전에 우리 앞에서 푸념을 하셨다. 가끔 남편이 없으면 카우치에 누워서 텔레비전을 보든가 가만히 쉬다가도 김선도 목사가 들어오시면 자신도 모르게 벌떡 일어나서 걸레를 들고 무엇을 닦는 시늉을 하며 남편을 맞는다는 것이다. "김 목사, 내 나이가 지금 몇인데 아직도 남편에게 잘 보이려고 걸레를 들고 무엇인가를 닦는 시늉을 하며 들어오는 남편을 맞아야 하는지 모르겠어." 하시지 않는가. 그렇게 사모님은 평생 사역자인 남편을 보필하는 삶을 사셨다. 남편의 사역을 위해서라면 언제든지 생명을 내놓을 각오로 사신 분이다. 그만큼 사모님은 남편의 삶을 신뢰했다. 배우자에게 존경받는 목사가 되기는 어렵다. 오죽하면 어떤 사모님은 이불을 싸 들고 강대상으로 올라가서 거기서 살자고 했다는 말이 나왔을까. 그러나 가까운 거리에서 반세기 동안 지켜본 것에 의하면 남편 김선도는 아내에게 절대적 존경을 받는 목사의 삶을 살아왔다.

김선도 목사가 청교도적인 삶을 추구하는 데는 몇 가지 이유가 있을 것이다. 첫째는 평안북도 선천에 일찍 들어온 선교사들의 영향이다. 6.25전쟁 전후 남한으로 내려와 목회를 시작한 사역자 중에는 선천 출신 교회 지도자들이 많았다. 1900년대 초부터 평안북도 선천에 뿌리를 내리고 개신교 신앙의 씨앗을 퍼뜨린 그 지역의 교회들은 엄격한 율례와 경건주의 분위기를 조성하고 있었다고 한다. 김선도 목사 또한 선천 교회의 이러한 정신을 이어받은 것이다. 둘째는 6.25전쟁을 겪으면서 목숨을 지켜준 은혜에 보답하는 길이 바로 결신하는 경건 생활이라고 결심한 듯하다. 그분의 자서전에 보면 의과대학 재학 중 인민군에 징집되어 6.25전쟁에 참전했다가 유엔군에게 생포되고 다시 국군으로 진격하며 죽을 고비를 많이 넘겼는데, 그때마다 하나님이 살려주셨으니 그 생명으로 아무렇게나 살면 안 된다는 자기 나름의 '나실인 서약'과 같은 결심을 내면에 지니고 있기 때문일 것이다. 여기에 한 가지를 덧붙인다면 훌륭한 성인들이나 지도자들의 삶을 본받으려는 신념과 노력이기도 할 것이다. 그분은 유난히 영국의 명설교가 찰스 스펄전Charles Haddon Spurgeon(1834-92) 목사를 좋아하며 본받으려 애를 썼다. 스펄전은 17세에 이미 하나님의 말씀을 전하는 설교자로 부름 받은 후 평생을 오직 복음전도에 바친 위대한 영적 지도자이다. 젊은 날에도 세상의 향락에는 눈길조차 주지 않고 철저하게 경건주의를 택하였다. 기도하고 말씀을 전하고 불쌍한 사람들을 돕는 일에만 전념한 목회자였다. 김선도 목사는 툭하면 스펄전 목사님을 인용하셨다. 아마 스펄전을 삶의 모델로 삼고 싶어서 경건의 삶에 온 힘을 기울였을 것이다. 엄격한 윤리적, 도덕적 잣대를 자신에게 적용하면서 오직 기도하고 말씀 전하고 성도들을 돌보는 일에만 전심을 바치는 데서 삶의 기쁨과 행복을 누리는 독특한 길을 선택했다. 누가 거기에 이의를 제기할 수 있으랴.

이렇게 살아가는 김선도 목사의 영성은 무의식중에 내 삶 속에 많이 녹아들어 있다. 그래서 내 모습 속에 '작은 김선도'의 형상이 자연스레 배어나게 된다. 일을 하다보면 함께 일하는 동역자들이나 내 지휘를 받는 사역자들이 모두 고개를 절레절레 흔들면서 왜 그렇게 많은 일을 소나기처럼 한꺼번에 몰아쳐서 하느냐고 야단이다. 숨이 막힐 지경이란다. 특히 내 아내는 늘 나를 나무란다. 우리 두 아이들도 투덜댄다. 하루에 한 가지씩만 하잔다. 몇 가지를 한꺼번에 하려고 하니 정신이 없다는 것이다. 이런 순간순간 김선도 군목의 모습이나 습관이 내게도 나타나는 것을 발견하곤 스스로 깜짝 놀랄 때가 있다.

지적 목마름을 해갈하며

김선도 목사에게는 다른 사람이 따라갈 수 없는 열정이 또 하나 있다. 사역자로서 자신의 영적이고 지적인 개발을 위해서 공부하고 배우고 찾아가서 탐구하는 일이다. 본받고 배워야 할 곳이 있다면 불원천리를 마다하지 않고 달려간다. 거기서 인생의 희열을 느끼는 것 같다. 그분의 전인적 사역 또는 전인적 리더십은 유학의 길에 오르면서 상승한다. 지방에서 공군 군목으로 장기 복무하면서 시골 교회를 섬기시던 김선도 군목은 지적 목마름에 갈증을 느끼기 시작했다. 더 공부하고 경험을 넓힐 수 있는 길이 1960년대 당시에는 유학뿐이었다. 그러나 젊은 김선도 군목에게 유학의 길은 막막했다. 그러던 어느 날 미국 워싱턴에 있는 웨슬리신학대학교 Wesley Theological Seminary, Washington, D.C. 총장이 한국을 방문했다가 군목 활동을 활발히 하는 부대가 있다는 소문을 듣고는 공군기술교육단 군종실을 방문했다. 김선도 목사는 군목의 종교 활동을 브리핑하면서 미국에 가서 공부할 수 있는 기회가 주어지면 좋겠다는 희망을 피력했단다. 그 총장은 귀국 후에 특별 입학 허가서와 3년간의 장학금 증서를 보내주었다. 김선도 목사의 부흥회 레퍼토리 중에 대표적인 간증이 이 유학 이야기다. 그 간증은 이랬다. 유학을 가고 싶어서 언제 갈 수 있을지는 모르지만 반드시 기회가 올 거라 믿고 새벽기도회만 마치면 무릎을 꿇고 앉아서 영어성경 공부를 독학했다. 그러던 중에 웨슬리신학대학교 총장을 만나서 유학 갈 길이 열렸다. 그러나 공군본부 군종감실은 유학에 대한 허가는 가능하나 경비는 본인부담이어야 한다는 것이었다. 등록금은 장학금을 얻었으니 문제가 없지만 비행기 삯이 문제였다. 그 비싼 비행기 값을 구할 길이 없었단다. 그래서 매일 한밤중에 아이들을 재우고 내외는 공동묘지에 가서 비행기 표를 달라고 부르짖어 기도했단다. 공군본부 미국 고문관실에 도움을 요청하는 편지를 보냈지만 예산에 없는 항목이라며 거절당했다. 그래도 포기하지 않고 기도했다고 한다.

어느 날 고문관실에서 편지가 왔는데 미공군 본부에 도움을 요청했더니 본부에서 미국 왕복 비행기 표뿐만 아니라 미국에서 공부하는 동안 국내든 국외든 공군 수송기를 무료로 탑승할 수 있는 항공권을 보내왔다는 것이다. 기적의 은총, 기대 밖의 넘치는 축복을 받았다고 간증한다. 육해공군 역사상 처음 있는 일이요, 전무후무한 일이었다는 것이다. 그렇게 해서 3년여 동안 유학도 하고 견문도 넓히고 귀국하였다. 파격적인 대우를 받으며 유학을 한 셈이다.

귀국 후에는 병사들을 훈련시키는 공군기술교육단이 아니라 국방의 장성을 길러내는 공군사관학교 군종실장으로 특명을 받고 사관생도를 지도하게 되었다. 이 나라의 국방을 책임질 사관학교 군목이 된 그는 설교의 방향이 바뀐다. 이제는 삶의 근본적인 문제를 뛰어넘어서 사회와 나라를 이끌 지도자를 양성하는 사역을 하게 된 것이다. 미국에서 갓 유학을 마치고 귀국한 젊은 군목의 강의나 설교는 생도들의 눈빛을 바꾸어 놓았다. 피상적으로 알고 있던 종교 중 하나인 기독교가 아니라 세상을 바꾸는 힘을 가진 말씀의 능력을 체험케 하고 구체적인 비전을 제시하는 기독교에 매력을 느끼기 시작하였다고 한다. 많은 생도들이 기독교로 개종하였으니 공군 장성들 가운데는 사관생도 시절 김선도 군목님의 설교를 듣고 예수 믿기 시작했다는 분들이 많다. 하나님의 부르심을 깨닫고 목회자의 길로 들어선 장교들도 부지기수였다. 새문안교회를 담임했던 이수영 목사도 그중 하나이다. 장로회신학대학에 입학하여

다니면서도 주일이면 감리교회인 광림교회를 다니며 김선도 목사의 설교를 듣고 공부하고 싶었다는 그분의 간증을 우연한 기회에 직접 들었다. 공군장성 출신 가운데 훗날 교회의 훌륭한 지도자가 되어 섬김의 본을 보인 분들도 많다. 공군사관학교 교장과 공군 참모총장을 역임하고 장관을 지낸 윤자중 장군이 대표적이다. 그분은 본래 불교 신자였으나 사관학교 교장을 할 때 김선도 군목을 만난 후 독실한 기독교 신자가 되었고 전역한 후에는 광림교회 장로로 섬기다가 세상을 떠났다. 나는 윤자중 장군의 명령으로 군목으로 특기를 전환한 특이한 군 이력을 갖고 있다. 내가 공군 정비장교로 근무 연한을 마치고 전역이 가까이 왔을 때 김선도 목사는 이미 전역을 하여 광림교회 담임목사였지만 참모총장실을 찾아가서 윤자중 참모총장에게 아끼는 제자인데 군목으로 특기를 전환하여 계속 공군에 남아 종사하면 군에 크게 기여 할 사람이라고 나를 추천하였다는 것이다. 윤 총장은 나를 불러 자격을 묻지도 않고 그날부로 군목 특기로 바꾸어 근무하라는 명령을 내어 곧바로 견장에 십자가를 붙이고 군목이 되었다. 군에서는 참 드문 기적 같은 사건이 바로 김선도 목사와 윤자중 총장의 관계에서 일어난 것이다.

1980년대 중반에 내가 에모리대학교Emory University에서 공부할 때였다. 어느 날 김선도 목사께서 본인이 애틀랜타 지역의 어느 장로교회로부터 부흥강사로 초대를 받았다는 소식과 함께, 에모리 대학교에서 강의를 하는 캐논 감독과의 만남을 주선해 달라고 부탁하셨다. 잠깐이라도 기회만 주어지면 세계의 석학들과 만나기를 원하는 성품이니 애틀랜타까지 와서 캐논 감독을 만나지 않고 갈 리가 없는 분이었다. 학교를 둘러본 후에는 서점으로 안내를 부탁하고는 오후 내내 책방에서 시간을 보내셨다. 베스트셀러가 된 신간 서적을 한 보따리 사 들고는 호텔로 향했다. 지역 주변을 관광시켜 드리고 싶었지만 읽어야 할 책이 너무 많다며 거절하셨다. 그는 시간만 나면 신간 서적들을 섭렵하시면서 앞서가는 신학을 비롯한 학문의 세계를 탐구하는 성품이셨다.

한두 해가 지난 다음에는 우리 연회South Carolina Annual Conference 초청으로 목회자 아카데미 교육 강사로 오셨다. 우리 교회 성가대가 찬양을 맡았다. 강좌와 설교가 끝난 다음에 백여 명이 넘는 미국 목사들이 안수를 받기 위해 김선도 목사 앞에 줄을 섰다. 설교에 큰 감명을 받은 미국 목사들은 엘리사가 엘리야의 안수를 받은 것처럼 강사의 영적 능력을 받고 싶다고 했다. 예정에 없던 일이었지만 피곤도 마다하고 한 시간이 넘도록 일일이 그들을 안수했다. 다음 날부터는 우리 교회(찰스톤 감리교회)에서 부흥회를 인도하셨다. 웬만하면 호텔에서 쉬셔야 하는데 다시 기독교 서점으로 안내해 달라고 하신다. 그러고는 또 오후 내내 서점에서 시간을 보내셨다. 사우스캐롤라이나와 조지아는 초기 미국 감리교회의 성지가 많은 편이다. 웨슬리 캠프를 통해 감리교회의 성령 운동이 불길처럼 솟아오른 곳들이 많기 때문이다. 일일이 그곳들을 찾아다니며 탐구하셨다. 여러 번 쉬시거나 관광도 하시라고 권해도 그분의 우선은 늘 배우는 일과 목회의 견문을 넓히는 일이었다. 무슨 재미로 인생을 살까? 그럴 때마다 마음으로 그분에게 던져 보는 질문이다.

삶의 자리에 충실하며

성경을 이해하기 위해 신학생들과 목사들은 해석학Hermeneutics을 공부한다. 성서해석학에서 가장 소중하게 다루는 'Sitz im Leben'이라는 단어도 접하게 된다. 영어로는 'Life context'라고도 한다, 성경이 쓰이던 '삶의 자리'에 대한 연구이다. 'Sitz im Leben', 즉 '삶의 자리'를 모르면 성경을 해석하기 어렵다. 어디 성경뿐이겠는가? 모든 역사적 사건이나 기록도 마찬가지요, 사람의 삶을 조명하거나 평가하려 할 때도 그가 살았던 삶의 자리를 이해해야 올바른 해석을 할 수 있다. 그의 삶의 자리를 모른다면 함부로 그에 대해서 말을 하거나 비평을 해선 안 될 것이다. 인디언의 속담에 '그 사람의 신발을 신어 보기 전에는 그 사람에 대해서 함부로 말하지 말라'고 하는 이유가 여기에 있을 것이다. 인간 김선도를 이해하기 위해서도 마찬가지이다. 그분이 살았던 삶의 자리가 어디였느냐가 중요하다. 인간 김선도는 언제나 자신의 삶의 자리에 최선을 다해 왔고 하나님께 충실하려고 끊임없이 노력한 사람이다. 적어도 내가 경험한 김선도는 현재를 훗날의 성공을 위한 준비 기간 정도로 취급하며 대충 시간만 때우며 사는 분이 아니었다. 언제나 주어진 자리에서 주어진 사명에 대해 주의 종으로서 최선을 다해야 직성이 풀리는 성격이었다.

사람의 리더십을 '성육화된 리더십Incarnational Leadership'이라고 정의하는 것이 너무 과잉된 표현은 아닐까 거부감이 들 수도 있다. 우리가 관습적으로 이 용어를 예수님에게만 붙일 수 있는 거룩한 용어라고 이해하고 있을 만큼 조심스러운 단어이기 때문이다. 그러나 영어권에서는 '인카네이셔널 리더십Incarnational Leadership'을 '삶의 자리에 동화되어서 구체적으로 돌보며 이끄는 리더십'이라는 의미로 사용한다. 그들에게는 매우 자연스러운 표현이다. 인간 김선도는 늘 주어진 사역의 자리를 자기의 삶의 자리로 삼고 거기서 최선을 바치는 삶을 살아왔다. 그는 언제나 자신이 서 있는 자리에서 하나님의 뜻을 찾는다. 그리고 그 자리를 하나님이 역사하시는 자리로 성화시키는 놀라운 영감이 있다.

타오르는 불길: 광림光林

광림교회는 광희문교회로부터 분리해서 개척된 교회이다. 교회 위치가 광희동과 쌍림동 지역을 교구로 시작한 교회이기 때문에 두 지명에서 한 글자씩 빌려와 '광림교회光林敎會'라고 이름 지었다. 1970년 초 광림교회는 100명에서 150명쯤 모이는 크지 않은 교회였다. 공군사관학교 군목으로 있는 젊은 김선도 목사를 광림교회 청빙위원회가 1971년 담임목사로 청빙해 왔다. 오랜 군목 생활을 떠나 서울의 을지로 6가쯤에 위치한 전형적인 서민들이 모이는 감리교회로 파송을 받은 셈이다. 광림교회에 부임한 김선도 목사는 교회 이름에 성서적 의미를 부여하는 일부터 시작한다. 두 동의 지명에서 따온 이름에 불과하던 교회명칭을 성경적 언어로 재해석해 내었다. 빛 광光자와 수풀 림林자를 쓰는 '광림'을 '타오르는 불길, 성령의 불길이 타오르는 광림교회'로 재해석해낸 것이다. 이름이나 글자는 묘한 신비를 갖는다. 위치를 나타내는 이름이 갑자기 살아 움직이는 동력을 갖는 명칭으로 움직이기 시작하였다. 성령의 불길이 광림교회 제단에서 일어나기 시작하였다. 성령의 폭발적 역사는 광림교회의 새 역사를 만들어 갔다.

불과 3-4년 사이에 광림교회는 주일이면 천여 명 이상이 모여들어 김선도 목사의 설교를 들으며 은혜를 체험하고 있었다. 교회 시설의 수용 한도를 넘어서기 시작했다. 더구나 서울시의 재개발 계획과 맞물려서 교회를 재건축해야 하는 상황에 이르렀다. 땅을 넓혀 증축하느냐 아니면 모두 헐고 새롭게 건축하느냐의 기로에 놓였다. 젊은 김선도 목사의 비전은 새로운 평원으로 옮겨지고 있었다. 구 도심지역을 벗어나서 새롭게 도시가 조성되는 곳으로 이미 눈길이 가고 있었다. 당시 한강 이남의 지역은 모래밭이거나 과수원들이 있는 미개발 지역이었다. 서울시는 새로운 도시 발전 계획을 수립하고 강남 지역을 개발 대상 지역으로 검토하고 있었으나 구체적인 계획은 완성되지 않았을 때다. 이것을 감지한 현대그룹의 정주영 회장은 한강 남쪽 백사장인 압구정동에 최고급 현대아파트를 신축하고 있었다. 현대건설이 짓고 있는 현대아파트와 한양아파트는 신세대를 위한 신형 아파트일 뿐만 아니라 부와 권력의 상징으로 지어지는 최신식 아파트라는 인식이 팽배해져 사회적 문제로 여겨지기도 했다.

김선도 목사는 강남 지역이 부와 권력의 상징을 뛰어넘어서 그 뒤에 담겨있는 다른 차원의 비전이 있다고 보았다. 바로 국가와 사회를 이끌어 갈 지도자들의 삶의 터전이 될 곳이라는 비전이었다. 사회적 영향력을 가진 자에게 복음을 전하여 예수 믿게 하고 올바른 가치관과 성경적 비전을 갖게 해서 나라와 사회를 바로 이끌게 해야 한다는 안목을 갖게 된 것이다. 그뿐만 아니라 화려한 겉모습 뒤에 존재할 수밖에 없는 경쟁과 갈등에서 비롯되는 상처들, 빛을 잃고 방황하는 어둠의 세력들, 낙오자로 전락하여 포기하는 사람들의 뒤안길을 보고 있었다. 사회의 안팎에 빛을 비추어 주고 사회적 책임을 감당할 교회가 있어야 할 곳을 이미 보고 있었다. 그의 이러한 예지력과 통찰력은 적중했다. 교회를 짓고난 1980년, 광림교회에 몰려든 교인들 중에는 이미 경제학 박사만 96명이 등록하고 있었다. 여러 분야의 국가와 사회의 지도자들이 강남 지역으로 모여들기 시작했다. 밝은 조명 아래 주류가 된 사람들만 몰려오는 것이 아니라 상처받은 사람들, 삶을 포기하려는 사람들도 함께 모여들었다. 광림교회는 그들에게 구원의 빛으로 다가가기 시작하였다. 김선도 목사의 신학과 목회, 그리고 리더십은 1980년 이후 새로운 지평을 열었다.

그는 미국의 애너하임에 소재한 로버트 슐러 목사와 수정교회를 교회의 롤모델로 삼고 교회성장의 깃발을 높이 들었다. 소위 놀만 빈센트 필Norman Vincent Peale 박사의 긍정적 사고를 목회의 중심에 놓고 대형교회로 성장시키는 로버트 슐러와 교류하며 교회성장을 주도해 나갔다. 로버트 슐러는 그의 저서에서 '성경 속에 나타나는 하늘나라의 언어를 우리가 사는 세상의 언어로 이해하고 전해야 하는데, 두 세계의 격차가 너무 심해서 그 방법을 몰라 방황했다'고 고백한다. 이 시기에 놀만 빈센트 필 박사의 긍정적 사고를 접하고 그 길을 찾았다는 것이다. 1970-80년대 미국의 젊은이들은 혼란에 빠져 있었다. 베트남 전쟁이 끝나면서 전쟁에 대한 회의와 사상적 빈곤으로 히피족 같은 부류가 등장하고 사회가 혼란스러웠다. 이러한 상황에서 필 박사의 '긍정적 사고' 사상은 미국 사회를 비추는 빛이 되었다. 슐러는 거기서 목회의 해답을 찾은 것이다.

　한국 사회도 베트남전쟁이 끝나면서 기업들의 중동 진출과 세계화로 경제적 풍요를 가져왔지만, 그 이면에 극심한 빈부의 격차와 그로 인한 상실감과 낙오자의 패배감, 사회적 갈등으로 가정파괴나 사상의 혼란이 야기되었다. 그때에 광림교회의 소위 긍정적 사고와 치유의 사역은 모든 이들에게 희망을 주었고 비전이 되었다. 교회의 사역 방향이 달라지면서 교회성장의 선도적 모티브가 되었다.

상한 영혼을 치유하는 열정적인 설교

김선도 목사는 로버트 슐러의 긍정적 사고에만 머물러 있지 않았다. 1930-40년대 미국 사회가 절망의 늪에 빠져 있을 때 미국인들에게 희망의 빛을 비추어 주었던 위대한 설교가 해리 에머슨 포스딕Harry Emerson Fosdick(1978-1969)의 설교에 접근했다. 1980년대 말 김선도 목사는 사석에서 "나는 요즘 해리 포스딕 설교에 심취하고 있다. 그의 설교는 미국을 위기에서 건져냈다"고 설명했다. 그는 포스딕의 생애를 접하고는 "나는 내 설교를 통해서 갈등의 늪에 빠져드는 한국사회를 건져내고 병들어 가는 많은 상처들이 치유되기를 소망한다"는 말을 자주 하곤 했다.

해리 포스딕의 신학 사상은 자유주의 신학에 기반을 둔다. 그는 자유주의 경향의 설교자였다. 내가 알기로는 김선도 목사는 복음주의 신학을 바탕으로 하는 설교자이다. 그의 신학사상은 자유주의 신학을 받아들이지 않는다. 그렇다고 근본주의자도 아니다. 그러나 그는 포스딕이 추구하는 설교의 패턴, 즉 성경의 교리를 설명한다든지 성경 본문의 내용이나 역사적 해석을 하는 전통적 설교 패턴에서 벗어나서 과학의 발달로 얻어지는 상담학과 정신의학을 설교에 응용하는 것을 받아들였다. 1920년대부터 미국은 금융위기와 더불어 이어지는 경제공황 상태에서 엄청난 시련을 겪고 있었다. 그는 교회에 나오는 사람들이 성경 내용의 역사적 설명이나 해설을 듣기 위해 나오는 것이 아니라, 인생의 극한 상황에서 받은 상처와 번민을 해결하기 위해 나오는 것이기 때문에, 설교자는 그들의 문제를 해결해 주고 상처를 치유해야 하며 그들이 가고자 하는 인생길에 빛을 비추어 주어야 한다고 역설하였다. 그의 설교에 반한 사람이 유명한 석유 재벌 록펠러이다. 그는 포스딕을 그가 세운 리버사이드 교회의 담임목사로 청빙하여 평생 섬기었다.

김선도 목사는 1980년대의 경제성장과 군부독재를 거치고 1990년대를 접어들면서 상처투성이가 된 한국사회를 보며 해리 포스딕 목사의 설교 패턴이 요구된다고 판단한 것 같았다. 1970년대와 1980년대는 한국 중공업의 발달과 기업의 해외 진출로 경제는 급성장하고 있었으나 1980년대 5.18민주화운동 이후 민주화 운동이 절정에 달하면서 한국사회는 양극화 현상이 뚜렷하게 나타나고 있었다. 군부독재의 횡포로부터 깊은 상처를 받은 지식인들이 분노에 차서 병들어 가고 있었고, 시장경제에 기초를 둔 급격한 경제적 성장은 빈부격차의 심화를 낳아 엄청난 부작용이 발생됐다. 전통적 가치와 도덕과 윤리가 무너지고 가정이 파괴될 뿐만 아니라 인간관계가 불신의 늪에 빠져갔다. 더구나 깊어져 가는 이념적 갈등이 후벼내는 상처들은 결국 분열과 혼란, 불신의 사회로 전개될 것을 예견한 김선도 목사는 본능적인 파토스가 발동하였다. 포스딕의 주장대로 교회의 강단을 치유의 강단으로 삼기 시작했다. 그는 자신이 공부했던 상담학과 심리학, 그리고 치유신학을 활용하여 치유 목회Healing Ministry의 설교를 이어갔다. 실제로 많은 지식인들은 광림의 강단에서 들려오는 치유의 설교를 좋아했다.

1980년대와 1990년대를 넘기면서 입이 마르도록 강단에서 외쳤던 김선도 목사의 설교를 요약하면 아마 세 가지로 정리할 수 있을 것 같다. 첫째는 아래를 보고 절망하거나 좌절하지 말고 위를 바라보라Look upward, not down ward, 둘째는 안을 바라보고 실망하지 말고 밖을 바라보라Look outward, not inward, 그리고 뒤를 바라보고 주저앉지 말고 앞을 보고 미래를 바라보라Look foreward, not backward는 것이었다. '믿음 안에 있으면 결코 불가능한 것이 없다'는 말이 평생 그의 설교 주제였다.

인간 김선도는 겉으로 보기에는 매우 엄격하고 강직한 평안도 본토박이다. 스스로에게 언제나 엄격한 잣대를 들이대고 사는 습관 때문에 다른 사람에게 풍기는 분위기가 엄하고 사랑이 없이 무섭고 두려운 모습이다. 그러나 좀 더 가까이에서 그 진면목을 들여다보면 깊고 뜨거운 정이 끓는 사람이다. 상처받고 어려움에 처한 사람을 그냥 지나치지 못하는 성품이다. 가까이 있는 이들에게 자상한 표현을 절제하는 것뿐이지 그의 본성은 '치유자'다. 그것을 체험한 사람은 끝까지 그의 곁을 떠나지 않으려는 이유가 여기에 있다. 1990년대부터 2000년대 초반까지 광림 강단에서 선포된 말씀들은 그의 이런 따뜻한 가슴이 발현된 설교였고 그 설교들은 많은 이들을 절망에서 구원해 희망을 발견하게 했다. 상처받은 이들에게 치유의 손길을 체험케 하였다.

나는 이미 오래전부터 인간 김선도의 따뜻한 온기를 느껴 온 사람이다. 미국 유학 시절 어려운 고비를 많이 맞았다. 영어 실력도 부족하고 경제적으로도 힘들었다. 밤잠을 설치며 공부를 하려니 건강 상태가 말이 아니었다. 유학 중에 만난 김선도 목사는 내 모습을 보고 심히 걱정이 드셨나보다. 나를 부르시더니 "공부 마치기 전에 죽겠다. 건강을 돌보며 공부도 해야지. 어느 장로교회 담임목사님에게 작은 선물을 맡겨 뒀으니 찾아가라"고 하셨다. 그 목사님께 수표 한 장을 맡겨 놓으셨다. 그분에 의하면 부흥회 사례비 전액을 나에게 주었다는 것이다. 그리고 꿀을 넣어 만든 약재가 한 병 있었다.

그 상자 안에 들어있던 메모지에는 "김 목사, 이 보약은 남미에서 고생하는 선교사에게 주려고 우리 집사람이 며칠 동안 달여 만든 보약인데 그 선교사가 하늘나라 갔다는 이야기를 듣고 김 목사에게 주고 간다. 잘 먹고 건강을 회복하여 공부하는 데 도움이 되었으면 한다. 건강을 잘 돌봐야 한다. 공부가 끝나면 나와 함께 일해야 하는데 명심해야겠다. 내가 늘 기도해 주겠다."고 쓰여 있었다. 돌아오는 차 안에서 많은 눈물을 흘렸다. 겉으로는 엄하지만 그 속에는 따뜻함이 가득하다. 그래서 그분의 설교 곳곳에는 믿음에 의한 상담학적인 치유 은사에 대한 내용이 많다.

시대의 아픔을 품고 기도하며

90년대를 넘기면서 그분의 가슴에는 민족의 갈등으로 인해 병들어 가는 우리 민족의 상처를 보며 큰 아픔으로 가득 차 있었다. 그래서 그는 로버트 슐러의 긍정적이고 적극적인 생각으로의 전환을 뛰어넘어, 절망과 상처로 얼룩진 사람들을 치유하고 희망의 빛을 비추는 일에 생명을 건 사역을 펼쳐 나갔다. 민족의 장래와 교회의 미래를 놓고 새벽제단을 쌓는 김선도 목사는 오래 엎드릴 수밖에 없었다. 뒤에 앉아 있는 부교역자들이나 사역자들은 해가 떠오를 때까지 무릎 꿇고 일어나지 않는 담임목사 때문에 불평 아닌 불평이 많았을 것이다. 남의 아픔을 지나치지 못하는 따뜻한 가슴을 지닌 목사, 병들어가는 사회와 불안한 나라의 장래를 바라보며 가슴 아파 새벽마다 쉬지 않고 하나님께 목이 갈하도록 부르짖어 기도하는 목사, 그래서 그는 천생 목사이다.

기도에 힘쓰며 하나님의 영감을 받는 김선도 목사는 늘 다른 사람들보다 시대를 앞서간다. 사생결단을 하듯이 하나님께 매달려 기도하니 위로부터 공급받는 성령님의 능력과 지혜가 남다른 것 같다. 그래서 그의 예지력은 그의 발길을 한 걸음 앞서게 한다. 그러다 보니 주변의 따가운 시선과 질시와 견제를 당하기도 했다. 김선도 목사의 목회 인생은 찰스 스펄전 목사가 겪은 삶과 비슷한 데가 많다. 찰스 스펄전은 불과 열여섯 살에 처음 설교를 시작했고 17세부터 농촌에 있는 워터비치교회Waterbeach Church의 초빙을 받아 목회를 시작하였다. 3년 뒤인 약관 20세에 런던에 있는 뉴파크스트리트교회New Park Street Church의 청빙을 받았다. 기도를 남들보다 많이 하는 그의 설교는 영혼을 구원해 내는 성령의 능력이 강하게 나타났다. 1년이 못 되어 수천 명이 모이는 교회로 부흥했다. 그러자 주변의 목회자들과 언론의 적대적인 비방과 시기와 중상이 끊이지 않았다. 나이가 어려서 뻔뻔하고 자기만 내세우는 거만한 자라고 악평했다. 심지어는 위대한 사기꾼이라는 중상모략까지도 받았다. 공격이 심할수록 스펄전은 마태복음 5장 11-12절의 말씀, "나를 인하여 너희를 욕하고 핍박하고 거짓으로 너희를 거스려 모든 악한 말을 할 때에는 너희에게 복이 있나니 기뻐하고 즐거워하라. 하늘에서 너희의 상이 큼이라. 너희 전에 있던 선지자들을 이같이 핍박하였느니라"를 아침마다 묵상하고 위로를 받았다고 한다. 그리고 스펄전은 다시 앞으로 나아갔다. 한 영혼을 구원하기 위해서는 머뭇거릴 시간이 없다고 외쳤다. 비가 오는 날도, 눈보라가 몰아치는 날도 그는 설교를 하러 나갔다는 것이다. 그는 고아들과 더불어 눈물 흘리며 그들을 돌봐주고 잃은 영혼을 찾아 나서는 일에는 물불을 가리지 않았다고 한다.

인간 김선도가 그러했다. 강남구 신사동에 교회를 건축하기 시작하자 중상모략이 소용돌이쳤다. '교회의 본래 형태는 출애굽 시대의 성막(Tabernacle, Tent, 천막)인데 철근 콘크리트로 대형교회를 지을 필요가 있느냐? 가난한 과부들의 살림비를 짜내어 자기의 아방궁을 짓는다. 대형교회를 지향하는 김선도는 결국 새 교단을 만들고 교주가 될 것이다.' 등등 매일같이 비판의 소리가 끊이지 않았다. 심지어는 건축비가 모자라 건축이 잠시 중단되자 '김선도는 빚에 쫓겨 미국으로 도망간다.'는 유언비어까지 나돌아 미국 풀러신학교Fuller Theological Seminary에서 박사과정을 공부하러 가야 하는데 비자가 거부되어 무척 힘드셨다. 그래도 김선도 목사는 멈추거나 뒤를 돌아보지 아니했다. 현대 지식인들을 전도해서 미래 사회의 신앙적 지도자로 만드는 일은 한국 사회의 경제적 발전과 지도력 성장에 맞물려 무엇보다 교회의 시급한 과제라고 교회 지도자들에게 역설하였다. 그들을 수용할 만한 건물과 프로그램을 운영할 만한 시설을 갖추어야 한다는 것이었다. 그러니 앞서가는 발길을 멈출 여유가 없었다. 오늘의 광림교회는 그렇게 해서 만들어졌다.

한국 감리교회는 가끔 치리나 교리논쟁으로 혼란의 시기를 지날 때가 있었다. 그때마다 감리교의 목사인 김선도는 성직자라는 직임 이전에 그리스도인으로서의 분명한 사명감을 갖고 있었다. 신앙의 본능에서 나오는 신념이었다. 하나님을 사랑하고 교회를 보호하는 일에는 언제든지 목숨을 걸고 있었다. 시골 농촌 교회를 섬길 때에도 그랬고 군목으로 기지교회를 섬길 때에도 하나님과 교회를 위해서라면 한 치의 양보도 허락하지 않았다. 도심의 대형 교회를 이룩하여 섬길 때에도 하나님과 교회를 위해서는 일사각오

의 사명자였다. 뼈를 깎는 각고의 노력을 기울여 교회의 부흥과 성
장을 위해 몸을 바쳤고 그 교회를 지키기 위해서는 생명을 거는 확
고부동한 자세를 갖고 있는 참 그리스도인이다. 곁에서 보면 누구
든지 하나님의 교회를 방해하는 이가 있다면 언제라도 생명을 던
질 각오이다. 그래서 툭하면 '사람은, 특히 그리스도인은 죽을 자리
와 때를 잘 찾아야 한다'고 했다. 그런 그분의 삶을 보노라면 저절로
머리가 숙여진다. 이 시대에 그런 각오로 교회를 섬기는 사람이 얼
마나 있을까?

오해와 비난을 견디며 고심한 광림의 미래

혹자는 김선도 감독을 아들에게 담임목사직을 계승시킨 소위
세습한 목사라며 비방한다. 처음부터 아예 교회를 사유화하고 아
들에게 물려줄 계획을 세웠다는 비난이다. 그러나 그것은 과정을
잘 모르기에 발생한 중상모략이다. 김선도라는 인물은 철저히 웨
슬리언이요, 공교회주의자이다. 존 웨슬리의 목적은 처음부터 영
국 국교회로부터 분리하여 새로운 교파를 만들려는 것이 아니었
고, 국교회 안에서 영적 갱신 운동을 일으켜 교회를 개혁하고 민족

을 구원하려는 것에 있었다. 웨슬리는 메서디즘methodism의 미래를 위해 정체성과 방향과 목표를 바로 정하고, 미래 메서디스트들의 나아갈 길과 후계자 문제의 해법을 찾아야 했다. 김선도 목사는 좋은 후계자를 세워 민족 교회로의 전통을 이어 가려는 의지가 강했다. 세습을 하지 않겠다고 여러 번 공언한 이유가 거기에 있다. 그러나 막상 은퇴 시기가 가까이 오자 후임자 선정에 어려움이 많았고 자칫 교회가 혼란에 빠질 가능성이 많아졌다. 결국 장로님들과 교회를 이끌어 가는 지도자들이 여러 번 논의를 하였지만, 만족스러운 해답을 얻지 못했던 것이다. 그래서 최선의 길, 김선도 목사의 신학과 신앙을 잘 이어 갈 수 있는 길을 택했을 뿐이다. 이것이 세습이 아니라 최선의 선택이었다고 말하는 이유이다. 존 웨슬리가 자신의 후계자로 생각하고 있던 존 플래처가 갑자기 사망한 후에 후계자 문제가 긴박했던 것처럼 김선도 목사는 후계자 문제에 깊이 고심하며 최선의 선택을 한 것이다.

내가 경험한 후임자 선정에 얽힌 에피소드가 하나 있다. 1990년 초였을 것이다. 갑자기 미국에서 유학을 마치고 사역을 하는 우리 내외를 불렀다. 명분은 여름 부흥성회를 인도하라는 명령이었다. 귀국해서 만나보니 본래의 목적은 미리 후계자를 확정하려는 의도였다. 우리 내외를 앉혀 놓고는 이미 오래전부터 생각해 오던 은퇴 계획과 함께 담임목사직을 계승해 달라는 부탁을 간곡히 하셨다. 당신과 신학 노선이 같고 광림교회의 전통을 잘 이어 갈 후계자로 김영헌 목사를 염두에 두고 기도하여 오셨다면서 당신의 목회철학을 잘 이해하고 잘 계승시킬 사람으로는 김영헌 목사가 적격이라는 결론을 내고 미리 확정해 놓아야 잡음도 없고 혼란도 잠재울 수 있다는 것이다. 아들에게 세습시킬 것이라고 사방에서 벌써 비방을 하지만 당신은 웨슬리의 전통을 이어 가는 목사요 공교회를 지향할 것이라고 하셨다. 그러고는 몇 가지 은퇴 후에 하시고 싶은 당신의 사역 계획을 여남은 가지 말씀하시면서 그 사역을 지원해 달라는 소박한 부탁까지 하셨다. 이미 몇 분의 장로님들과 논의도 하셨다고 했다. 처음에는 어리둥절했으나 순종하고 열심히 교회를 섬기겠다는 말씀도 드렸다. 다시 미국으로 온 나는 오랫동안 그 문제를 놓고 기도하기 시작하였다. 시간이 흐를수록 자신감이 생기지 않았다.

결국 그 자리는 나같이 부족한 사람은 감당할 자리가 아니라는 확신이 섰다. 나는 장고 끝에 A4용지 여섯 장 가득히 정중하게 그 자리를 계승할 수 없음을 글로 말씀드렸다. 목회의 능력도, 신학적 지식도, 영적 능력도, 목회자의 경건성도, 목회에 대한 열정도 도저히 김선도 목사의 사역을 이어받기에는 턱없이 부족한 목사라는 결론에 이르니 더 이상 머뭇거릴 여유가 없었다. 어찌 보면 턱없이 자격이 모자란 내가 그분의 후계자가 되어 광림교회 담임목사직을 계승한다는 것은 그분과 광림교회에 대한 모욕이 될지도 모른다는 생각이 들었다. 정중히 그리고 분명하게 사양을 할 수밖에 없었다. 그러나 왜 내가 끝내 김선도 목사가 쌓아 올린 광림교회 담임목사직을 계승할 수 없는지에 대한 근본적인 원인이 하나 더 있었다. 그것은 간단했다. 나는 김선도 목사만큼 광림교회를 위해 죽을 각오가 되어 있지 않은 목사였기 때문이다. 은퇴 즈음에 설교를 통해서 김선도 목사는 "나는 광림교회를 위해서 살 것이며 광림교회를 위해 죽을 것입니다. 내 삶은 오직 광림교회를 위해서만 있을 것입니다"라고 몇 번이고 반복하셨다. 광림교회를 위한 일사각오다.

그렇다고 그분이 광림교회 하나에만 그런 각오를 가진 분은 아니다. 감독회장으로 있으면서 한국 감리교회 전체를 바라보며 목사는 담임한 교회를 위해 생명을 바칠 각오가 있어야 하는데 현실이 그렇지 못함을 얼마나 가슴 아파했는지 모른다. 모든 목사가 가야 할 길을 보여 주고 있는 것이다. 그래야 교회가 살고 세상이 교회를 경외한다는 것이다. 광림교회 담임자이기 때문에 그렇게 표현하는 것일 뿐 김선도 목사는 모든 삶과 생명을 당신이 믿는 하나님과 섬기는 교회를 위하여 바쳐야 한다는 신념이요 철학이다. 따라서 그분은 앞으로 남은 생애도 오직 하나님과 광림교회를 위해 목숨을 바치겠다는 각오로 사시는 '교회의 사람'이다. 세상의 어느 누가 생명을 건 그분의 믿음과 삶을 따를 수가 있으랴.

적어도 내가 경험한 인간 김선도는 그랬다. 인간 김선도에 대한 글을 쓰라는 중대한 명을 받고 망설였다. 글 솜씨가 부족해서 책의 의도를 벗어난 우문이 되거나 혹시라도 존경해 온 김선도 목사에게 누가 되지는 않을까 염려가 앞서서다. 그럼에도 용기를 낸 것은 반세기가 넘게 그분의 사랑을 받아 온 목사로서 '내가 경험한 인간 김선도'라는 삶의 일부분이라도 글로 남겨 감사함을 표현하는 것이 예의일 것 같아서다. 이 글은 나의 경험 안에서만 일어난 이야기일 뿐이니 이 글을 읽는 분들에게는 양해를 구한다. 세상을 넓게 사신 분이니 또 다른 세계에서 일어난 일들이 헤아릴 수 없이 많고, 널리 드러내서 후대 사람들이 본받고 칭송받아야 할 에피소드들이 있을 것이다. 이 글 안에 담지 못했음을 서운해 할 분들도 있을 터인데 그분들에게도 양해를 구한다. 이제 구순과 회혼을 맞이하시는 김선도 목사께서 만수무강하셔서 하나님께 더 많은 영광을 드리시기를 기도한다.

군목 시절 예배당 앞에 선 김선도 목사(오른쪽). 군 목회를 이끌면서도 부대 근처의 가난한 시골 미자립 교회인 '영천감리교회'의 건축과 목회를 위해 장교 봉급의 대부분을 사용했다.

1953년 유엔종군경찰병원 의무관으로 근무하던 청년 김선도(왼쪽에서 네 번째). 휴전협정 후 전역해 의사 생활을 하였으나, 감리교신학대학에 입학하며 목사의 길로 들어섰다.

공군 군목 시절, 교회 앞에 선 목사 김선도.
당시 전설적인 선교 일화를 남기며 군 목회의 새 역사를 썼다.

1964년 셋째 아이를 안고 있는 김선도 목사. 궁핍한 생활 탓에 유난히 약하게
태어난 딸을 무척 안쓰러워하며 키웠다고 한다.

김선도 목사와 평생을 동역한 박관순 사모는 특유의 섬세하고 에리한 통찰력으로
성도들의 삶 가까이에서 헌신적이고 적극적인 전도 활동을 했다. 사진은
1990년 광림교회 여선교회 송구영신 예배에서 박관순 사모와 성도들의 기념사진.

3장

목사의 아들로
산다는 것

김정운

김정운

문화심리학자, 여러가지문제연구소장이자 화가. 독일 베를린자유대학교에서 심리학 박사과정을 마치고 베를린자유대학교 전임강사 및 명지대학교 교수를 역임했다. 지금은 여수 남쪽 섬에 살면서 그림 그리며 글을 쓴다. 『바닷가 작업실에는 전혀 다른 시간이 흐른다』, 『에디톨로지』 등을 집필했으며, 《중앙선데이》 '김정운의 바우하우스 이야기'를 연재하고 있다.

원고를 써 달라는 이야기를 듣고 한참을 생각했다. 아버지 전성기의 부목사님들의 글을 모아 책을 쓴다고 했다. 그분들은 아버지와 함께 현장에서 몸을 던지며 목회한 분들이다. 충분히 그런 글을 쓸 수 있고, 쓸 자격도 된다. 전성기의 아버지, 그러니까 50세부터 60세 중반까지의 아버지는 정말 대단하셨다. '결벽증', '강박증'과 더불어 엄청난 '신앙적 열정'으로 일하시던 아버지 밑에서 부목사로 견뎌내고 지금까지 아버지와의 인연을 소중하게 생각한다는 것은 그분들이 정말 훌륭한 분이라는 증거가 된다. 심리학자로서 단언컨대, 그분들은 신앙적으로는 물론 심리적으로나 체력적으로 최고의 전투력을 갖춘 분들이다.

태권도 유단자의 체력과 성실함으로 아버지와 가장 오랜 기간 함께하신 서창원 목사님이 아버지의 압박을 견디다 못해 몇 번이고 뛰쳐나가려 하셨던 것을 당시 어렸던 나는 아주 생생하게 기억한다. 젊은 서창원 목사, 그러니까 서창원 전도사님은 당시 중·고등부 담당이셨다. 많이 특이하셨다. 자상하고 부드러운 교회 전도사님과는 아주 거리가 멀었다. 수련회를 가면 남학생들에게 '대가리 박아!', '엎드려 뻗쳐!'를 남발했다. 예배 태도가 불량하다는 거였다.

그가 설교할 때, 나는 옆 아이와 장난치다가 거의 기절할 뻔했다. 강대상에 있던 그가 어느 순간 내 앞에 서 있었던 것이다. 그의 존재를 인식하는 바로 그 순간, 그의 발바닥이 내 얼굴 앞에 올라와 멈췄다. 기막힌 태권도 돌려차기 자세였다. 얼마나 놀랐는지, 50년이 지나도록 그때 봤던 그의 발바닥을 나는 지금도 기억한다. 하여간 그 열혈청년이 어떻게 신학대학 교수로 평생을 사셨는지 난 몹시 신기하다. 다른 설명은 불가능하다. "죄다 하나님의 은혜다!" (신앙적 해석은 이렇게 도무지 이해 안 되는 상황에 쓰는 거다.) 아무튼 어머니는 그때마다 서창원 목사님을 밤새 붙들고 설득하며 달래셨다. 아버지는 그런 사정을 아예 모른 척하시고 갈 길만 분주히 가셨다.

아버지로부터 배운 것들

갑자기 나를 '목사 아들'로 불렀다

아마도 그 시절의 부목사님들은 다들 비슷한 경험이 있을 것이다. 그런 만큼 아버지의 삶과 목회에 관해 참으로 할 말이 많을 것이다. 평생 김선도 목사의 아들로 살아왔던 나도 할 말은 많다. 내가 만약 형처럼 목회자의 길을 걸었다면 사정은 많이 달랐을 것이다. 그러나 기독교와 관련된 일을 하지 않고, 교회와 전혀 상관없는 사회에서 '압구정동 광림교회 김선도 목사 아들'로 산다는 것이 어떤 수준의 인내를 요구하는 것인지 남들은 절대 이해할 수 없다.

아버지가 작은 교회의 목회자였다면 이렇게 엄살떨 이유가 없다. 아무도 관심 없기 때문이다. 그러나 한국 교회를 대표하는 대형 교회 중 하나인 광림교회 담임목사 둘째 아들로서의 삶은 누구에게나 흥미로운 일이었다. 내가 '누구의 아들'임이 밝혀지면 다들 다시 날 쳐다봤다. 그들의 그 '흥미로운 표정'을 난 매일같이 겪어야 했다. 결코 만만하지 않았다.

여전히 이 책에 내 글은 어울리지 않는다고 생각한다. 그러나 이 책의 독자들로는 광림교회 교인들은 물론 목회자들도 있으리라 생각한다. 내 이야기가 자녀를 둔 목회자들에게는 충분히 참조할 만한 것이 되리라 생각해 기꺼이 쓰기로 했다. '목사 아들'이라는 특별한 존재를 나처럼 고통스럽게 살아왔고, 그 경험을 생생하게 전달할 수 있는 사람도 없기 때문이다. 아울러 '김선도 목사의 둘째 아들'로서의 내 삶을 이제 정리하는 시간이 되었다는 생각도 들었다. 나도 이제 아버지의 그림자로부터 자유로워질 나이가 되었다. 너무 오래 그의 아들로 살았다.

지금부터 하는 이야기는 '아버지 김선도 목사에 관한 이야기'가 아니라 '김선도 목사의 아들로 살아온 내 이야기'란 거다. 아버지에 대한 이야기는 내가 쓸 수 있는 영역이 아니다. 내 치명적 '목사 아들'의 운명은 초등학교 5학년 때 시작되었다. 갑자기 내가 '목사 아들'로 불리기 시작했기 때문이다. 아버지가 중구 쌍림동의 광림교회 목회를 시작하시면서부터다. '목사 아들'이 되기 전까지 난 늘 즐거웠다.

아버지에게 '낚시'를 배웠다

아버지에 대한 내 기억은 '낚시'로부터 시작된다. '사람 낚는 어부'에 관한 신앙적인 이야기가 아니다. 난 그렇게 은혜로운 사람이 못 된다. 진짜 고기 잡는 낚시를 젊은 아버지에게서 배웠다. 〈흐르는 강물처럼〉이라는 영화를 내가 특별히 좋아하는 이유다. 주인공 브레드 피트는 목사의 망나니 둘째 아들이다. 그가 아버지에게 순종적일 때는 오직 낚시할 때뿐이다. 영화에서 목사 아버지와 두 아들이 낚시하는 장면에서 난 무지하게 감정이입 되었다.

나는 태어나자마자 대전에서 살게 되었다. 당시 아버지가 대전 공군기술교육단의 군목으로 일하게 되셨기 때문이다. 대전에서의 생활은 행복했다. 그곳에서 나는 '목사 아들'이 아니었다. 당시 아버지는 내게 '목사'라기보다는 '군인'이셨다. 대전에서의 아버지에 대한 기억은 별로 없다. 내가 어렸기도 했지만, 아버지는 그 시절 미국으로 3년간 유학을 가셨기 때문이다. 지금은 그 지역에 정부청사가 들어서며 대전에서 가장 '핫'한 지역이 되었지만, 당시에는 대전도 아니고 유성도 아닌 어정쩡한 시골 마을이었다. 우리 동네는 '기교단 뒷부락'으로 불렸다. 질척이는 도로와 곳곳에 돼지우리가 있는 지저분하고 가난한 동네였다.

우리 다섯 식구는 좁은 방 한 칸에 몰려 살았다. 비슷한 단칸방이 일고여덟 개 늘어서 있는 긴 건물의 끝에 있는 화장실은 단 두 개였다. 아침만 되면 난리가 났다. 공동주택 앞쪽의 주인집은 꽤 컸다. 내 또래의 주인집 아들은 어딘가 좀 어눌했다. 어느 날, 그 녀석이 내게 돈뭉치를 보여 주며 자랑을 했다. 아마도 아버지 돈을 들고 나왔던 것 같다. 난 그 녀석을 살살 꼬드겨 먹고 싶은 거 잔뜩 사 먹고 돌아왔다. 동네에 들어서는 순간, 어머니한테 붙잡혀서 비 오는 날 먼지 나듯 맞았다. 집주인은 자신의 아들에게 내가 돈을 훔치도록 사주했다며 어머니에게 우겨댔다. 아직도 억울하다. 돈을 쓰도록 유도는 했지만, 훔친 것은 전적으로 그 녀석의 짓이다.

위암에 걸리신 할아버지가 대전 집에 오셨다. 음식을 전혀 드실 수 없는 할아버지를 위해 아버지는 어죽을 끓여야 한다며 낚싯대를 들고 집 위쪽에 있는 저수지로 가셨다. 형과 나도 따라나섰다. 꽤 더웠다. 아버지는 낚시를, 형과 나는 저수지 위쪽 냇물에서 물놀이를 했다. 아버지는 금방 엄청나게 큰 붕어 두 마리를 잡으셨다. 낚싯대로 진짜 고기가 잡힌다는 사실에 신기해 하며 나는 형과 작은 냇물에서 그 붕어를 가지고 놀았다.

아뿔싸, 형이 그중 한 마리를 놓쳤다. 여태 그 놓친 고기를 기억하는 걸 보면 당시 무척 놀랐던 것이 분명하다. 낚시꾼들에게 '놓친 고기'는 항상 기억보다 크다. 손바닥만 한 것을 놓쳤으면 팔뚝만 했다고 이야기한다. 그때 형이 놓친 그 고기도 무척 컸다. 형은 이런 식으로 나를 자주 당황스럽게 했다. 예를 들면, 아버지한테 혼날 때다. 어릴 적 우리 형제는 종종 회초리로 혼이 났다. 아버지는 그때마다 몇 대를 맞겠느냐고 물으셨다. 잘못의 크기를 스스로 확인하라는 뜻이었으리라. 젠장, 형은 항상 내가 생각한 것보다 훨씬 많이 불렀다. 나는 속으로 두 대 정도면 충분할 것 같다고 생각하고 있는데, 형은 열 대를 부르는 거였다. 그럴 때마다 나보다 많이 부르는 형이 얄미웠다.

말이 나온 김에 나와 형의 이야기를 하나 더 하자면 연년생인 형과 나는 무지하게 싸웠다. 나는 모든 것을 쌓아 두는 편인데, 형은 그런 내 물건을 갖고 나가 남에게 나눠주었다. 도무지 내 물건과 남의 물건의 구별이 없었다. 당연히 동생의 물건도 자기 물건처럼 여겼다. 정말 매일같이 싸웠다. 물론 힘이 달리는 내가 훨씬 더 많이 맞았지만 마지막 결정타는 나였다. 난 형을 이빨로 물든가, 할퀴든가, 좌우간 온갖 수단을 동원해 형을 피나게 했다. 그러고 나면 난 또 어머니에게 혼줄이났다. 형에게 덤볐고, 형을 때려 피까지 나게 했다는 거다. 내내 형한테 맞았는데 그런 속도 모르고 어머니한테 또 혼이 났던 거다.

생각해 보니 난 어머니한테 참 많이 맞았다. 심지어는 결혼할 때까지 두들겨 맞았다. 어머니가 반대하는 여자와 결혼한다고 우겼다가 어머니의 구두 짝으로 엄청 맞았다. 도망가는데도 신발을 들고 쫓아오셨다. 하여간 우리 어머니는 그런 엄청난 분이시다. 결국 나는 동생이 소개해 준 아주 '튼튼한 여자'와 결혼했다. 시간이 오래 흐르고 생각해 보니 어머니에게 맞을 만한 상황이었다. 그리고 어머니 말씀이 옳았다. 남자고 여자고 결혼은 '몸도 마음도 튼튼한 사람'과 하는 거다.

지금의 내 아내는 아주 튼튼하다. 내가 아프면 날 들쳐 업고 뛰어갈 만큼 튼튼하다. 아이들이 자라면서 가출한 적이 있다. 그런데 내 아내는 코 골고 잔다. 내가 너무 어이없어하자, 자기가 잠을 안 자면 집 나간 아이가 돌아오냐고 오히려 내게 뭐라고 한다. 걱정도 잠은 자고 하는 거란다! 자기가 걱정하느라 잠 못 자고 병나면 누가 가정을 책임지냐는 거다. 맞는 이야기지만 참 많이 황당하다. 내 두 아들도 지들 엄마 닮아 몸도 마음도 아주 튼튼하다. 지금도 집안에 문제가 생기면 나만 잠 못 자고 고민한다.

다시 낚시 이야기로 돌아가자. 그렇게 형이 큰 붕어 한 마리를 놓치긴 했지만, 아버지는 몇 마리의 고기를 더 낚으셨다. 어죽을 끓이기에 충분한 양이었다. 할아버지는 무척 맛있게 드셨다. 그리고 며칠 뒤 돌아가셨다. 대전에서의 삶은 가난했지만, 내게 이런 종류의 행복한 기억들이 남아있다. 분명히 이야기하지만, 난 그때 '목사 아들'이 아닌 '군인 아들'이었다. 그래서 행복했던 거다.

요즘 나는 여수 남쪽 끝에 살면서 아침마다 낚시를 한다. 문을 열면 바로 바다다. '오늘의 양식'을 직접 낚아 올린다. 뽈락, 놀래미, 고등어 등 어종이 매우 다양하다. 날씨가 좋으면 작은 배를 타고 나가 제법 큰 참돔이나 감성돔도 잡는다. 아침에 고기를 잡아 잘 손질해서 햇볕에 말렸다가 저녁에 구워 먹으면 정말 맛있다. 낚시를 하지 않았더라면 지금의 행복은 절반으로 줄었을 것이다. 이 엄청난 행복의 기술을 어릴 적 대전에 살 때, 아버지한테 배웠다는 이야기다.

이른 아침, 아버지에게 스케이트를 배웠다

공군 시절, 군복은 아버지에게 참 잘 어울렸다. 말끔하게 이발을 하시고, 군복을 차려 입으시면 참 멋있었다. 나만 그렇게 생각했던 게 아니었다. 몇 달 전 일이다. 여수의 한 식당에서 갈치조림을 맛있게 먹고 있는데 옆자리의 점잖은 손님이 내게 말을 걸어왔다. 허름한 갈치조림 집에서 만나기 힘든 지식인의 기품이 느껴지는 분이었다. "김 교수는 나를 잘 모르지만, 난 김 교수를 잘 알아요. 김 교수 신문칼럼을 매번 잘 읽고 있어요. 그런데 난 김 교수보다 김 교수 부친을 더 잘 알아요." 하는 것이었다. 나보다 아버지를 더 잘 안다는 사람은 많이 만나 봤다. 그런데 그의 이야기는 좀 달랐다. 그가 어릴 때 만났던 '멋진 군복의 아버지'를 기억한다는 것이었다.

그의 이야기는 이어졌다. 시골 학교 중학생일 때, 그는 어머니의 손에 붙들려 동네 교회 부흥회에 갔다. 작은 교회였다. 부흥강사는 특이하게도 군복을 입은 사람이었다. 공군 장교였다. 설교에는 강한 힘이 있었고, 매우 설득력 있었다. 엄청난 감명을 받은 그는 바로 세례를 받고 기독교인이 되기로 결심했다. 그때 결심한 신앙은 많이 흐려졌지만, 그때 만났던 그 폼 나는 젊은 공군 장교에 대한 기억은 여전히 선명하다고 했다. 그는 명칼럼으로 유명한 <조선일보>

의 강천석 고문이었다. 그리고 그가 기억하는 그 멋진 '청년 장교'가 바로 젊은 시절의 아버지였다. 휴가차 들른 여수의 식당에서 그는 그렇게 군복의 내 아버지를 기억해냈다.

나는 역사상 유래가 없는 대한민국의 발전을 가능케 한 세 가지가 '군대, 학교, 교회'라고 생각한다. 이 세 가지 기관이 '근면'과 '성실'이라는 모더니티의 윤리가 한국사회에 자리 잡는 데 결정적 기여를 했기 때문이다. 지난 100년의 세계사에서 가장 많이 발전한 나라는 단연 대한민국이다. 세계사의 출발점이 같았다면 오늘날의 한국은 세계 최고가 되었을 것이다. 도대체 이 엄청난 기적이 어떻게 가능했을까?

막스 베버가 자신의 책 『프로테스탄트 윤리와 자본주의 정신』에서 설명하는 방식이 내겐 가장 설득력이 있다. 자본주의가 자리 잡으려면 '자본축적'이 가능해야 한다. 투자할 자본이 있어야 경제가 성장한다. 이익이 생기는 대로 전부 써 버리면 더 많은 생산을 위해 투자할 자본이 없다. 봉건시대의 왕과 귀족은 자본축적과 투자에 대한 개념이 전혀 없었다. 돈이 생기면 집을 치장하고, 좋은 옷을 사 입고, 맛있는 것을 골라 먹었다. 매일 밤 파티를 열었다. 돈이 떨어지면 전쟁을 벌여 이웃 나라의 재화를 뺏었다.

중세 왕과 귀족은 남의 것을 빼앗는 것 이외에는 달리 돈 버는 방법을 몰랐다. 이러한 왕과 귀족을 제치고 역사 무대에 등장한 이들이 근대 부르주아다. 이들은 사치를 멀리했다. 물론 귀족을 흉내 내는 부르주아들도 있었지만, 대부분 곧 망했다. 부르주아는 돈이 생기면 다시 투자해서 더 많은 돈을 벌었다. 현재의 욕구를 참고 불확실한 미래에 투자하는 것은 대단한 모험이다. 미래에 잘될 것이라는 믿음은 도대체 어떻게 가능했을까? 이러한 엄청난 모험을 가능케 한 이 강력한 '어떤 것'을 막스 베버는 '하늘나라의 신앙'으로 설명한다.

가톨릭도 천국을 이야기하지만 현세에서의 축복을 더 강조한다. 그러나 프로테스탄트는 현세의 욕망을 철저하게 거부했다. 음식만 비교해 봐도 알 수 있다. 유럽에서 음식이 맛있는 나라는 대부분 이태리, 프랑스, 스페인 같은 가톨릭 국가인 반면, 독일과 영국을 비롯한 유럽 북구 지역의 음식은 배만 채울 수 있을 정도지 맛의 즐거움을 찾기는 어렵다. 십여 년의 독일 유학생활 동안 독일 음식은 왜 이렇게 맛없을까 늘 의문이었지만 해답을 찾지 못하고 있었다. 시간이 한참 지난 뒤, 막스 베버의 책을 읽으며 비로소 해답을 찾았다. 현세의 즐거움을 부정하는 프로테스탄트 윤리 때문이다. 죽음 이후의 천국에 대한 신앙은 현세에 대한 인내와 성실을 전제로 한다. 현세의 욕구충족을 참고, 그 열매를 천국에 쌓아 놓는 프로테스탄트 신앙은 경제학적으로 엄청난 결과를 가져왔다. 미래를 위한 자본축적이 가능해진 것이다. 맛없는 음식을 먹고, 허름한 옷을 입으며 최대한 돈을 저축한다. 이렇게 저축된 돈은 생산 과정에 다시 투자된다. 개인은 검약하고 성실하게 생활하지만 사회는 갈수록 부유하게 되는 것이다.

한국 자본주의의 급격한 성장은 일정 부분이 프로테스탄트 윤리에 기반을 두고 있다. 기독교의 급속한 성장과 한국 경제 성장의 시기가 일치하는 것도 이 때문이다. 문화적으로도 기독교는 한국 사회의 발전에 큰 기여를 했다. 모더니티의 통로가 교회였기 때문이다. 오늘날 한국사회의 리더로 활동하는 이들 중 많은 경우가 기독교 문화의 혜택을 입었다.

군대나 학교가 한국사회의 발전에 기여한 부분도 교회만큼이나 결정적이다. 근대사회의 형성과정에서 군대와 학교는 가장 발전되고 합리적인 조직이었다. 뛰어난 장수가 중요했던 중세의 군대와는 달리, 근대식 군대의 기원은 독일식 '참모제도'다. 중세의 군대에서 칼이나 활을 잘 다루는 뛰어난 장수가 되려면 타고난 체력과 숙련된 훈련 과정을 거쳐야 했으나 근대에 총이 발명되면서부터뛰어난 장수가 갖는 의미가 약해졌다.

집단적 훈련을 통해 다수의 군인을 조직적으로 움직이려면 이전과는 다른 시스템적 사고가 필요하다. 아울러 전투하는 군대만큼이나 중요한 것은 군수지원과 다양한 무기를 다루는 각 부대 간의 업무 분담과 이를 조절하는 능력이다. 그래서 나온 것이 독일의 '참모제도'다. 근대의 군대는 치밀한 계획과 전략을 전담하는 참모들에 의한 군대다. 군대의 최고 리더를 '참모총장'이라 부른다. 군대에서 가장 높은 사람은 참모들의 리더라는 뜻이다. 합리적 사고에 기초한 참모들의 군대는 모더니티가 성립하는 과정에서 선진적 기관의 역할을 했다.

지식을 습득하는 학교 또한 근대사회를 지탱하는 중요한 기관이었다. 다른 나라와 감히 비교조차 할 수 없는 한국 부모들의 교육열은 학교가 할 수 있는 역할을 최고치로 끌어올렸다.

'목사'이자 '군인'이고, 당시로는 아주 드물게 미국 유학을 경험하신 아버지는 군대, 학교, 교회라는 근대적 제도를 모두 체화하셨다. 이런 경우를 '역사적 개인'이라고 한다. '개인'이지만 역사적 과제와 사건들이 한 개인에게 몰려가는 경우를 의미한다. 앞서 중학생이었던 강천석 <조선일보> 고문에게 아버지가 그렇게 폼 나게 보였던 것은 이런 역사적 맥락이 있었기에 가능했던 것이다. 그러나 아들인 내게 아버지의 군복이 멋있었던 기억은 좀 생뚱맞다.

1970년 아버지는 서울 대방동의 공군사관학교 군목으로 자리를 옮기셨다. 당시 대방동은 상당히 변두리였다. 겨울이면 논밭에 스케이트장, 썰매장이 생겼다. 어머니가 어디선가 빨갛게 녹이 긴 스케이트를 얻어 오셨다. 내 발에는 맞지도 않는 어른의 것이었지만 흥분한 나는 양말을 잔뜩 껴 신고 담요 위에서 연습을 했다. 다음 날 실제로 스케이트장에 나가 보니 제대로 서 있을 수가 없어 내내 얼음 위를 굴렀다. 내게 스케이트를 가르쳐줄 사람은 아무도 없었다. 당시 스케이트장은 말이 스케이트장이지 논두렁에 물을 채워 얼린 얼음 밭이었다. 얼린 물의 정체가 의심스러울 정도로 넘어질 때 옷에 묻은 얼음이 녹으면 똥 냄새가 났다. 퇴근하신 아버지는 스케이트를 타다가 넘어져 온몸에 멍이 든 내 모습을 보고 한참을 웃으셨다.

다음 날 아침 일찍, 아버지는 군복차림으로 나를 데리고 스케이트장으로 가셨다. 내 발에는 컸던 고물 스케이트를 신고 이른 아침이라 아무도 없는 스케이트장을 아버지는 아무 주저함 없이 달려나가셨다. 와, 정말 잘 타셨다. 아버지는 어릴 적 평안북도 선천에 살 때 스케이트를 배웠다고 하셨다. 스케이트는 일제 강점기에는 감히 구경조차 할 수 없었던 물건이었다. 그런데 의학전문학교에 다니는 아버지가 자랑스러워 할아버지가 직접 그 귀한 물건을 어렵게 구해 와 스케이트를 타보았다고 하셨다.

아버지는 스케이트장을 몇 바퀴 폼 나게 도셨다. 뒤로도 가고, 희한한 자세로 옆으로도 가셨다. 군복을 입고 스케이트를 타는 아버지의 모습은 어린 나의 눈에 세상에서 가장 멋진 사람으로 보였다. 아버지는 몇 가지 기초 자세를 가르쳐주시고는 부대로 출근하셨다. 이후 스케이트는 나의 겨울철 필수 놀이가 되어 아무리 추워도 겨울이면 거의 매일 스케이트를 탔다.

아버지가 군목을 전역하고 중구 쌍림동 광림교회로 부임하신 후에는 버스를 타고 제3한강교를 건너 스케이트를 타러 갔다. 우연의 일치일까. 내가 당시 스케이트를 탔던 곳이 이후 광림교회가 건축된 그 자리이다. 배밭 사이의 논에는 강북의 쓰레기들로 메워져 썩은 물이 고여 웅덩이가 생겼다. 이 웅덩이가 겨울이면 스케이트장으로 둔갑했다. 스케이트에 익숙해진 나는 더 이상 넘어지지 않았다. 뒤로도 갈 수 있었고, 옆으로도 탈 수 있었다. 드디어 나도 아버지처럼 탈 수 있게 됐다.

내 두 아들이 어렸을 때, 나도 아이들에게 스케이트를 가르쳐주고 싶었지만 스케이트장이 아닌 스키장에 가는 시대로 변했다. 아쉽게도 아버지처럼 내 아들들에게 폼 나게 보일 기회를 박탈당했다.

아버지를 통해 '음악'의 가치를 알았다

대방동 시절, 공군사관학교 군목으로 계시던 아버지의 집무실에 자주 갔다. 주일날이면 사관생도들과 함께 예배를 드렸다. 제복을 차려입고 예배를 드리던 사관생도들이 멋있어 보였다. 생도들은 행사가 열릴 때마다 마치 영화 속 유럽 장교들처럼 칼을 차고 나타났다. 사관생도들의 행사에는 항상 음악이 있었다. 밴드 음악도 있었고, 교회에는 피아노 소리가 항상 흘러나왔다. 당시 공군사관학교 교회는 천장이 아주 높은 삼각형의 건물이었는데, 높은 천장으로 퍼져 나가는 교회 성가대의 찬양은 천사들의 노래처럼 들렸다.

지금도 기억하는 인상적인 장면이 있다. 크리스마스 즈음이었다. 아버지 사무실에서 놀고 있는데, 네 명의 공군 장교가 아버지 사무실에 모였다. 사관생도는 아니고 아마도 교관들이었던 것 같다. 그들은 무반주로 남성 사중창을 연습하고 있었다. 남자들만 노래하는 것을 처음으로 본 나는 그들의 노래에 흠뻑 빠졌다. 한 명이 "속삭이는~"하고 노래하면, 나머지 세 명이 "속삭이는~"하고 따라 불렀다. 같은 노래를 부르는데, 각기 다른 소리로 '화음'을 맞추는 것을 처음 보았다. 나중에서야 그 노래가 '위스퍼링 호프Whispering Hope(희망의 속삭임)'인 것을 알았다. 지금도 이 노래를 참 좋아해서 운전 중에 라디오에서 이 노래가 나오면 "속삭이는~"하며 베이스 파트를 따라 부른다.

노래하는 장교들 중에 유난히 키가 크고 잘생긴 장교가 있었다. 노래도 잘 불렀고, 지휘하면서 다른 장교들도 가르쳤다. 그들 중 계급이 가장 높아 보였던 그는 귀찮게 떠드는 나를 야단치기는 했지만 상당히 교양 있어 보였다. 어린 내 눈에도 자부심에 가득 차 보였다. 자신보다 계급이 높은 상관의 아들인 나를 너무 무시하는 것 아닌가하는 생각도 들었다. 그가 새문안교회의 담임목사를 지낸 후 은퇴한 이수영 목사님인 것을 나중에 알았다. 유럽에서 유학을 하고 신학교 교수를 지낸 그의 이력을 알고 나니, 젊은 그는 좀 '교만'해도 되는 분이었다. 그의 아버지가 찬송가 작곡가로 유명한 음악가 이동훈 선생이었던 것만으로도 그가 노래를 잘하는 것이 당연했다. 아버지는 가끔 흥이 나면 피아노나 풍금을 연주하셨다. 어린 눈에 상당한 실력으로 보였다. 젊은 시절에는 트럼펫도 부셨다고 한다. 어머니에 따르면 아버지의 아코디언 실력은 거의 전문연주자 수준이었다고 한다. 젊은 시절 아버지는 그때 그 공군 장교들만큼이나 노래를 잘하셔서 예배시간에 가끔 강대상에서 화음으로 노래하셨다.

　나도 아버지처럼 음악을 잘하고 싶지만 적당한 때에 음악을 배울 기회가 없었다. 나는 가수 조영남과 가깝게 지낸다. 지금은 '영남이 형'이라 부르지만 중, 고등학교 시절 내겐 영남이 형이 우상이었다. 서울 시민회관에서 귀국 리사이틀을 열 때, '내 생애에 단 한 번만이라도'를 열창하는 그는 엘비스 프레슬리보다 더 멋졌다. 여전히 내겐 조영남이 한국 최고의 가수다. 그보다 노래 잘 부르는 사람은 없다.
　나도 그처럼 노래하고 싶었다. 그러나 가난한 공군 군목 아들에게 피아노 레슨을 받을 기회는 주어지지 않았다. 만약 내가 피아노를 칠 줄 알았다면 영남이 형보다 훨씬 뛰어난 가수가 되었을지도 모르겠다. 음악성도 있고, 무엇보다도 영남이 형보다는 내가 훨씬 잘생겼다. 영남이 형은 얼굴도 무지하게 크고, 코는 거의 얼굴에 붙었다. 그가 큰 안경을 쓰는 이유는 안경이 코에 걸리지 않아서 그러는 거다. 큰 안경을 써야 뺨에 걸려 안경이 내려오지 않는다. 다리도 무지하게 짧다. 내 다리가 훨씬 길다. 내가 피아노 앞에 앉으면 무척 잘 어울렸을 거다. 그러나 영남이 형처럼 폼 날 수 있는 기회는 내게 주어지지 않았다.

언젠가부터 영남이 형이 이러저러한 사건을 일으키자, 어머니는 매번 내게 그러셨다. "너 그러다가 조영남처럼 된다!" 나는 나이 오십에 교수를 그만두고 일본에서 미술대학을 다녔다. 영남이 형은 '화투그림'을 그리다가 크게 사고를 쳤지만, 난 진짜 미술대학을 나왔다. 그러나 내가 영남이 형을 쫓아갈 수 없는 궁극의 영역이 있다. 이혼이다! 영남이 형은 나를 볼 때마다 내가 두 번 이상 이혼만 한다면 자신보다 훨씬 유명해질 거라고 했지만 나는 이혼할 생각이 전혀 없다. 그러니 내가 살면서 영남이 형을 뛰어넘을 기회는 오지 않을 것 같다.

우리 집안은 '공주 김씨'다. '공주 김씨'는 예술적이다. 유명한 김소월 시인이 '공주 김씨'다. 김소월의 본명은 '김정식'이다. 나는 '김정운'이고 우리 형은 '김정석'이다. '정'자 돌림이다. 그러니까 김소월은 내 형뻘이 되는 거다. 초등학교 시절부터 그림을 잘 그린다는 소리를 들었던 내게 어머니는 자주 스케치북을 사다 주셨다. 그게 내가 받은 '사교육'의 전부였다. 음악과 마찬가지로 체계적인 미술공부를 할 기회는 전혀 주어지지 않았다. 나이가 들어 미술공부를 하면서 내가 미술을 일찍 시작했더라면 세계적인 화가가 되었을 거라고 투덜거렸다. 어머니는 "야, 네가 심리학자로 알려진 다음에 그림을 그리니 잘 그린다고 하는 거지, 처음부터 그림을 그렸으면 누가 너를 인정해주니." 내 어머니는 매번 이렇게 '정확한 말씀'만 하신다. 뭐, 조금도 에누리가 없다.

내게 음악이나 미술 공부를 체계적으로 배울 기회가 전혀 주어지지 않았지만, 아버지의 노래와 피아노 연주는 평생 나의 삶을 풍요롭게 하는 문화적 토양이 되었다. 내 아내는 성악을 공부하고, 독일 베를린대학에서 지휘를 공부했다. 아내가 베를린 필하모닉에서 연주를 할 때, 큰아들을 유모차에 태워 그 주위를 빙빙 돌며 연주가 끝나기를 기다리곤 했다. 그렇게 자란 큰아들은 클래식 작곡을 공부했다. 요즘은 유튜브로 아주 희한한 음악만 만들어 올린다. 그렇게 음악은 내 아버지에게서 나를 건너뛰어 내 아들로 이어졌다.

서재가 있는 인생이 멋지다는 것을 배웠다

아버지가 중구 쌍림동 광림교회로 부임하시면서부터 나는 '목사 아들'이 되었다. 내 인생의 괴로움이 드디어 시작된 것이다. 학넌이 바뀔 때마다 '생활 환경 조사'가 있었다. 담임선생님은 아버지 직업란의 '목사'를 꼭 확인하셨다. 다른 아이들 앞에서, "너희 아버지가 '목사'시냐?"고 묻고는 이렇게 말씀하셨다. "그런데 넌 왜 그러냐? 하하하." 거의 모든 선생님이 그러셨다. 그런 이야기를 들을 때마다 쥐구멍이라도 들어가고 싶었다. 아버지 직업이 가진 윤리적, 도덕적 책무를 아들인 내가 왜 책임지며 살아야 하는가에 대한 불만 때문에 내 태도나 행동은 어긋나기 시작했다. 일부러라도 더 삐딱하게 행동했다. (학창시절 나는 '유기정학', '무기정학'을 받았다. 대학 시절에는 '제적'을 당했다. 소풍 가서는 매번 혼자 '김밥'을 먹었다.)

초등학교 5학년에게 '목사 아들'은 너무나 괴로운 일이었지만, 목사관에 '아버지의 서재'가 생긴 것은 참 좋았다. 목사관 이층에 있는 아버지의 서재는 내겐 천국과도 같았다. 사방 벽을 가득 채운 아버지의 책들은 퀴퀴한 냄새만으로도 날 행복하게 만들었다. 난 아버지 서재에서 하루 종일 뒹굴며 놀았다. 책상에 앉아 설교 준비를 하시는 아버지를 흉내 내며 책을 읽었다. 벽 한쪽에는 영어 원서가 가득했다. 책장의 한편에는 외국어 책이 가득해야 폼 난다는 것도 그때 어렴풋이 깨달았다.

책장 다른 쪽에는 <사상계>가 <신동아>와 같은 잡지들이 창간

호부터 꽂혀 있었다. 어느 날인가 아버지가 『브리태니커 백과사전』을 서재에 들여놓으셨다. 흰색의 하드커버로 된 수십 권의 『브리태니커 백과사전』은 압도적이었다. 난 아버지에게 다른 것은 바라지 않지만, 저 백과사전만은 유산으로 달라고 이야기했다. 아버지는 한참을 기분 좋게 웃으셨다.

책을 즐겨 읽는 어린 내게 아버지는 수십 권의 '세계문학전집'을 사 주셨다. 전집으로 된 책을 가지고 있으면 폼은 나지만 치명적인 문제가 생기는데 빨리 다른 책을 보고 싶어 책 한 권을 끝까지 못 읽는다는 거다. 이때부터 내겐 여러 권의 책을 동시에 읽는 습관이 생겼다. 소설책은 죄다 스토리가 엉켰다. 이런 식이다: '제인 에어'가 한밤중에 '폭풍의 언덕'을 걷다가 남자를 만난다. 덜컥 임신이 되었다. 아버지를 모르는 아이를 가진 그녀의 팔뚝에는 '주홍글씨'가 새겨진다. 그녀를 사랑하던 청년 '데미안'은 충격을 받아 자살한다. 데미안을 짝사랑하던 또 다른 여인은 '좁은 문'과 '개선문' 사이를 방황하며 밤마다 칼바도스를 마신다. 그녀를 훔쳐보던 '까라마조프가의 형제들'은 갑자기 열린 방문으로 쏟아진 햇빛에 눈이 부셔 서로 죽이고는 벌레로 '변신'해버렸다.

소설책을 읽을 때는 동시에 여러 권의 책을 읽는 것이 좋은 습관은 아니지만 공부하며 스스로의 생각을 정립하는 데는 꽤 좋은 방법이다. 저자의 의도와는 상관없이 내 관심에 따라 책을 읽어 가며, 나만의 생각을 정리할 수 있기 때문이다. 유학 시절 그때의 산만한 독서 습관이 갖는 효과를 확인했다. 동시에 여러 저자의 논문이나 책을 펴놓고, 비교해 가며 읽으면 각 저자들이 갖고 있는 생각의 차이를 한눈에 볼 수 있었기 때문이다. 지금도 '한 권의 책을 끝까지 읽어야 한다'는 강박에서 자유로워져야 주체적인 독서가 가능하다고 주장한다. 정말 재미있으면 끝까지 읽지 말라고 해도 그 책은 다 읽게 되어 있다. 그런데 전혀 재미없는 책인데도 돈 주고 샀으니 억지로라도 끝까지 다 읽으려고 한다. 새 책을 사고 싶어도 '집에 있는 책도 다 안 읽었는데…' 하면서 주저하게 된다. 결국은 책을 멀리하게 되는 것이다.

최근 나는 여수 남쪽 끝에 있는 섬에 내 개인 라이브러리를 지었다. 다 쓰러져 가는 섬의 미역창고를 구입해서 천정을 아주 높게 개조했다. 단층건물이지만 벽의 높이는 거의 3층 건물에 맞먹는다. 그 높은 벽의 삼 면을 책장으로 만들고 사방에 흩어져 있던 만 권이 훨씬 넘는 내 책을 다 모아 정리했다. 책을 구별해서 정리하는 데만 석 달이 걸렸다. 유학 시절, 유럽 도서관의 사다리를 타고 올라가야 하는 책장이 너무 부러웠다. 정말 오랫동안 그런 라이브러리를 갖고 싶었다. 나이 60세가 가까워서야 겨우 그 꿈을 이뤘다.

요즘은 거의 대부분의 시간을 섬의 내 라이브러리에 머물며 책을 쓰고, 그림을 그리며 지낸다. 사람은 거의 안 만난다. 사람을 만나면 자꾸 '잘난 체'를 하게 돼서 그렇다. 못난 사람이 잘난 체를 하면 돌아서서 비웃으면 되지만, 난 진짜 잘났다. 그래서 남들이 나를 힘들어 한다. 세상에 글 잘 쓰는 사람도 많고 그림 잘 그리는 사람도 많지만 둘 다 잘하는 사람은 거의 못 봤다. 난 그림도 글도 잘 쓴다. 게다가 마스크까지 된다. 그런 내가 '잘난 체'를 하면 듣는 사람들이 얼마나 괴롭겠는가. (그러나 하나님은 공평하다. 한 사람에게 모든 것을 주시지는 않는다. 내게는 마스크를 주시는 대신 탈모를 주셨다.)

아침에는 낚시를 해서 하루의 '일용할 양식'을 직접 준비한다. 오전 내내 책이 가득한 내 라이브러리에서 책을 읽고 원고를 쓴다. 앞으로도 쓰고 싶은 주제가 책장에 가득해 심심할 틈이 없다. 참고로, 책은 다 읽고 책장에 꽂아두는 것이 아니다. 내 라이브러리를 들어오는 사람들은 다들 책장에 가득한 책들을 보고 놀란다. 그러고는 내게 묻는다. "이 많은 책을 다 읽으셨어요?" 젠장. 이런 질문을 던지는 사람은 단언컨대 절대 독서를 즐겨하는 사람이 아니다. 책장에 책은 다 읽고 꽂아 두는 것이 아니라 읽으려고 꽂아 두는 것이다. 책장의 책이 많다는 것은 알고 싶은 것이 많다는 뜻이다. 난 죽을 때까지 쓰고 싶은 주제가 내 책장에 가득하다. 죽을 때까지 절대 심심하지 않을 거라는 이야기다. (눈이 침침해지는 것이 걱정되지만, 푸른 남쪽 바다가 내 눈의 노화를 막아 주리라 희망한다.)

　오후에는 예쁜 내 강아지 '호두'를 데리고 뒷산에 오른다. 호두는 세틀랜드 쉽독이다. 원래 양을 치던 종(種)이라 활동량이 많아 넘치는 에너지를 적절하게 배출해 주지 못하면 집안에 온갖 사고를 친다. 활발한 강아지 덕에 나는 제대로 운동을 하게 된다. 강아지와의 산책 겸 운동이 끝나면 그림을 그린다. 그림은 말이나 글로 표현할 수 없는 내면의 세계를 드러내는 데 훌륭한 수단이다. 스스로를 비난하는 '자기반성'이 아닌 찬찬히 자신과 이야기하는 '자기성찰'의 계기가 된다. 밤에는 벽난로를 때고 음악을 듣는다. 이 행복한 삶이 '책에 둘러싸여 서재에서 설교를 준비하시던 아버지'를 흉내 내는 것에서 시작되었음을 이제야 인정하게 된다.

인생을 사는 데 외국어가 필요함을 배웠다

　내가 정년을 보장받는 교수를 그만둘 수 있었던 이유는 '믿는 구석'이 있었기 때문이다. 가끔 잘 다니던 회사를 대책 없이 때려치우는 이들을 보면 가슴이 덜컥한다. 퇴직금으로 몇 달간 세계여행을 했다고 하면 그들의 무모함에 숨이 콱 막힌다. 그렇게 무모하게 '믿는 구석' 없이 막 때려치우는 거 아니다. 내가 '믿는 구석'이 있었다고 이야기하면 사람들은 아버지한테 물려받은 재산이라도 있는 줄 안다. 이 맥락에서 내 억울함을 이야기하고 넘어가야겠다.

광림교회 목사 아들이라고 하면 돈이 꽤나 많은 줄 안다. '세습 논란' 이후 형은 교회를 물려받고 나는 '기도원'이라도 하나 물려받은 줄로 생각하겠지만 광림교회 재산은 우리 가족과는 아무런 상관이 없다. 광림교회의 모든 재산은 교단에 속해 있다. 형이 물려받은 것은 '목회의 권한'일 뿐이지만 그것조차 아들이 이어받는 것이니 '목회권의 세습'이라 비판한다면 그건 어쩔 수 없다. 만약 앞으로 형의 아들에게 목회권이 이어진다면 그건 분명 세습일 것이다. 그러나 그럴 일은 없다.

형이 아버지의 목회를 이어받은 것은 카리스마적 리더십으로 수십 년간 광림교회를 이끌고 성장시킨 아버지 은퇴 이후의 혼란을 최소화하기 위한 광림교회 나름의 대처방식이었다고 생각한다. 광림교회를 사유화하는 '세습'이라는 비난은 초점이 많이 빗나갔다는 이야기다. '세습'이라는 틀로 마치 광림교회의 재산이 우리 집안의 것으로 넘어가는 것처럼 여겨지니 하는 이야기다. 무슨 이야기를 해도 이 말초적 차원에서 논의가 더 나아가질 않는다. 20년이 넘도록 세습이란 비난을 들으며 묵묵히 목회하는 형이 안쓰럽다. 그 실력이면 다른 곳에서 목회를 했어도 좋았을 텐데 하는 마음이라 더욱 그렇다. (아버지와 형이 관련된 일이기에 내 입장이 객관적일 수는 없다. 그러나 '세습문제'에 관해 내 솔직한 의견을 묻는다면, 내 생각은 처음부터 분명하다. 나는 '목사 아들'이 목사 되는 것 자체를 반대한다.)

오래전부터 나는 내 삶이 광림교회와 어떠한 방식으로라도 엮이는 것을 소름 끼치도록 싫어했다. 교회로부터 내 학비가 지급되는 것 자체도 자존심이 상했다. 부모님은 대학 시절 내 몫으로 교회에서 지급되는 학비를 다른 학생들의 장학금으로 돌려 버리셨다. 난 독일에서 13년간의 유학 생활 내내 학비와 생활비를 스스로 벌었다. 이런 이야기를 내 입으로 하는 것이 우스운 일이지만, 다들 '광림교회 목사 아들'이라고 하면 대단한 꽃가마라도 탄 줄 알아서 이야기할 수밖에 없다.

베를린자유대학의 전임강사로 지낸 마지막 3년을 빼고, 난 10년 내내 베를린 시내의 야간경비원으로 일했다. 10년 동안 주말에 집에서 편히 잠을 자 본 적이 거의 없었다. 주말에 공장이나 빌딩의 야간 경비실에서 밤을 새면 두 식구 생활비는 충분히 벌 수 있었다. 아기가 태어난 후에는 아내도 일했다. 방학이 되면 아내는 식당이나 공장에서 일했다. 당시 독일의 대학은 유학생에게도 등록금이 무료였다. 둘이 아르바이트로 돈을 벌면 세 식구가 크게 부족함없이 살 수 있었다. 내가 광림교회 목사 아들인 것을 우연히 알게 된이들은 '가난한 유학생 코스프레'하는 거라고 뒤에서 수근거렸다. 어쩌랴, 그런 상황에 대해 아니라고 이야기할수록 내 입만 아플 따름이었다.

광림교회와 철저하게 거리를 두고 싶은 생각이 든 것은 대학에 입학하면서부터였다. 광림교회가 신사동 들판의 천막교회로 이사왔을 때, 나는 고등학생이었다. 그 엄청난 교회 건축을 하기 위해 아버지는 몇 년간 교회로부터 월급도 받지 않으셨다. 우리 가족은 신사동의 남의 집 이층에 세 들어 살았다. 기껏해야 10여 평 되는 집이었다. 아랫집 집주인 눈치를 엄청 보며 고등학교 시절을 보냈다. 어머니는 교회일 때문에 항상 바깥에 계셨다. 동생 정신이가 오빠들밥을 해 줬다. 지금도 착하지만, 그때 정신이는 엄청 착했다. 오빠들뒷바라지하면서 중, 고등학교를 다녔다. 하루는 정신이에게 튀김을 해 먹자고 했다. 당시 중학생이었던 정신이는 서툴게 기름을 다루다가 손을 데었다. 그날 난 어머니에게 또 엄청 혼났다.

재수를 하고 내가 대학생이 되었을 때, 광림교회 건축이 끝났다. 사실 건축 자체는 그 전에 끝났지만 교회가 재정적으로 안정되어, 목사관이 교회 근처의 현대아파트로 이사한 것이 그 무렵이었다. 그러나 난 '압구정동의 삶'에 적응할 수 없었다. 내가 대학에 입학했을 때는 전두환 정권의 위세가 등등할 때였다. 인문계열에 진학한 나는 자연스럽게 학생운동 관련 이념 써클에 들어갔다. 당시 학교 수업은 정상적으로 이뤄지지 않았다. 연일 데모였다. 최루탄이 가득한 학교에서 집으로 돌아갈 때가 되면 나는 종로로 가는 버스를 탔다. 안암동 고려대학교에서 압구정동 현대아파트로 바로 가는 버스가 있었지만 난 그 버스를 타지 않았다. 당시 압구정동 현대아파트는 '자본주의'의 상징이었다. 빈부격차로 인한 한국사회의 모순구조를 공부하는 인문학도가 '압구정동 현대아파트'에 산다는 것은 당시로서는 비난받아 마땅한 일이었다. 게다가 난 그 압구정동 사람들이 다니는 엄청나게 큰 광림교회의 목사 아들이었다.

매일 학교에서 종로로 가서, 다시 압구정동으로 가는 버스를 탔다. 학교 친구들이 내 '정체'를 아는 것이 몹시 싫었기 때문이다. 그러나 '운동권 학생'과 '압구정동 광림교회 목사 아들'을 동시에 병행할 수는 없는 일이었다. 난 겨우 1년 다니고, 대학에서 제적되어 강제로 군에 징집되었다. 당시 전두환 정권은 운동권에서 조금이라도 두드러지면 바로 제적시켜 군대에 보냈다. 이른바 '녹화사업'이었다. 당시 함께 끌려간 이들 중 몇몇은 군대에서 차가운 시체로 돌아왔다.

대학을 마치고 독일에서 유학하겠다고 선택한 것은 '아버지의 그림자'로부터 자유롭고 싶었기 때문이다. 미국으로 유학 갈 생각은 전혀 없었다. 대학 시절 내내 '반미'를 외쳤고, 4년 내내 '매판자본'이라 비난했던 대기업에 취직하는 것은 더더욱 할 수 없었다. 그보다 더 큰 이유는 미국으로 유학 가면 아버지의 영향권에서 결코 자유로울 수 없었기 때문이었다. 아버지가 내 삶에 개입할 수 있는 여지가 없는 곳으로 가고 싶었다. 돌이켜 생각해 보니 이유야 어떻든 간에 독일 유학은 내 나머지 인생을 좌우하는 결정적인 선택이 됐다.

독일어를 할 수 있게 되었기 때문이다. 그때나 지금이나 독일 유학생이 한국 대학에서 자리 잡는 것은 어려운 일이다. 한국의 대학은 미국 유학을 다녀온 사람들이 대세다. 미국화되었다는 이야기다. 나 역시 엄청나게 헤맨 후에 겨우 대학교수가 되었다. 그러나 10여 년 교수 생활을 하다 그만두었다. 난 학생들이 불편했다. 학생을 좋아하지 않는데 어찌 좋은 교수가 될 수 있겠는가. 하지만 그 '믿는 구석'이 없었다면 결코 그 좋은 교수 자리를 포기할 수 없었을 것이다. 나는 독일어를 할 수 있다. 게다가 난 일본어도 한다. 일본어로

하는 일상 대화야 그리 자유롭지 않지만 전공 관련 책을 읽는 정도는 큰 문제가 없다. 앞서 말한 내가 '믿는 구석'이란 바로 이 언어능력을 이야기하는 거다. 영어, 독일어, 일본어를 할 수 있는 내가 만들어내는 콘텐츠는 영어만 할 수 있는 사람들의 생산물과는 질적으로 다르다. 예를 들면 이런 식이다. 공부해야 할 중요한 개념이 나오면, 난 영어 구글, 독일어 구글, 일본어 구글, 한글 구글에서 각각 해당 언어의 개념으로 검색한다. 각 언어의 검색결과는 조금씩 다르다. 그 차이만 파고들어도 남들과 전혀 다른 이야기를 할 수 있게 된다. 이 콘텐츠 생산 능력을 믿고 나는 교수를 그만뒀다. 번역만 해도 굶어 죽지는 않을 것이란 생각에서다.

섬에서의 폼 나는 지금의 삶을 누리는 데 결정적인 무기는 외국어다. 이 외국어의 필요성을 아버지로부터 배웠다. 아버지는 영어를 잘하신다. 지금도 내 영어 실력은 아버지에 한참을 못 미친다. 어릴 때는 아버지 영어 실력이 당연하다고 생각했다. 미국 유학을 다녀오셨기 때문이다. 그러나 내가 독일 유학을 다녀온 후 생각해 보니 아버지의 영어는 놀라운 것이었다. 아버지는 겨우 3년 동안 미국 유학을 다녀오셨기 때문이다. 13년 동안 독일서 살았지만 내 독일어 수준은 아버지 영어에 미치지 못한다. 나중에야 알았다. 아버지의 영어는 아주 오래된 것이었다. 6.25전쟁 당시에도 아버지는 군장에 작은 영어사전과 성경책을 꼭 넣고 다니셨다. 그리고 틈만 나면 영어단어를 외우셨다.

일본어도 마찬가지다. 일제 강점기에 유년기를 보냈기 때문에 일본어를 잘하신다. 물론 아버지가 그때 배운 일본어는 어린이의 수준일 뿐이다. 그러나 아버지는 지금도 일본에 가시면 유창한 일본어를 구사하시며 한 시간 가까이 설교를 하신다. 일본에서 4년을 지내면서 미술대학을 나온 내 실력으로는 도무지 따라갈 수 없는 수준이다. 일제 강점기에 유년기를 보낸 사람이 전부 아버지와 같은 수준의 일어를 할 수 있는 게 아니다. 이것은 노력의 산물이다.

아버지의 손에는 항상 영어책과 일본어책이 들려 있었다. 아버지의 설교가 다른 목사님들과 달랐던 이유는 설교 준비를 위한 자료의 언어가 달랐기 때문이다. 내가 영어, 독일어, 일본어로 인터넷 자료를 찾아 비교하듯이 아버지도 일본어책, 영어책을 끊임없이 비교하며 읽으셨다. 많은 목사님들이 특이한 어투로 설교를 하시지만, 아버지는 지극히 평범한 언어를 사용하신다. 그러나 아버지 설교의 예화나 논리는 특별하다. 참고문헌이 다르기 때문이다.

교수를 그만두고 프리랜서로 살지만 내가 경제적으로 그리 큰 어려움이 없는 이유는 아버지의 외국어 능력을 닮으려고 애썼기 때문이다. 그러나 외국어만 아버지 흉내를 내고 있는 것은 아니다. 내 강연도 마찬가지다. 요즘 내 주 수입원은 강연료다. 대규모 인원만 대상으로 해서 내 강연료는 무척 비싸다. 내용이 좋다고 강연료가 저절로 높아지는 것은 아니다. 아무리 좋은 내용이라도 청중을 설득할 수 없다면 말짱 도루묵이다. 다행히도 내 강연을 사람들이 좋아한다. 심리학적으로 아무리 어려운 내용이라도 내가 잘 전달하기 때문이라고 한다. 이 또한 아버지에게서 배운 거다. 강연하다가 가끔 내 어투나 자세에서 아버지의 모습을 발견하고는 화들짝 놀랄 때가 있다. 그토록 거리 두고 싶었던 '목사 아버지'의 모습을 내 모습에서 발견하기 때문이다. 어쩔 수 없다. 세상의 모든 아들은 아버지를 흉내 내게 되어 있다.

무엇을 하든지 집요함을 가져야 한다고 배웠다

'공부머리'는 철저하게 유전이다. 자녀들이 대학에 들어가는 걸 보면 '공부머리' 좋은 집안은 확실히 다르다. 난 우리 집안 '공부머리'가 그리 나쁘지 않은 줄 알았다. 나는 고려대학교를 나왔다. 독일에서 박사학위도 취득했다. 내 아들들도 최소한 그 근처는 갈 줄 알았다. 거참, 실제 상황을 겪어 보니 결과는 완전히 달랐다. 아들 두 놈 모두 영 신통치 않다. 명절에 식구가 모였을 때, 왜 내 아들놈들은 내 머리를 전혀 안 닮은 거냐고 투덜댔다. 은근히 음대를 나온 아내를 비난하는 것으로 들렸는지, 어머니가 이번에도 단호하게 정리하셨다. "야, 너희 공주 김씨에겐 공부머리는 없어! 니가 고대라도 들어간 것은 고약한 성질 때문이야!" 남에게 지는 것을 조금도 못 견뎌하는 내 까탈스러운 성격 탓에 치질이 생기도록 재수해서 겨우 고대라도 들어간 거라는 이야기다. 어머니는 내 성격이 조금이라도 착하고 부드러웠다면 내 입학성적은 훨씬 못 미쳤을 거라고 하셨다. 하버드대학의 심리학자 하워드 가드너는 '다중지능multiple intelligences' 이론을 주장한다. 지능이란 다양한 방식의 것들이 있다는 이론이다. 학교성적을 좌우하는 '공부지능'은 여러 가지 지능 가운데 극히 일부분에 불과하다. 옳다. '공부지능'이 무척 뛰어나지만, '대인관계지능'은 형편없는 경우를 자주 본다. 운동도 머리가 좋아야 하는 거다. 축구와 같은 운동과 관련된 지능은 '공간지각'이 뛰어나야 한다. 자신이 뛰는 위치와 패스를 받는 다른 선수의 움직임을 예측할 수 있는 지능이 있어야 하기 때문이다.

음악과 관련된 지능도 마찬가지다. 멜로디와 리듬의 변화를 알아채는 지능은 공부지능과는 아무 관련 없다. 우리 아이들은 '공부머리'만 빼놓고 다 좋다. 한국사회가 이상한 점은 '공부 빼고 모든 것을 잘하는 우리 아들들'이 인정받아야 하는데, '공부만 잘하는 아이들'만 인정을 받는다. 우리 아들들은 성격은 물론이고 인물도 애비를 꼭 닮아 범상치 않다.

어머니의 말씀이 옳다면, 우리 아버지도 '공부머리'와는 그리 큰 상관없는 게 된다. 그렇다면 아버지는 어떻게 그 혼란스러운 여건에서 의학 공부도 하시고, 신학 공부도 성공적으로 할 수 있으셨을까? '집중력'이다. 조금 강하게 이야기하자면 '집요함'이라고도 할 수 있다. 아버지는 무슨 일이든 한 번 중요하다 여기시면 오직 그것만 생각하신다. 다른 이야기를 한참 하시다가도 꼭 다시 그 주제로 돌아가신다. 해결될 때까지 온 신경을 오직 그 일에만 집중하신다. 가족들은 미칠 노릇이지만, 이 집중력이 오늘날의 아버지를 가능케 했다고 나는 생각한다.

불행인지 다행인지 나는 아버지의 집중력을 유전으로 물려받았다. 글을 쓰고 그림을 그리는 작가로 살면서 나 자신에 대한 확고한 믿음이 있다. "무슨 일이든 3일만 집중하면 해낼 수 있다"는 스스로에 대한 믿음이다. 아무리 복잡한 주제도 골똘히 그 생각만 하다

보면, 갑자기 '뻥'하고 생각이 뚫리는 경험을 한다. 매주 설교 준비를 하셔야 했던 아버지도 그런 경험을 자주 하신 듯하다. 아버지의 설교를 듣다 보면, 설교를 시작할 때 꺼낸 예화가 설교 제목이나 낭독한 성경구절과 전혀 어울리지 않는다고 여겨지다가, 어느 순간 모든 것이 자연스럽게 연결되는 듯한 경험을 했기 때문이다.

나를 만든 '아버지 흉내'

그러나 나는 아버지의 '자기절제'를 배우지 못했다

'목사 아들'로 살면서 나는 '목사 아버지'와 한시도 쉬지 않고 정신적으로 부딪혔다. 60세 가까이가 되니, 내가 지금까지 이뤄온 것들이 '아버지 흉내'를 통해 가능했음을 깨달았다. 아버지는 안 늙으실 줄 알았다. 돌아가실 때까지 그 꼿꼿함과 엄격함을 끝까지 유지하실 줄 알았다. 올해 아버지는 91세가 되셨다. 귀도 잘 안 들리셔서 보청기를 끼시고도 손으로 귀를 모아 내 이야기를 들으려 하는 모습에 마음이 아프다. 어머니가 뭐라고 야단을 치시면 슬그머니 보청기를 빼시는 모습에 웃음이 나기도 하지만, 돌아서면 약해진 아버지의 모습에 눈물이 난다. 대단해 보이기만 하던 아버지가 이렇게 늙어 가시는구나. 아버지도 저렇게 늙으시는데, 나는 어떻게 늙어 갈까.

아버지에게서 많은 것을 배웠지만 내가 아버지를 결코 닮지 못한 것이 있다. '자기절제self-discipline'다. 아버지는 철저하신 분이다. 그 연세에도 여전히 새벽기도 시간을 철저히 지키신다. 오래전 교회 건축이 막 끝났을 때, 가족들이 함께 휴가를 간 적이 있다. 어릴 때 살았던 유성 근처의 리조트를 한 교인이 예약해 줬다. 새벽이 되니, 아버지가 우리 형제들을 깨워 리조트 앞의 잔디밭으로 나가 무릎을 꿇고 새벽기도를 시작하셨다. 우리 형제들도 얼떨결에 무릎을 꿇고 기도했다. 그런데 갑자기 어디선가 큰 고함소리가 들렸다. 아뿔싸, 우리가 기도하고 있는 곳은 골프장의 그린이었다. 밑에서 골프를 치며 올라오던 사람들이 그린에 공을 쳐 올리려는데 한 가족이 그린 위에서 무릎 꿇고 기도를 하고 있었던 것이다. 얼마나 놀랐을까. 지금도 그때 생각을 하면 창피해서 식은땀이 흐를 정도다.

아버지는 허투루 시간 보내는 것을 극도로 싫어하신다. 항상 손에 책을 잡고 계셔야 마음이 편하신 듯하다. 어딜 가든 책가방을 들고 가신다. 그 안에는 언제나 성경책과 영어책, 그리고 일본어책이 들어 있다. 잠시라도 빈 시간이 나면 책을 꺼내 읽으신다. 내 서재에

오시면 내가 가진 책들을 꼼꼼히 들여다보시다가 책을 꺼내 읽으신다. 어쩜 저리도 한결같으실까 하고 나는 매번 놀란다.

돈과 관련해서는 말도 못하게 철저하다. 책을 사는 것 이외에 아버지가 스스로를 위해 돈을 쓰는 것을 본 적이 없다. 며칠 전 아프셨을 때 이야기다. 마취에서 깨어나며 혼수상태에서 내게 돈 80만 원이 필요하다고 하셨다. 부산에 가서 누구를 도와줘야 한다는 거다. 본인 아픈 와중에도 남을 돕는 일이 먼저다. 아버지에게 돈의 용도는 딱 세 가지였다. 헌금하고, 남을 돕고, 그리고 설교 준비를 위해 책을 사는 것이다. 이토록 철저한 아버지의 '자기절제', '자기훈련'의 모습을 보고 자랐지만, 이 부분 만큼은 아버지의 흉내조차 내지 못한다. 그것까지 닮았다면 난 목사가 되었어야 했다. 내가 목사가 아닌 것이 다행이다. 죽어도 따라 할 수 없는 아버지의 그 영역은 나와 상관없는 것으로 남겨두었다.

아버지와 나, 나와 아들

여러 날에 걸쳐 아버지에 관해 쓰면서 아버지와 나의 관계, 그리고 '목사 아들'로서의 내 삶에 관해 많은 생각을 했다. 그렇게 떨쳐

버리고 싶었던 '목사 아들'의 삶이지만, '아버지의 아들'이었기에 너무나 많은 것을 얻었다는 생각에 몇 번이나 울컥했다. 지금 아버지가 많이 아프시기 때문이다. 조금이라도 더 건강하셨으면 좋겠다. 여수 남쪽 섬의 내 집에서 낚시라도 몇 번 더 하실 수 있었으면 좋겠다.

난 아버지의 그림자와 평생 투쟁했다. 그 투쟁만으로도 내가 여기까지 온 것을 생각하면 내 아버지는 정말 엄청난 분이다. 그러나 '목사 아들'은 결코 다시 할 만한 자리가 아니다. '대형교회 목사 아들'은 정말 어떻게라도 피해야 할 자리다. 생각이 여기까지 미치면서, 갑자기 내 아들들은 나중에 나를 어떻게 생각할까가 궁금해졌다. 생각해보니, 내 아들들은 '광림교회 목사 손자'이며 '꽤나 알려진 학자의 아들'이다. 흠, 그 녀석들도 그리 마음 편했을 것 같지는 않다.

1980년대 광림교회 학생부의 활동 모습. 김정운 박사는 자신이 광림교회 중·고등부 학생이었을 때 담당 전도사였던 서창원 박사와의 추억을 아직도 생생히 기억하고 있다.

김선도 목사 부부와 세 자녀가 함께 찍은 가족사진.

김선도 목사의 공군 군목 시절 모습. 김정운 박사는
당시 자신이 '목사 아들'보다 '군인의 아들'에 가까웠다고 회상한다.

감리교신학대학 재학 당시 아코디언을 들고 전도대 활동을 하던 청년 김선도(가장 오른쪽).
김선도 목사는 경건한 예배에 있어 음악이 매우 중요하다는 것을 강조해 왔다.

장천의 목회 여정 중 공군 기술교육단 군목으로 입
대한 것이 바로 제1차 경제개발 5개년 계획이 출발
하던 1962년이라는 사실은 특기할 만하다. 자신만
의 모델을 가꾸기 위해 본격적인 목회 실행에 들어선
곳이 바로 한국 현대사를 바꾸게 한 혁명의 진원지였
던 군대였다. 그는 군종 목회를 통해 한국 사회의 가
장 서구화된 교육과 잘 조직되고 훈련된, 그리고 정
밀한 계획과 확실한 추진력을 지니고 있던 군대의 조
직과 훈련 및 목표 수행 방법을 배울 수 있었다.

Christian from
says: 'Thanks,

영국 옙솝감리교회 교환 목회

교회 창립 20주년 기념으로 군목으로 시무하던 기교단기지교회에 피아노를 기증한 후 기념 촬영
앞줄 왼쪽 첫 번째가 성결교회 김갑태 목사, 두 번째가 장천, 네 번째가 박지한 장로, 다섯 번째 한창교 장로, 뒷줄 왼쪽 네 번째가 황만오 장로

김선도 목사는 광림교회 창립 20주년을 기념해 자신이 근무했던
공군기술교육단 기지교회에 피아노를 기증했다.

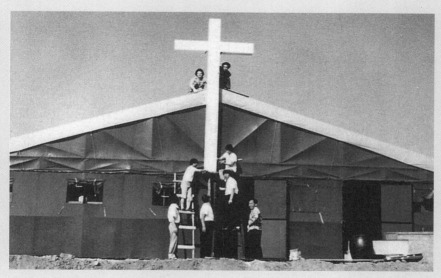

김정운 박사가 재수를 하던 시절, 광림교회 강남성전 건축이 마무리되고 있었다.
사진은 당시 공사 현장의 천막 예배당.

2부

목회 인생,
기도의
영성으로 채우다

1장

영성가로서의
김선도

유기성

유기성

선한목자교회 담임목사 및 위드지저스 미니스트리 이사장. 안산광림교회와
부산제일교회 담임목사를 역임했다. 『나는 죽고 예수로 사는 사람』, 『영성 일
기』 등을 집필했다.

한국의 교회는 강력한 부흥을 경험해 왔다. 김선도 목사는 바로 한국 교회의 그 놀라운 부흥과 성장의 시대를 영적으로 이끌었던 대표적인 목사이다. 그로 인하여 광림교회는 세계적인 영향력을 가진 교회가 되었다. 그러므로 김선도 목사의 영성을 살펴보는 것은 한국 교회를 이해하고 한국 교회의 미래를 준비하는 데 매우 중요한 의미가 있다.

교회의 영적 지도자로서 목회자의 자질과 역할은 어느 것 하나 중요하지 않은 것이 없지만 목회자의 영성은 복음 전파는 물론이고 교회의 정체성을 확립하는 데 너무나 중요하다. 목회 현장은 단지 목회 훈련을 잘 받은 직업적 목회자를 원하지 않는다. 목회자에게는 직업적 전문성과 함께 영성이 있어야 한다.

목회자의 핵심 역할인 설교 역시 청중을 설득하는 대화의 기술로는 한계가 있다. 목회자는 설교를 통해 청중이 하나님을 만나게 해야 한다. 목회자가 자기를 비워 하나님의 말씀을 받고 자기희생을 통해 청중에게로 나아갈 때 이런 역사가 일어난다. 이것은 곧 설교자의 영성에서 일어나는 것이다.

영성을 지닌 목회자 김선도

아버지와 같은 사랑을 받았다

주위 많은 이들이 김선도 목사를 어려워한다. 나도 마찬가지이다. 그러나 나는 아버지같이 가슴 뜨거운 사랑을 받았다. 나의 삶에 있어서 가장 위기였고 힘들었던 시절에 김선도 목사와 박관순 사모로부터 받은 은혜가 참으로 크다.

나는 당시 두 분에게 큰 문제 덩어리요, 골치 아픈 존재였다. 아마 나보다 더 김선도 목사를 어렵게 한 부목사도 없을 것이다. 시골 미자립 교회에서 목회할 때 생활비를 보조해 주었고, 큰딸을 출산할 때 아내의 몸 상태로는 정상적인 출산이 어려워진 상황에서 박관순 사모의 도움으로 무사히 출산을 하게 되었다. 군목 훈련 중 부상을 당하여 퇴교 조치된 후 갈 곳이 없어 어려울 때 부목사로 불러 주었고, 그 후 3년 동안 매해 훈련소 입소와 퇴소를 거듭할 때 묵묵히 기다려 주었고, 그럼에도 군목 제대할 때 다시 부목사로 불러 주었으며, 그렇게 부목사로 부임한 지 11개월 만에 부산제일교회 청빙을 받았을 때 흔쾌히 허락해 주시고 안수기도를 해 주셨다.

이 모든 일들이 다 감사하지만 무엇보다 감사한 것은 부목사로 가까이서 김선도 목사를 지켜보며 목회를 배울 기회를 얻은 것이다. 나에게 있어 너무나 크고 소중한 일이 아닐 수 없었다. 특히 김선도 목사의 영성에 큰 도전을 받았다.

그의 설교에는 힘이 있다

김선도 목사는 우리에게 귀한 설교의 본을 보여 주었다. 그는 누구나 인정하는 최고의 설교자이다. 그의 설교는 열정적이다. 그의 설교에는 힘이 있다. 모든 설교자에게 복음에 대한 열정이 있겠지만 김선도 목사는 이 열정을 강단에서 효과적으로 표출해 낼 줄 아는 설교자이다.

그의 설교는 쉽게 들리지만 언제나 엄청난 결단을 요구하였다. 쉽게 설교하는 것이 얼마나 어려운 일인지, 실제 설교하면서 깨달았다. 그저 쉽게만 설교하는 것이 아니라 삶을 변화시키는 결단을 하게 만드는 것은 더욱 어려운 것이었다. 김선도 목사를 통한 이러한 설교의 훈련과 실제 경험은 군목으로 군인들을 상대로 설교할 때, 큰 도움이 되었다. 그러면서 듣기 쉬운 설교, 오래 기억에 남는 설교, 삶을 결단하게 만드는 설교를 하기 위해 얼마나 많은 준비와 기도가 필요한 것인지를 깨달았다.

"무릇 하나님의 영으로 인도함을 받는 그들은 곧 하나님의 아들이라"

(로마서 8:14)

"너희가 만일 성령의 인도하시는 바가 되면 율법 아래에 있지 아니하리라"

(갈라디아서 5:18)

전달은 내용만큼 중요하다! 김선도 목사의 설교를 들으면 그의 신념이 그대로 설교에 담겨 있다는 강한 인상을 받는다. 그는 목소리로만 설교하지 않는다. 표정으로 말하고 온몸으로 설교한다. 이러한 설교의 열정은 김선도 목사의 영성에 근거한 것이다.

기독교 영성은 삼위일체 하나님과의 관계이다. 『복음주의신학사전』에서는 영성을 "하나님과의 깊은 관계성의 상태"로 정의하고 있다. 어거스틴은 영성을 "하나님을 향해서 하나님 안에서 사는 삶"이라고 했다. 인간의 내면적인 중심인 영혼이 초월적이고 궁극적인 실제인 하나님을 만나고 경험하는 과정에서 영성이 형성되고 인간은 역동적인 변화를 경험한다. 그러므로 김선도 목사의 영성을 살펴보는 것은 김선도 목사와 하나님과의 관계를 살펴보는 것이기도 하다.

김선도 목사의 여덟 가지 영성

첫째, 철저한 청교도의 영성

김선도 목사의 영성에는 대략 여덟 가지 뚜렷한 특징이 있다. 그 첫 번째가 철저한 청교도의 영성이다. 필자가 김선도 목사에게서 배운 가장 큰 교훈은 목회자의 성실함이다. 김선도 목사는 언제나 부목사와 교인들에게 성실함과 책임감을 강조하였다. 말만이 아니었다. 행동과 모범으로 가르쳤다. 가까이서 본 김선도 목사는 자기 관리에 있어서 지나칠 정도로 철저하고 성실했다. 청교도적 삶의 자세 그대로였다. 예배 때나 어느 모임에서나 두 발을 가지런히 하고 앉은 자세는 시종 흐트러진 적이 없었다.

그가 1970년 미국 유학을 마치고 한국에 돌아온 뒤 서울에 있던 공군사관학교 군종실장의 임무가 주어졌다. 군종사병들이 새로운 군목이 왔다며 인사하러 왔을 때, 그들을 돌려보내고 홀로 예배당을 청소하며 '내가 근무할 성전은 내 손으로 청소합니다. 주님, 제가 행동으로, 생활로 부임 선서를 하겠습니다.' 하며 하나님께 부임 신고를 했다.

이러한 삶의 자세는 김선도 목사의 출생과 어려서부터의 성장 배경에서 영향을 받은 것이다. 김선도 목사는 1930년 12월 2일 평안북도 선천에서 사남 삼녀 중 장남으로 태어났다. 김선도 목사가 태어난 선천은 역사적으로 진취적인 기상과 적극적인 기질을 가진 곳이었고 한국 초대 기독교의 살아있는 역동성을 간직하고 있었다. 일제 강점기에도 민족운동과 독립운동의 거점이었고 인구의 절반 이상이 기독교 신앙을 가졌다. 독립선언문을 낭독한 민족 대표 33명 중에 선천과 깊이 관여된 인물이 다섯 명이나 되었다.

김선도 목사의 가정은 선천의 기독교 문화를 고스란히 받아들였다. 어머니는 어려서부터 교회밖에 모를 정도로 신앙이 깊어 새벽기도와 하나님 제일주의, 십일조와 예배를 목숨처럼 지키는 분이었다. 이와 같이 장로교 가정에서 성장하며 청교도적인 신앙에 엄격함을 거룩한 습관으로 체득하였다.

어려서부터 거짓말을 한다든지 불량한 친구들과 어울린다든지 애당초 가지 말아야 할 곳에 간다든지 하는 생각은 엄두도 내지 못할 정도로 엄격한 신앙교육을 받았다. 또한 중학교 일학년 때부터 새벽기도를 시작해서 지금까지 이어 오고 있다. 어머니의 철저한 신앙을 통해 '인간의 존재 목적이 하나님을 경외하는 것이며 하나님을 경외하는 자는 성실과 선행으로 살아가야 한다'는 것을 배웠다. 이것이 김선도 목사가 고향 선천과 가정을 통해서 받은 축복으로 그 후 평생토록 언제나 하나님 앞에 있는 자세로 살았다. 곧 코람데오의 영성이다.

김선도 목사의 지론은 목회자는 말씀과 기도라는 거룩한 습관을 반드시 지켜야 하며 적극적인 생각, 삶으로 보여 주는 설교, 감동적인 예배를 위해 집중해야 한다는 것이다. 이와 같은 생활 자세는 광림교회 담임목사직을 은퇴한 이후로도 여전하였다. 비록 목회 현장에서 은퇴했지만 지금도 새벽 5시가 되면 교회 맨 앞자리에서 기도하고 있다.

둘째, 체험에서 나온 적극적 신앙

김선도 목사는 '사람을 살리는 설교'를 한다. 그의 설교는 사람들로 하여금 다시 일어설 수 있도록 힘을 주며 미래를 긍정하는 희망의 메시지이다. 그의 설교들은 얼핏 보기에 인간의 잠재력과 가능성만을 강조하는 낙관주의 같이 느껴진다. 그러나 이러한 의심은 그의 설교를 자세히 읽고, 그의 삶을 곁에서 지켜보면 곧 풀리게 된다. 그의 적극적이고 긍정적인 신앙은 오직 은총sola gratia과 오직 성경sola scriptura에 대한 확신과 예수 그리스도에 대한 인격적인 체험에서 나온 것임을 알게 된다.

김선도 목사는 신의주와 해주에서 의학을 전공하던 중 6.25전쟁이 났고, 강제로 북한군의 군의관이 되었다. 그런 중에도 끊임없이 자유 대한을 사모하던 중 인천에 맥아더 사령관이 들어왔다는 소식을 듣고 '하나님 살려주십시오. 저를 살려 주시면 하나님께서 쓰시는 도구가 되겠습니다'라고 간절히 기도했다.

북한군이 북쪽으로 퇴각할 때, 남쪽으로 내려가리라 결단을 하고 호위병과 함께 남쪽으로 내려오다가 순안비행장 근처에서 국군을 만나게 되었는데, 그 순간 그는 국군에게로 가야 할지 아니면 피해 가야 할지 몹시 갈등했다. 그때 자신도 모르는 힘에 이끌려 국군 앞으로 갔다. 조사를 받던 중 그가 군의관인 줄 알게 된 조사관의 "우리에게 당신이 필요하다. 우리와 함께 올라가자"는 말과 함께 김선도는 국군에 합류하게 되었다.

그 순간이 5분이었다. 그때 하나님께 드렸던 간절한 기도와 5분의 기적이 김선도 목사의 삶을 바꾸었고 그 후 하나님에 대한 절대신앙과 기도의 확신을 갖게 된 것이다. 그는 평생 수많은 기적을 체험했지만 그 기적의 시작이 어디냐고 묻는다면 주저 없이 바로 그 순간이었다고 고백한다고 했다. 그 순간의 이야기가 『5분의 기적』이란 제목으로 출간되었는데, 결국 5분이라는 시간은 하나님의 기적의 시간이라는 것이다. 구원의 시간이었다. 그것이 그의 일생을 긍정하는 체험이 되었다. 어떤 상황에서도 절망하지 않는 확신이 되었다. 하나님은 살아계신 하나님이고 나와 함께 동행하시는 하나님이며 나의 기도를 들으시고 응답하시는 하나님이었다.

김선도 목사의 일화 가운데 널리 알려져 있는 것이 광림교회 예배당을 건축할 때 새벽기도회를 마치고 신사동의 현 교회 부지를 하루에 일곱 번씩 돌면서 이 땅을 달라고 기도했다는 것이다. 옛날 이스라엘 백성들이 여리고성을 일곱 번을 돌았을 때 난공불락의 성 여리고가 함락된 것을 기억하면서 그 믿음으로 김선도 목사는 그 땅을 돌았다. 그곳에 현재의 광림교회라는 한국의 감리교회의 대표적인 교회가 우뚝 서 있다. 오늘의 광림교회는 이러한 적극적인 신앙으로 세워졌다. 그것은 성경과 말씀을 이루시는 하나님에 대한 확신에서 나온 것이다.

적극적 신앙은 두려움 없이 위험한 상황과 어려운 여건을 직면할 수 있는 마음의 능력이다. 이런 적극적인 신앙은 사선을 넘어 본 사람만이 가지는 특징이다. 그것도 한두 번의 체험이 아니었다. 그래서 그의 믿음은 긍정의 신앙, 매사에 적극적인 신앙이 된 것이다.

그는 그의 책 『5분의 기적』 서문에서 이렇게 고백한다.

"지금까지 지나온 내 생애를 하나로 꿰어 매는 실은 무엇인가? 나는 확신한다. (…) 바로 하나님의 섭리라는 것을 (…) 북한군 청년을 5분 만에 국군의 군의무관으로 바꾸시는 기적 같은 하나님의 섭리도 체험하였다. 그 체험을 영원히 잊을 수 없다. 절대 섭리! 절대 사랑! (…) 그때부터 나는 긍정적인 인생을 살게 되었다. 절대 섭리에 대한 절대적 믿음, 그 믿음에서 유출되어 나오는 긍정과 소망! 그때부터 나는 어디를 가든 알 수 없는 자신감이 넘쳐 났고, 어떤 상황이든 간에 희망을 잃지 않을 수 있었다."

김선도 목사의 영성은 성경에 나오는 모세와 여호수아의 영성이다. 하나님이 살아계시고 약속하셨다면 반드시 이루어진다고 확신하는 것이다. 골리앗 앞에서도 여호와의 이름으로 자신이 승리할 것이라 확신하였던 다윗의 영성이다.

"태생적으로 볼 때, 나는 부정적인 의식의 경향이 강한 사람이었다. 심하진 않지만 어려서부터 늘 위궤양 증세가 있었고, 청교도적인 가정에서 태어나 엄격하고 금욕적인 생활 습관을 가지고 있었다. 공부도 치밀하고 비판적이며 완벽주의적인 의학을 전공한 터라 적극적으로 밀고 나가기보다는 따져 보고 생각해 보고 의심해 보는 편이었다. 아마 그 태생적인 경향을 그대로 간직하고 있었다면, 나는 상당히 까다롭고 비판적이면서 위가 안 좋은 의사로 살았을 것이다. 그러면서 교회 안에서 엄격한 청결을 주장하는 장로로 살았을지 모른다. 그러나 내가 하나님을 근원적으로 만나는 체험을 하게 된 순간들을 떠올려 보면, 나의 태생적인 경향이 깨져 나갔을 때였다. 북한군 군의관에서 국군으로 5분 만에 뒤바뀌는 기적을 체험했을 때, 운산 북진에서 중공군의 공격에 밀려 죽음의 밑바닥까지 갔을 때, 소극적이고 부정적인 기질이 내 안에서 치고 나왔다.

다행히 그때마다 절박하고 간절한 살겠다는 의지가 더 강하게 솟아올랐다. 그 의지가 일어났을 때, 내 눈앞에는 어떤 상황도 장애가 되지 않았다. 벽이 되지 않았다. 어떤 장애에도 굴복하지 않는 생의 의지를 지닌 에너지 덩어리가 내 안에서 뜨겁게 꿈틀대었고, 살겠다는 적극적 의지가 자리로 힘겹게 올라섰을 때 하나님은 내게 그 자비의 얼굴을 보여 주셨다. 그 체험이 나의 근원 체험이다. 이 후의 모든 생은 그 근원 체험의 자리에서 촉발했다고 해도 과언이 아니다. 하나님을 만났던 자리, 기적을 체험했던 자리는 나의 모든 의지를 불태우는 적극성의 자리였다.

나는 적극적 신앙을 목회에 적용했다. 목회 현장에서 어려움을 만날 때마다 부정적인 말을 일절 삼갔다. 대신에 '해 봅시다. 할 수 있습니다. 하나님이 주신 약속이라면 내게 능력 주시는 자 안에서 모든 것을 할 수 있는 것입니다.'라는 적극적인 말을 활용하였다. 그 결과 적극적이고 긍정적인 사고와 언어, 행동이 광림교회의 체질이 될 수 있었다."

셋째, 예수 그리스도 안에서 긍정의 영성

김선도 목사는 그저 긍정적이고 적극적인 신앙을 강조한 것이 아니다. 그는 언제나 예수님을 믿는 신앙 안에서 그 결론으로 적극적인 신앙을 강조하고 있다. 중공군 앞에서 절체절명의 순간을 맞이할 때 그는 간절히 기도하였다. "하나님 살려주세요. 이번에도 살

려주세요. 살려 주시면 주의 종이 되겠습니다. 영혼을 구원 하는 주
님의 종으로 살겠습니다." 필사적으로 매달렸다. 자신도 모르게 주
의 종이 되겠다는 기도를 수백 번 했다. 그렇게 그는 살았고 그 서원
대로 목사가 되었다.

그에게 예수 그리스도는 추상적인 신앙이 아니었다. 저 구름 위
에 계신 분이 아니었다. 함께하시고 동행하시는 하나님이셨다.

"예수 그리스도 그분은 나의 무지의 구름 뒤에 계시는 모호한
추상이 아니었다. 그분은 구체성이며 나의 현실을 때리시는 분이
며 나의 고정관념을 해체시키시는 분이며 내 존재 집을 새로 지으
시는 분이다. 나는 내가 생각한 관념의 틀에서 스스로에게 종말을
고했다. 1951년 1월 4일 김선도! 너는 죽었다. 죽은 것이다. 내 생각
의 틀에 매장되었던 예수 그리스도가 부활했다. 그리고 나도 그분
과 함께 새롭게 거듭났다. 이제 펼쳐질 나의 생애는 덤으로 주워진
인생이다. 이제 '절대 예수! 오직 예수!'를 붙잡고 사는 인생을 살 것
이다. 죽을 영혼을 살리는 영혼이 되어서 살아갈 것이다."

김선도 목사는 예수의 제자가 되는 세 가지 길을 첫째로 자기를
부인하는 것, 둘째로 자기 몫의 십자가를 지는 것, 셋째로 자기의 옛
생명을 포기하는 것이라고 했다. 이처럼 김선도 목사의 적극적 신
앙의 영성은 철저히 복음에 근거한 것이며 예수 그리스도에 대한

신앙의 결론인 것이다.

김선도 목사가 미국 웨슬리신학대학을 졸업할 때, 마지막 과정으로 '채플 설교'라는 관문을 통과하여야 했다. 총장, 교수, 동료 학생들이 참관하는 상황 속에서 적나라하게 자신의 실체가 공개되는 자리였고, 설교학 교수가 워낙 까다로워서 낙제하는 학생이 많았다. 대부분의 학생이 실망스러운 60점대의 점수를 받고 내려오는 자리였다.

김선도 목사는 마태복음 25장의 충성된 종의 달란트 비유를 본문으로 선택하고 '위대한 발견The Greatest Discovery'이란 제목의 설교를 준비했는데, 준비하는 내내 초조하고 불안해서 숨이 막히는 것 같았다고 했다. 간절히 기도를 하고는 공군 배지를 달고 강단에 올라갔는데, 손에 쥐고 있던 설교 원고에 땀이 배이고, 등에서는 식은땀이 흐르는데, 갑자기 눈이 먹먹해지고 침침해지더니 설교 원고 글씨가 눈에 전혀 들어오지 않았다. 그는 자신도 모르게 "내게 능력 주시는 자 안에서 내가 모든 것을 할 수 있느니라. 내게 능력 주시는 자 안에서 내가 모든 것을 할 수 있느니라." 성경 구절을 수없이 반복하였지만 여전히 원고가 보이지 않았다. 그때, 미련을 떨쳐버리고 원고지를 덮어 버렸다. 그러고는 입을 열었는데 뜻밖에 자신에게 없던 아주 유창한 영어가 터져 나왔다. 자신의 의식 속에서 말을 만들어내는 것이 아니라, 자유롭게 발산되어 나가는 느낌! 그야말로 깜짝 놀랄 일이 벌어진 것이다. 20분 설교를 마치고 축도까지 끝내자 그는 예배당의 공기가 달라져 있음을 직감할 수 있었다고 했다.

다 끝내고 내려왔는데 아무도 자리에서 일어나지 않았다. 그때 그 침묵을 깨고 나온 사람이 헤롤드 디울프 교수였다. 안경을 벗고 흘린 눈물을 닦던 디울프 교수가 갑자기 자리에서 일어났다. 그리고는 "원더풀! 원더풀!" 하고 외쳤다. 그 까다로운 설교학 교수는 "선도 킴의 설교는 지금까지 학생들이 한 설교 중에서 설교학 내용을 가장 충실하게 표현했습니다. 목회적이면서 변증적 요소가 절묘하게 종합된 설교입니다. 정말 보람을 느낍니다."라고 했다. 그때 96점을 받았다.

이것은 김선도 목사에게는 매우 귀중한 체험이었다. 자신의 피와 땀과 눈물을 모두 담아낸 설교였고 철저히 기도하면서 생각하고 또 생각하면서 만들어 낸 설교였다! 마지막에 눈이 흐려진 것도 그 인간적인 노력까지 내려놓으라는 하나님의 뜻으로 받아들여졌다. 이 체험은 이후 김선도 목사의 설교의 근원적인 모티브가 되었다. 기도와 철저한 준비, 그리고 마지막에 자신의 모든 성과물까지 내려놓고 하나님만을 의지하는 것, 그것이 그의 설교학의 골수가 되었다고 했다.

이렇게 김선도 목사는 우리의 잠재력과 가능성을 개발하여 성
공적이고 정상에 오르는 삶을 강조하되 은총과 말씀과 신앙의 빛
아래서 그런 삶을 살 수 있다는 은총의 낙관주의를 주장하였다. 그
핵심은 언제나 예수 그리스도를 믿는 신앙이다. 이것은 그의 설교
에서 너무나 분명하고 강하게 드러나고 있다.

"무엇이든지 기도하고 구하는 것은 받은 줄로 믿으라 그리하면
너희에게 그대로 되리라(마가복음 11:24). 사람으로는 할 수 없으되
하나님으로서는 다 할 수 있느니라(마태복음 19:26).' 예수님의 말씀
에 초점을 맞추면 우리 안에 있는 무한한 가능성이 개발되고 능력
을 발휘할 수가 있습니다. 사도 바울이, 베드로가, 어거스틴이, 칼뱅
이, 루터가, 웨슬리가 모두 적극적 신앙인이었기 때문에 복음을 담
대히 전하고 놀라운 종교개혁을 행하고 감리교회를 일으킬 수 있
었던 것입니다.

우리가 예수 그리스도에 초점을 맞출 때 무한한 가능성을 개발
해 나갈 수 있는 것, 이것이 위대한 기독교 신앙인 줄로 믿습니다. 냉
소적이고 부정적인 생각은 자기를 실패로 몰고 갈 뿐만 아니라 주
변 사람까지도 못 살게 만듭니다. (…) 답답한 일을 당했습니까? 실
패와 좌절 가운데 있습니까? 내게 능력 주시는 자 안에서 모든 일을
이루게 하시는 하나님의 은총 가운데서 오늘도 무한한 가능성을

개발하시고 예수님께 초점을 맞춰서 날마다 승리하시는 여러분이 되시기를 축원합니다."

김선도 목사는 기독교 복음의 유일성과 독특성을 강조한다. 예수 그리스도가 기독교 계시의 중심이요 예수 없는 하나님 인식이 불가능하고 예수 없는 성령체험이 불가능하다고 설교한다.

"우리가 기도할 때 우리는 종종 예수님은 제쳐 놓고 하나님만을 찾곤 합니다. 예수를 잃고 하나님을 찾는 것입니다. 예수님을 모르고서는 하나님을 알 수 없습니다. 성령의 역사도 예수님을 빼놓으면 신비주의에 빠지게 되고 잘못되게 됩니다."

김선도 목사는 또한 기독교가 부활의 종교임을 강조한다. 이 십자가와 부활의 케리그마를 믿는 것이 기독교 구원의 핵심이라고 믿고 있다. 예수의 복음을 믿되 그의 탄생이나 생애보다도 십자가 사건이 가장 핵심이라고 해석한다. 고린도후서 5장 21절에 하나님께서 예수를 못박으심은 우리를 대신하여 죄를 삼으시고 하나님의 의가 나타내려 하심이라고 쓰여 있다. 그런 까닭에 바울 사도는 예수님의 탄생과 예수님의 산상수훈, 죽은 자를 살리며 병든 자를 고치신 예수님의 기적과 예수님의 위대한 생애, 이 모든 것을 자랑하지 않으셨다. 단지 이 십자가만을 자랑하셨다. 그 이유는 십자가 안에 기독교의 훌륭한 구속의 은혜가 숨어 있기 때문이다. 김선도 목사는 언제나 예수의 십자가를 믿음으로 의롭다함을 얻는 은총에 대하여 강조한다. 십자가는 우리의 죄를 용서해주는 것이며, 마음의 평화가 찾아들고 우리의 마음이 정결케 되며, 믿음의 능력을 주신다고 강조하며 그러하기에 예수님을 우리 마음에 모셔야함을 주장한다.

"예수님께서는 여러분의 죄를 하나도 기억하지 않으십니다. 모두 용서해 주셨습니다. 죄 때문에 고민하십니까? 주님 앞에 나와서 고백하십시다. 예수님은 다 잊어버렸습니다. 그리하여 우리는 우리의 죄악 가운데서 용서받고 해방되어 구속받은 자유를 가지고 살아갈 수 있게 되는 것입니다. 이것이 그리스도인의 삶입니다. 우리를 대속해서 죽으신 예수님께서 우리 마음에 찾아오신 것을 믿으시기 바랍니다."

넷째, 기도의 영성

김선도 목사의 영성의 가장 큰 특징을 꼽으라면 기도의 영성이다. 필자가 김선도 목사를 가까이에서 보고 배운 것 중 특별했던 것도 기도의 모범이다. 한국 교회 부흥의 역사 속에는 새벽기도, 철야기도, 금식기도, 산기도의 영성이 있다. 그 기도의 영성이 급변하는 사회변화와 영적 변화에도 불구하고 한국 교회를 지키며 성도들의 기도 영성을 유지해 주고 있다. 세계 어느 나라에서도 찾아볼 수 없는 뜨거운 기도의 영성이다. 김선도 목사는 오랜 기간 수요기도회 때, '기도의 신학'이란 주제로 설교하였다. 매년 여름 호렙산 기도회라는 이름으로 특별새벽기도회를 한다. 그것은 그에게 있어서 기도가 모든 것이라고 해도 과언이 아니었기 때문이다.

김선도 목사의 삶은 기도를 통한 기적의 연속이었다. 북한군에서 국군이 되는 5분의 기적도 기도의 기적이었다. 군산에서 극적으로 부모님과 동생 김홍도 목사를 만날 때도 기도의 기적이었다. 그의 삶에서는 중요한 고비마다 목숨을 거는 기도가 있었다.

그러나 이것은 김선도 목사 자신의 문제만이 아니었다. 김선도 목사가 목회하면서 만난 성도들 전체의 열망은 사느냐 죽느냐에 관한 절박한 문제였다. 그들은 오직 살아야 한다는 열망 하나로 존재했다. 그들을 사람의 힘으로 목회한다는 것은 한계가 있었다. 그래서 그는 일주일에 한 번씩 기도원을 찾았다. 기도원이란 기도원은 다 찾아가서 부르짖었다. "하나님 제게 능력을 주십시오. 성도들에게 위로와 비전을 제시할 수 있는 말씀을 해 주십시오. 성도들의 상한 마음과 질병을 치료할 수 있는 성령의 능력을 주십시오."

밤새도록 바위 방바닥 동굴에 엎드려 부르짖으며 금식기도를 했다. 비가 오든 눈이 오든 기도원을 찾는 일만큼은 쉬지 않았다. 그러한 기도를 통하여 그는 '영의 유출'을 처음으로 느꼈다고 했다.

"내 안에 깊은 곳에 거하시는 성령께서 내 영에서 흘러나와 내가 생각하고 알 수 있는 감각의 세계로 다가오는 지점이 부르짖음이 다한 곳이었다는 것을 말이다. 그 전까지는 전혀 알지 못한 깨달음이 부르짖음이 다한 곳에서 일어나는 것을 수없이 체험할 수 있었다. 나의 금식과 부르짖는 기도는 당분간 계속되었다. 그때는 몰랐지만 지금 와서 알게 된 사실은 나의 영성의 근간은 기도원에서 부르짖으면서 생기는 것이며 그 부르짖음은 하나님을 위한 것이 아니라 나를 위한 것이었다.

6개월 이상 부르짖었을 때 어느 날부턴가 변화가 생겼다. 교회로 돌아와서 강단에 섰는데 설교가 달라졌다. 나도 알지 못하던 강한 확신이 설교에 묻어났다. 내가 의도하지 않은 몸짓과 감동, 신선한 깨달음이 일어나고 그 깨달음이 자연스럽게 설교에 드러났다. 설교를 들은 교인들은 울고 감격하고 신유의 기적을 경험했다. 그러면서 교인들과의 거리가 급속하게 가까워지는 역사! 그렇게 교회는 급성장하였다."

김선도 목사가 미국 유학을 갈 때도 난관과 극적인 기도의 응답의 연속이었다. 마지막 난관이 미국에 갈 비행기 표 값을 마련하는 것이었는데, 모든 가능성이 막혔을 때 김선도 목사 부부는 어린 자녀들을 한 방에 재워 놓고 밖에서 문을 잠그고 공동묘지가 있는 뒷동산을 찾아갔다. 죽기 아니면 살기의 마음이었다. 이대로 멈추면 죽는다는 심정이었다. 묘지와 근처 골짜기 쪽에 떨어져서 기도하며 밤이 새도록 부르짖었다. 김선도 목사 부부는 어린아이처럼 단한 문장의 기도문을 반복하며 졸랐다. "아버지, 비행기 표 사 주세요. 아버지 비행기 표요. 비행기 표 사 주세요."

그 응답은 너무나 놀라웠다. 미 대사관 공군무관이 그 사정을 펜타곤 공군 본부에 알렸고, 그 전문을 미국의 공군 장관이 받게된 것이다. 그러고는 그 공군 장관이 "김선도 한국 공군 군목. Space Available!(언제든 사용 가능!) 미국 오고 가는 길, 어딜 가든지 미 펜타곤에서 쓰는 비행기이면 무료로 탑승하게 하라"는 특별 명령을 내렸다. 이 명령서는 미국 장군만이 누리는 특혜였다. 하나님께서 김선도 목사가 생각하고 기대한 것보다 더 크고 놀라운 방식으로 응답해 주신 것이다.

김선도 목사는 그 후 막히고 힘든 일이 있을 때마다 그때의 공동묘지를 떠올린다고 하였다. 절망이 소망이 되고, 상처가 영광이 될 수 있다는 것을 되새기기 위해서 말이다. "나의 하나님은 내가 생각한 것보다 더 크신 분이라는 것을 잊지 않기 위해서 말이다."

기도의 역사는 유학을 가서도 계속되었다. 미국 워싱턴D.C.의 웨슬리신학대학에 입학했을 때, 수업에 들어가면 도무지 무슨 소리를 하는지 감을 잡을 수가 없었다. 강의 녹음을 반복해 들으며 노트를 정리했다. 당시 하루 네 시간 이상 잠을 잔 적이 없었다. 공부도 그렇지만, 두고 온 가족들이 더 그립고 보고 싶었다. 고독감이 밀려올 때가 한두 번이 아니었다. 그럴수록 더더욱 기도에 매달릴 수밖에 없었다.

학교 안에 존 웨슬리가 말을 타고 앉아 성경을 보고 있는 동상이 있었다. 김선도 목사는 밤 12시만 되면 담요를 들고 그 동상을 찾았다. 그 아래에 담요를 깔고 앉아 기도를 할 때 "하나님! 존 웨슬리처럼 세계를 나의 교구로 삼게 해 주십시오. 신학과 신앙의 조화를 이루고, 온 세계에 복음을 전하는 종으로 사용하여 주시옵소서"라고 기도하였다.

밤 12시 기도만으로는 뭔가 부족함을 느끼고 새벽 6시가 되면 기숙사에서 혼자 일어나 기도실을 찾았다. 매일 하루도 거르지 않고 6시에 혼자 드리는 새벽기도회를 시작했다. 그랬더니 새벽에 따라 나오는 사람이 생겼다. 그러더니 한 사람이 두 사람이 되고, 서너 사람으로 늘어나다가 기숙사에 새벽기도회가 생겨나게 되었다. 그 새벽기도회가 정착되어 지금까지도 지속되고 있다.

광림교회로 부임하게 된 과정도 기도의 역사였고 광림교회 예배당 건축도 기도의 역사였다. 김선도 목사는 간절히 기도하는 영성을 통한 하나님의 은총 안에서 가능성이 열림에 대해 다음과 같이 강조한다.

"열심히 찾고, 구하고 문을 두드리는 구도자의 태도입니다. 하나님 안에서 내생의 운명은 바뀌어질 수 있다고 확신하면서 성공과 실패는 운명지어지는 것이 아니라, 나 자신의 결단과 노력에 달려 있다고 믿는 태도를 말합니다."

이처럼 그의 적극적인 신앙은 기도에서 나온 것이다.

"우리는 끝까지 하나님의 도우심을 구하는 기도에 게으르지 말아야 합니다. 최선을 다하여 전진하는 자에게 하나님은 능력을 주십니다. 최선의 행동으로 대가를 지불하는 사람만이 정상을 차지할 수 있습니다. 아직도 정상은 비어 있습니다. 기도하면서 희생적인 노력을 아끼지 않는 자가 그곳을 차지할 것입니다. 정상은 최선을 다해서 전진하는 자의 것입니다."

이것이야말로 하나님의 은총의 낙관주의에 기초하여 은총의 능력을 구하는 기도와 그 기도의 힘으로 최선을 다하는 인간의 노력이다.

다섯째, 성경적 영성

한국 교회는 1970년의 대규모 전도 집회와 기도운동을 통하여 성장하였다. 또한 우리 사회가 전통적인 농어촌 중심에서 수준 높은 교육과 도시화를 경험하면서 교회 안에서도 많은 변화가 일어났다. 그러나 그 어떤 변화도 절대적인 하나님의 말씀에서 출발되지 않으면 잘못된 영성으로 빠질 수밖에 없었다. 그러한 급격한 사회 변화와 교회 성장의 과정에서 김선도 목사는 철저히 성경적인 설교를 했고 성경적인 목회를 했다. 그것은 그가 목회하던 초창기부터 그러하였다.

그가 군종장교 훈련을 마친 후 공군 훈련소로 불리는 공군기술교육단 군목으로 대전에 부임하였을 때, 북한군 군의관에서 5분 만에 남한 군복을 입은 일, 중공군을 만나 목숨을 잃을 뻔했을 때 '살려만 주시면 주의 종이 되겠다'고 서원했던 일을 생각하며 감사와 사명감으로 마음이 뜨거웠다고 한다. 어떻게 해야 체력과 지력, 생명력을 가진 청춘들을 신앙의 길로 인도할 수 있을까, 밤잠을 설치며 고민하고 청사진을 그려 나가면서 기도문을 기록했다.

"하나님! 진리의 사람이 되게 해 주십시오. 먼저 저로 하여금 진리에 붙잡힌 목사가 되게 해 주십시오. 진리의 힘을 믿습니다. 진리가 심령을 쪼개고 변화시키는 감동의 파토스인 줄 믿습니다. 진리가 내면을 밝히 드러내고 갈 길을 환히 비추는 로고스인 줄 믿습니다. 진리가 하나님의 형상을 아름답게 드러낼 수 있는 에토스의 힘인 것을 믿습니다! 그 진리로 저를 휘감아 주십시오. 주여! 진리로 저를 세워 주십시오."

그는 이렇게 성경의 진리에 사로잡힌 사람이었다. 소령으로 공군사관학교 군종실장이었을 때, 사관생도들에게 성경을 강의했다. 기독학생회처럼 성경을 가르치는 서클 운동을 군 목회에 접목하여 영성훈련을 했다. 장교들을 모아 기독장교회OCU를 조직했다. 당시 불교신자이던 사관학교 교장이 김선도 군목의 성경강의를 몰래 와서 듣고는 고전古典으로라도 지휘관이 될 생도들에게 성경을 읽게 해야겠다고 결심했을 정도였다. 문화적인 가치가 있다고 느낀 것이다. 그래서 교장이 졸업반에게 성경을 가르치게 했다. 매주 토요일 졸업반 생도들에게 인류 고전으로 성경을 강의하고 속회로 모였다. 이 졸업반 학생들이 "왜 기독교인가? 왜 성서여만 하는가?"를 고민하다 그들 중 많은 생도들이 기독교로 개종하였고 이를 결정했던 사관학교 교장도 기독교로 개종하여 후에 광림교회 권사가 됐다.

김선도 목사는 철저한 성경적 영성이 있었기에 광림교회에서 전 교인에게 '트리니티 성서연구'를 실시하였다. 평신도를 대상으로 하는 획기적인 성경공부의 필요성을 절감했기 때문이다. 기존의 방법으로 벧엘 성서연구, 네비게이토 성서연구 등이 있지만, 좀 더 실용적이고, 개교회의 상황과 여건에 맞는 성경공부가 필요하다고 생각하고 있었다. 교인들의 신앙생활을 정확하고 분명히 성경 위에 세워 줄 수 있는 길은 오직 성경 안으로 들어가는 것이다. 트리니티란 삼위일체라는 뜻인데, 프랭크 와든이 벧엘 성서를 보완해서 만든 성서연구법이다. 성경을 사실Fact, 의미Meaning, 적용Application으로 함께 연결시키는 방법이다. 그 교재를 번역해서 평신도를 위한 성서연구 교재로 사용했다. 창세기부터 요한계시록까지 학기마다 12주씩 진행했는데, 화요일 낮에는 여성 교인이 중심을 이루고, 저녁에는 직장 생활을 하는 남성교인이 중심을 이루었다. 매 학기마다 6,000명 이상이 등록하였고, 성서연구 전에 부목사들을 통해서 지도자 교육을 시켰다.

김선도 목사의 의도대로 트리니티 성서연구는 광림교회의 내적인 성숙을 견고하게 하는 무기가 되었다. 교인들이 헌신하고 선교하는 성경적 근거가 트리니티 교육을 통해 체득되었다. 자신의 눈으로 직접 하나님의 말씀 안에서 당위성을 발견할 때 느끼는 파토스는 그 어떤 강의나 설교보다 더 확고한 권위로 다가갔다. 임원으로 헌신한다든지, 십일조에 대한 헌신과 선교적 마인드, 그리스도인으로서 어떤 정체성을 가지고 살 것인가에 대한 구체적인 생활 적용이 전교인에게로 확장된 것이다. 지금까지 광림교회에 이단의 침입이 성공하지 못하고, 교회 안에 일어날 수도 있는 분열이 단 한 번도 발생하지 않은 공은 트리니티 성서연구 덕이라고 볼 수 있다. 트리니티 성서연구를 통한 지속적인 신앙의 동기 부여가 성도의 신앙을 성숙하게 만든다. 김선도 목사는 트리니티 성서 연구를 통해 성경을 통전적으로 가르치면서 성경에 대한 전체적인 관점을 나름으로 정리할 수 있었다. 그렇게 정리된 개념이 '성실'이라는 하나님의 성품이다.

역사적으로 볼 때 성경은 이스라엘의 역사로 흘러간다. 그런데 그 역사를 우리 쪽에서 보면 구속사와 영적인 투쟁사가 되고, 하나님 쪽에서 보면 계시사와 하나님 나라의 역사가 된다. 우리와 하나님의 쌍방에서 서로 마주 보면 언약사가 된다. 그 언약사의 정점을 이루는 핵심 개념이 바로 '성실'이라는 하나님의 성품이다.

하나님은 창세기에서부터 미리 약속을 주시고 그 약속을 이루어 가는 방식으로 성경을 기록해 놓으셨다. 성경은 정확히 이 패턴을 고수하고 있다. 하나님께서는 미리 약속된 언약을 떠나서 행동하시는 법이 없다. 구약에 드러나는 모든 사건은 그 언약이 이루어져 가는 과정을 드러내는 의미로 기록되어 있다. 말씀이 먼저 주어지고, 그 말씀을 이루어 가는 방식이 창세기에서 요한계시록까지의 일관된 패턴이다. 하나님께서 성경을 통해 역사를 이끌어 가시고 성취하시는 방식이 약속을 이루어 가는 과정이라는 것이다.

성실의 개념은 하나님의 성품인 동시에 믿음의 속성이기도 하다. '믿음은 바라는 것들의 실상이요 보지 못하는 것들의 증거'라는 말씀도 성실함으로써 이해할 수 있다. 바라는 것과 보지 못하는 것들은 곧 하나님의 말씀이라 할 수 있고, 실상과 증거라는 것은 성취로 이해될 수 있다. 즉 하나님의 말씀(약속, 비전)이 주어진다면 그것은 보이지 않는 것이요, 그 보이지 않는 것을 보이는 것으로 이루어 가는 과정이 믿음이다. 믿음이 있다면, 그 믿는 바를 이루어 가는 방식으로 존재하게 된다. 곧 성실이다. 광림교회 시스템은 내 안에 보이지 않는 하나님의 말씀이 자신을 실현시켜 나가는 과정을 서로 연합해서 만들어 낸 필연성이었다.

여섯째, 철저한 웨슬리안으로서의 영성

　김선도 목사의 설교들은 웨슬리적 전통에 뿌리를 박고 있다. 존 웨슬리는 은총의 낙관주의 신학자이다. 율법적인 비관주의 신학자가 아니다. 웨슬리 이전의 전통적인 신학의 경향은 어둡고 우울한 측면을 더욱 강조해 왔다. 인간의 죄와 타락을 말이다. 그러나 웨슬리는 하나님의 은총 가운데 있는 적극적인 면, 긍정적인 면을 더욱 더 강조했다.

　1990년대의 우리나라 교회는 장로교의 칼뱅주의적인 경향이 대세였다. 한국인이 가진 숙명론적 인생관과 칼뱅의 예정론이 절묘하게 상생하였다. 한국 감리교는 숙명론적인 세계관을 깨고 전도와 선교의 역동성을 끌어낼 수 있는 웨슬리의 신학을 목회와 교회성장학으로 연결시키지 못하는 한계를 보였다. 나는 웨슬리의 복음주의적인 선교와 이웃 사랑 실천의 신앙을 한국 교회에 새롭게 선포해 나가는 운동을 주도하고 싶었다. 더 나아가 앞으로도 감리교가 웨슬리의 복음주의적인 신학을 계승하고 발전시켜야 한다고 주장한다. 웨슬리의 성경, 전통, 이성, 경험이라는 네 개의 정신을 동등한 네 개의 기둥으로 이해해서는 안 된다. 웨슬리에게 가장 근간이 된 정신은 '성경'이다. 성경을 중심으로, 성경에 조명을 받는 전통, 성경에 조명을 받는 이성, 성경에 조명을 받는 경험으로 이해하는 것이 웨슬리에 대한 근원적인 이해이다. 오늘날 웨슬리의 네 개정신을 네 개의 기둥으로 이해해 온 방식이 한국 감리교의 신학이 복음보다 상황을 우선하게 만드는 경향으로 나타난 것이라고 생각한다.

김선도 목사는 은총의 낙관주의에 기초하여 교인들에게 성공적인 삶을 살게 하였다. '벌레만도 못한 죄인'이라는 자각으로 더 성화되고 더 온전한 그리스도인이 되는 것이 아니다. 그 왜소한 자존감이 겸손은 더더욱 아니라는 것이다. 곧 웨슬리가 강조한 복음의 신인협조설처럼 하나님의 은총 100퍼센트와 인간의 노력 100퍼센트라고 말할 수 있다.

웨슬리는 루터 신학과 모라비안주의를 비판하면서 수동적 정숙주의를 거부한다. 하나님의 의와 은총을 얻기 위해서는 행동해야 한다. 기도와 성경 읽기와 금식과 성만찬 받기에 힘써야 한다. 비록 그러한 선행의 결과로 의인화는 얻지 못하고 오직 믿음으로만 의인화되지만, 그런 행동들이 은총의 수단은 된다는 것이다.

웨슬리의 인격적 성화론처럼 김선도 목사도 "성숙한 그리스도인"이란 설교에서 웨슬리가 가장 좋아하는 마태복음 5장 48절의 구절을 언급하면서 우리 하나님의 온전하심같이 온전한 인격을 지닌 사람이 성숙한 그리스도인임을 강조한다. 이것은 우리가 신앙생활을 통하여 성취해야 할 목표라고 역설한다. 인간은 하나님의 형상대로 지음을 받은 인간이기에 근원적으로 하나님을 바라보고 위의 것을 찾는 사람이 되어야 한다는 것이다. 또한 김선도 목사는 욕망의 안개가 가리우는 것이 인격적 성화를 이루지 못하게 하는 걸림돌이 된다고 했다. 그러므로 우리의 욕망이 날마다 정화되고 성화되어 가야 한다. 건실한 인격은 바른 가치관을 갖고, 형제의 짐을 나눠지고, 은혜에 감사하며 사는 것이라고 힘주어 설교한다.

웨슬리 영성의 최고 이상적인 목표가 성화, 즉 '하나님과의 일치', '그리스도를 닮음'이며 생활의 목표는 완전이다. 포기와 고난의 영성을 되찾아야만 한다. 행함 속에서 온전한 신앙으로 발전함을 강조한다. 또한 사랑의 실천이 생명을 주는 힘인 것을 강조한다.

김선도 목사의 이러한 웨슬리 영성은 철저한 교인들의 신앙훈련으로 이어졌다. 광림교회에는 독특한 임원 전지훈련이 있다. 웨슬리처럼 평신도를 영적 지도자로 길러내는 교육이다. 웨슬리안이 메서디스트라는 별명을 가졌던 것처럼 교인들을 철저히 말씀과 삶으로 훈련한 것이다.

일곱째, 창의적인 영성

광림교회의 5대 전통 중 두 번째가 '풍요한 창조'이다. 그리스도인의 삶은 기본적으로 하나님의 풍요를 누리고 그것을 가지고 더 많은 풍요함을 창조하는 삶이라는 김선도 목사의 영성에서 나온 것이다. 먼저 믿음을 통하여 하나님의 은혜를 경험하며 이를 통하여 영혼의 평안과 기쁨을 누리고 참된 만족을 가지는 것이 풍요한 창조의 신앙생활이다. 그리고 삶의 모든 문제가 그리스도 안에서 해결이 되며 생활 전반에서 하나님의 축복을 체험하는 신앙생활이 바로 풍요한 창조이다.

김선도 목사는 군목으로 사역할 때부터, 여러 가지 어려운 여건 속에서도 창의적으로 목회하였다. 그의 '군진 신학'의 개념에는 창의성이 있었다. 창의적으로 목회를 해야 한다는 것이다. 그는 남이 하는 그대로 따라 하면 현대인의 마음을 감동시킬 수 없다고 보았다. 색다른 감동을 주고 동기를 부여할 수 있는 새로운 아이디어를 찾아내 목회에 실제적으로 적용해야 한다고 생각했다.

현대사회를 이루는 거의 모든 분야에서 새롭게 떠오르는 핵심 개념이 창의성이다. 이젠 목회나 설교 역시 창의성을 가져야 한다. 오늘날의 시대를 모어 댄 디그리(More than Degree: 학위 이상의 것)라고 칭하는 것도 학교에서 익힌 형식적인 지식이 암묵적으로 몸에 배도록 익힌 지식을 넘지 못한다는 현상을 말해 주는 것이다. 창의성이란 책상에 앉아 익힐 수 있는 학문이 아니다. 발바닥이 부르트도록 현장을 뛰어다닌 체험이 체계화되면서 생긴 '현장의 축적된 지식'이다.

출애굽한 이스라엘 백성을 하나님이 교육시키시는 방법이 현장 교육이다. 학원에서 개념과 이론을 가르치신 것이 아니라 광야라는 현장에서 생존하고 살아남는 과정으로 하나님에 대한 절대적인 요청을 깨닫게 하시는 교육이었다. 김선도 목사의 경험상 창의성은 머리부터 시작한 지식에서 나오지 않는다. 발바닥부터 시작한 지식에서 나온다. 발로 뛰면서 체험한 지식을 가슴으로 느끼고 머리로 깊게 이해하는 순간 촉발되는 능력이다. 김선도 목사가 공군 군목으로 있으면서 가장 재미있고 행복했던 일이 대전 기술교육단에 있을 때 많은 병사에게 신앙심을 키워 준 일이었다고 했다.

"내 인격 교육 강의를 듣고 교회를 찾아오는 사병이 많았다. 그들이 찾아와 설교를 듣고 회심하고 믿음을 가지게 되는 일은 정말 그 무엇과도 바꿀 수 없는 행복이었다.

한번은 처음 들어온 훈련병이 훈련을 받느라 첫 주일에 예배를 드리지 못하는 일이 생긴 적이 있었다. 그래서 내가 찾아가서 사정했다. '군목이 있는데 예배를 못 드리면 되겠습니까? 훈련병들을 교회로 보내 주십시오.' 그래도 사정이 통하지 않고 거절당했다. '그건 군 규칙상 불가능합니다. 1주일간은 안 됩니다.'

나는 궁여지책으로라도 방법을 찾지 않을 수 없었다. 그래서 그때 내가 찾은 방법은 직접 내무반으로 뛰어 들어가는 것이었다. 내가 갑자기 뛰어 들어가자 훈련 교관들이 깜짝 놀랐다. '10분 만에 끝내겠습니다. 10분만 시간을 주십시오.' 그렇게 성경과 찬송을 들고 훈련병들의 내무반으로 찾아가 10분 예배를 드리는 일이 시작되었다.

'너희는 마음에 근심하지 말라. 하나님을 믿으니 또 나를 믿으라. 여러분, 지금 힘들고 어렵죠? 금방 지나갑니다. 이 고된 시간이 영원한 것 아니에요. 이겨 내세요. 두려워하지 마세요. 하나님을 믿으세요. 하나님이 여러분을 지켜 주십니다. 믿음으로 극복하고 나면 더 좋은 축복의 날이 곧 올 겁니다.' 그렇게 10분 동안에 찬송가 1절을 부르고 짧은 말씀 한 구절을 읽어 주고 3분 설교하고 기도해 주는 일이 다 가능했다. 비록 짧은 시간이었지만 갈급한 훈련병들의 감동 어린 눈물은 나의 오랜 기억 속에 깊이 저장되었다."

내가 광림교회에서 목회하는 동안 경험했던 목회 프로그램은 대부분이 한국 교회에서 첫 번째로 시도하는 것들이었다. 한마디로 창의적인 목회 그 자체였다. 그중의 하나가 한국 교회에서 처음 실시한 총동원 주일이다. 김선도 목사가 1971년 11월 쌍림동에 있는 광림교회에 부임했을 때, 500명이 들어갈 예배당에 150명 정도의 교인이 나오고 있었다. 교인들은 드문드문 앉아 있었고, 무기력해 보였다. 교인들에게서 그 어떤 꿈이나 비전이 보이지 않았다. 광림교회를 통해 감리교단의 새로운 가능성을 제시하고 싶었던 그에게 가장 먼저 선결되어야 하는 문제는 교인들의 패배 의식과 현실 안주 의식이었다. 그래서 매주 수요일 저녁을 '전도인의 밤'으로 정했다. 그 전에는 전도 집회 자체도 없었는데, 수요 예배를 아예 전도 집회로 만든 것이다.

사도행전을 강의하고, 둘씩 짝을 지어서 전도를 내보냈다. 김선도 목사도 함께 나갔다. 놀라운 일이 벌어졌다. 첫날 전도에서 무려 66명이 교회에 나와 등록하는 결실을 맺은 것이다. 비전을 제시하고 전도를 시작하자 교인이 늘어났다. 150명이던 교인이 300명이 되고, 얼마 지나지 않아서 500명이 되었다. 그 후 1975년 12월 21일, 한국에서 처음으로 '총동원 주일'이란 행사를 가졌는데, 이날 예배에 1,003명이 참석했다. 이렇게 광림교회는 세계에서 제일 큰 감리교회가 되어 갔던 것이다.

광림교회가 신사동에 정착한 이후에 강남구청장이 민방위 대원 교육 장소로 예배당 대관을 요청했다. 매달 3,000여 명에 이르는 인원을 수용할 장소가 없던 것이다. 김선도 목사는 고기가 모이는 곳에 그물을 던져야 하듯, 사람들이 교회에 몰려오는 것보다 더 좋은 전도의 기회가 없음을 확신했다. 그렇게 1981년부터 광림교회에서 민방위 교육이 시작되었다. 이뿐만 아니라 그가 공군기술교육단에서 군목으로 활동했던 경력과 공군사관학교의 군종실장이었던 점, 군에서 유학을 보내 주었고, 소령으로 제대한 이력이 강한 동기가 되어서 민방위 대원 교육 강사로 섰다.

그가 민방위 교육 강사로 섬기게 된 목적은 전도를 위한 것이었지만 강의 현장에서 직접적인 복음을 제시하지는 않았다. 그들의 처한 자리에서 같이 주저앉아 손을 일으키면서 친구처럼 이야기했다. "여러분, 여러분 안에는 아직 쓰지 않고 남아 있는 무한한 가능성이 살아 있습니다. 실패라는 사실이 중요한 것이 아닙니다. 중요한 것은 태도입니다. 절망하지 않는 태도, 다시 한 번 용기를 내고 일어서고자 하는 태도가 중요한 것입니다. 여러분이 용기를 내고자 한다면, 여러분 안에 있는 무한한 가능성이 일어날 것입니다."

'가치관이란 무엇인가? 인생관이란 무엇인가? 어떻게 해야 행복한 가정을 이룰 수 있는가? 절망을 딛고 성공에 이르는 길을 어떻게 찾아야 할 것인가?' 매번 강의할 때마다 이런 주제들을 이어 나갔다. 그러자 놀라운 일이 벌어졌다. 졸고 있던 사람들이 깨어나더니 수첩을 꺼내 그의 이야기를 적기 시작했다. 교육이 끝났는데도 집으로 돌아가지 않는 사람들이 생겨났다. 어떤 사람은 기도해 달라고 머리를 내밀었다. 또 어떤 사람은 자신의 인생사를 상담해 달라고 다가오기도 하였다.

그해 민방위 교육을 들었던 젊은이 800명이 광림교회에 나왔다. 게다가 자신의 가족을 데리고 오면서 그해에 등록을 하고 나오는 새신자가 1,600명이나 되는 기적이 일어났다. 이 민방위 교육이 광림교회의 폭발적인 성장을 이루어 낸 핵심이라 할 수 있다.

또 하나는 영감 있는 예배 음악과 파이프 오르간을 설치한 일이다. 김선도 목사는 인간의 감성만을 터치하는 음악이 아니라, 영성을 건드리는 음악을 예배에 실현해야 한다는 생각을 오랫동안 가지고 있었다. 그가 광림교회 목회 현장에서 큰 관심을 기울 것이 성가대와 오케스트라였다. 그는 18-19세기 유럽 스타일의 찬송가를 교회 예배에 도입했고, 이를 위해 전통적인 성가대 다섯 팀과 오케스트라 두 팀을 구성했으며, 관현악 앙상블 한 팀을 만들었다. 스타인웨이 그랜드피아노도 두 대를 구입했다. 이 시대 젊은이들에게 익숙한 동시대 음악을 부정할 수는 없어 4부 예배와 5부 예배를 구별해서 젊은이의 감각에 맞는 음악 예배도 구성했지만, 그에게 영성의 동의어라 할 수 있는 생명성에 가장 근접한 악기는 클래식악기들이었다. 그중에서도 예배당에 파이프 오르간을 건축하고자 하는 생각을 오랜 기간 품었다. 결국 300년 이상 전통을 가진 세계 최고 품질의 클라이스 오르간을 3년에 걸쳐서 예배당에 건축하게 되었는데, 이는 한국 개신교에서는 최초의 시도였다.

김선도 목사의 창조적인 영성에 있어서 또 하나 주목해야 하는 것이 사모의 역할이다. 김선도 목사는 교회에서의 사모의 사명에 대해 독특한 확신을 가지고 있다. 사모를 목사와 함께 공동으로 목회하는 동역자로 여기는 것이다. 『5분의 기적』에서 이렇게 고백하고 있다.

"목회자로 살아온 55년의 세월 속에 가장 굵직한 기둥처럼 서 있는 기업은 늘 아내 박관순 사모와 관련이 있다. 그야말로 나의 아내는 나의 신실한 동역자였다. 내가 걸어온 발자취마다 항상 아내의 발자국이 동행했다. 전농감리교회를 담임할 때에도, 군목 시절에 젊은이들과 함께 들고 뛰며 목회를 할 때에도, 처음에는 의도하지 않았던 광림교회로 오게 되었을 때에도, 광림교회의 부흥을 위해 기도하고 전도할 때에도, 쌍림동에서 신사동으로 사활을 건 출애굽을 감행할 때에도 늘 아내는 기도의 최전선, 심방의 최전선, 교인들의 일상 속으로 파고들어 가는 영적인 최전선을 뛰었다.

내가 설교하면 아내는 가장 잘 듣는 귀가 되어 주었고, 가장 적나라하게 비평하는 입이 되어 주었다. 내가 수많은 대중 앞에 서면, 아내는 속회를 뛰면서 한 사람 한 사람을 만나러 다녔고, 그 집의 사정과 사소한 문제들, 심지어 숟가락이 몇 개인지까지 세고 다녔다. 내가 교회의 전체적인 경영을 놓고 고심할 때, 아내는 내 눈이 닿지 못하는 성도들의 영역 속으로 깊숙이 파고들어 갔다.

아내가 어떤 존재인지를 설명할 수 있는 단어는 오직 동역자라는 말밖에 없다. 아내가 없었다면 어찌 되었을까? 가끔 떠올려 보면 나의 생각은 수십 년을 거슬러 오르는 상념 속으로 역행한다.”

김선도 목사는 여성 성도들의 목양에 대해 박관순 사모와 함께 광범위한 토론을 가지고 적극적으로 사역을 위임하였다. 박관순 사모는 적극적으로 교인들을 돌보면서 성도들의 생활 속으로 파고들어 갔다. 설교로 다가갈 수 없는 삶의 자리를 찾아가 기도해 주고 상담했다. 속회로 인도하면서 새신자들에게 교회에 대한 소속감과 안정감을 채워줬다.

박관순 사모는 그 경험을 토대로 『현대 목회를 위한 사모학』을 집필하기도 하였고 서울신학대학교에서 실천신학 부문 명예신학 박사학위를 받기도 하였다. 사모는 가급적 교회사역에서 드러나지 않아야 하는 것이 미덕이라고 여겨지는 한국 교회의 전통적인 사고방식을 목사와 사모의 팀 사역이라는 적극적인 개념으로 극복하는 창조적인 시도였다.

한국 개신교 영성의 문제점은 지나친 폐쇄성이다. 한국 교회의 본질을 회복하기 위해서는 어떤 것들이 필요할까? 교회는 영의 변화가 육의 변화를 가져오게 하고, 무의식의 변화가 의식의 변화를 가져오는 통전적인 변화를 추구해야 한다. 김선도 목사는 비록 현직에서 은퇴했지만 여전히 한국 교회의 미래를 고민하며 후배 목회자들에게 창조적인 목회를 주문한다.

"1990년대부터 이 땅에 상륙한 낯선 문화와 낯선 사상들, 종교 다원주의, 포스트모더니즘, 세속화의 물결, 이른바 아날로그에서 디지털 시대로의 진입! 전통적인 가치들이 공격당하고, 절대성·진리·보편적인 가치들이 디지털 문화의 참신함과 재미에 낡은 것, 시대에 뒤처지는 것들로 밀려나는 현상을 눈 뜨고 볼 수밖에 없고 고민하지 않을 수 없었다.

한국 교회가 세속화를 다스리지 못하고, 오히려 세속화의 물결이 교회와 신학에 흘러 들어왔다. 1980년대를 시작으로 한국 교회의 성장률이 하락했다. 2001년 은퇴 후부터 나의 고민은 이 지점에 서 있다.

어떻게 이 혼돈을 정리해야 할 것인가? 어떻게 교회와 정신을 해체시키는 '현대의 정신 사조' 속에서 영원히 변하지 않을 깃발을 흔들 것인가? 단순하게 학위가 성장을 가져다주리라는 인식을 버려야 하며, 이것으로 큰 교회에 파송되거나 청빙될 수 있다는 의식도 깨끗하게 지워야 한다. 이 시대 한국 교회에 가장 절실하게 필요한 인식, 변하지 않을 유일한 깃발, 그것은 바로 '본질'로 돌아가는 것이다. 교회의 본질은 '복음'이고, 그 복음을 인격화한 것이 '성결 Holiness'이며, '성결'을 세상에 실현하는 것이 복음주의Evangelism다.

무엇으로 세상을 감동시킬 것인가. 무엇으로 세상에 교회가 매력을 발산할 것인가. 그 결실은 '경건함'과 '섬김'이요, 감춰진 속살은 '복음주의'이다."

앞으로는 과학과 신학을 구분할 수 없는 시대가 온다. 미래 세계는 전인적인 변화를 추구하며 하나님의 사랑으로 소외된 사람들을 소생케 하고 변화시키고 회복시켜야 한다. 교회는 시대를 해석하고 그 해석을 통해 사람들을 살리는 역할을 해야 한다.

여덟째, 치유의 영성

김선도 목사는 군목 시절 영창에 들어갔다 온 목사로 소문이 자자했다. 죄를 지어서 들어간 것이 아니라 자원하여 들어갔다. 군대에서 범법 행위를 하여 영창에 들어가는 사병이 있었는데 그 고된 순간이야말로 복음과 위로가 가장 절실한 때라고 보았다. 그래서 스스로 영창에 들어가 전도해야겠다고 생각한 것이다. 밤 12시쯤 헌병대를 찾아갔던 날 헌병들은 규정에 없다고 영창에 들어가지 못하게 막았다. 결국 헌병대 대장에게 연락이 되고 어렵게 허가가 떨어졌다. 영창에서 하룻밤을 자고 아침에 영창의 사병들과 빙 둘러앉았는데 온몸에 이가 올라 가렵지 않은 데가 없었다. 그 모습을 본 사병들의 웃음이 여기저기서 터져 나왔다. 그렇게 공감대가 형성되고 성경을 나누어 주고는 복음을 전하고 기도하였다. 사병들은 감동을 받고 울었고 그 모습을 헌병들과 헌병대 장교들이 지켜보았다. 그 소문이 삽시간에 부대에 퍼졌다. 그렇게 '영창에 간 목사님'이란 타이틀이 붙게 된 것이다.

이 일화는 김선도 목사의 영성이 치유의 영성이었음을 보여 준다. 한국 사회는 20세기 전반의 오랜 식민지 생활의 고통을 겪었으며, 20세기 중반 이후에는 한국전쟁과 남북분단, 빈곤, 급속한 산업

화로 인한 사회변동과 정치적 격변 등 사회적 안정을 뒤흔드는 다수의 사건들을 겪었다. 김선도 목사는 이 같은 사회 속에서 형성될 수밖에 없었던 한국인들의 부정적 심리와 불안 심리를 발견하고 설교를 통해 그것들을 치유하려고 노력해 왔다.

내가 부목사로 광림교회에서 섬기던 당시에 매 주일마다 수많은 교인들이 적극적인 신앙을 외치는 김선도 목사의 설교를 들으며 상처와 불안을 치유 받고 극복하는 것을 보았다. 김선도 목사의 하나님 상에서는 하나님의 본성적 특성으로서의 초월성의 이미지보다는 내재성의 이미지가 더 부각되어 나타난다. 이처럼 그가 부성으로서의 하나님 像보다는 따뜻함, 친절, 사랑, 온순, 인내 같은 모성으로서의 하나님 상에 더 주목하는 것은 모성적 하나님 상이 현대인들의 정신적 상황에 더 적합하다고 보기 때문이다.

한번은 어떤 자리에서 후배 목회자들과 성도들에게 전하고 싶은 말씀을 해달라는 부탁을 받았을 때 그는 이런 말을 했다. "하나님은 내게 성장을 허락하셨다. 그리고 나는 광림교회가 성장하는 순간 속에서 한시도 그 성장의 이유를 잊은 적이 없다. '나눔을 위한 성장', '섬김을 위한 성장', 죄와 사망에서 생명으로, 절망과 좌절에서 소망으로, 이 나라 백성들과 고통 속에 있는 세상의 사람을 출애굽시켜 내야 한다는 사명감을 잊은 적이 없다."

"신학교에서 가장 흥미로웠던 과목은 목회 클리닉이었다. 나는 그곳에서 현대인이 처한 현존 상태가 '아픔'이라는 것, 따라서 '전인적 치유'라는 주제가 목회에서 깊게 다루어져야 한다는 결론에 이르렀다. 현대인은 거미줄같이 얽힌 관계 안에 있으며 그 복잡한 관계 안에서는 정신적 피폐와 질병, 근본적 고독감이 뒤따를 수밖에 없는 것이다.

'그래, 목회는 영성만이 아니라 사람의 마음과 정서, 지성, 심지어는 육체까지 터치해야 한다. 따라서 의료 도구와 과학의 성과를 무시해서는 안 된다. 오히려 그것을 적극 수용해 현대인의 감성과 정서, 마음과 영성, 그리고 육체적 부분까지 전인적으로 돌볼 수 있어야 한다.'

웨슬리신학대학에서 접하게 된 임상목회는 이처럼 나의 목회의 중요한 모티브를 형성시켜 줬다. 나중에 풀러신학대학에서 교회성장학을 공부할 때, 교회성장학을 치유의 신학으로 확장하고 융합하려 한 계기도 이때 이루어진 것이라 할 수 있다. 둘째 아들인 김정운 교수가 신학을 하겠다고 했을 때 심리학 분야를 권면했던 것도 이 같은 생각에서였다."

그에게 치유의 영성이 드러난 유명한 일화가 있다.

"사관학교를 섬길 때 잊을 수 없는 장면은 박정희 대통령과의 만남이다. 1971년 공군사관학교 제19기 졸업식 때였다. 박 대통령 내외가 참석했는데 그날 대통령을 눈앞에서 처음 봤다. 왠지 대통령이 고독하게 느껴졌다. 뒷모습이 외롭고 측은하게 보였다.

국민교육헌장이 낭독된 후 대통령의 격려사가 있기 전 나의 축도 순서가 있었다. 내가 서야 할 자리는 사회자석이었다. 그 강단은 오직 대통령만 설 수 있었다. 의전 관계자들은 사회자석에서 기도하라고 했다. "하나님 앞에서 기도하는데 마땅히 중앙의 강단에서 기도해야 하지 않겠습니까." 그렇게 말하고는 중앙 강단에 올라갔다.

"인류의 역사와 자유와 질서를 주관하시는 하나님. 우리의 조상들이 할퀴고 찢긴 이 땅, 눈물과 피로써 지켜 온 이 거룩한 땅 위에 4년간 교육을 마친 저 젊은 파일럿들이 있습니다. 저들이 하늘을 날 때 하나님을 볼 수 있게 해 주시고, 저들이 잡은 조종간이 이 나라 역사를 움직이는 손이 되게 해 주시옵소서. 독수리처럼 힘차게 국토 위를 날아오르는 대한의 젊은 아들이 되게 해 주시옵소서. 이 나라를 다스리시는 하나님, 주께서 세워 주신 이 나라의 대통령이 나라의 영도자로서 어려운 역사를 끌어가며 헌신하고 있습니다. 외롭지 않게 보살펴 주시옵소서. 힘들지 않게 도와주시옵소서."

졸업식 분위기가 착 가라앉았다. 그렇게 기도를 끝내고 돌아서는데 대통령이 손수건을 꺼내 눈물을 닦고 있었다. 졸업식 후 대통령이 내 손을 잡고 말했다. "목사님, 오늘 좋은 기도를 해 주셨습니다. 감사합니다." 대통령의 눈물은 한 나라를 끌어안은 고독한 톱 리더의 나라를 사랑하는 마음 그 자체였다."

내가 부목사 시절 부끄러운 기억이 있다. 하루는 새벽기도회 설교를 해야 하는 책임을 맡아 밤새 설교 준비를 하고는 새벽에 일어나지 못하였다. 잠에서 깨어나 보니 이미 새벽기도회 시간이 지났다. 얼마나 당황했는지, 출근을 할 때 사형장에 끌려 가는 기분이었다. 김선도 목사께서 대신 설교하셨다고 하는 말을 듣고 더욱 움츠러졌다. 그런데 한마디 나무라지 않고 넘어가 주셨다. 나도 이따금 부목사들이 실수를 하면 똑같이 하려고 애쓴다. 이렇게 김선도 목사에게는 겉으로는 엄격하지만 허물을 덮어주는 사랑이 있었다.

민경배 박사가 『5분의 기적』 출판 감사 예배 때 "김선도 목사는 현대사의 산 증인이며 단시간에 그만큼 발전의 사례가 없을 정도"라고 말했다. 그렇다. 김선도 목사는 일제 강점기와 6.25전쟁, 한국의 경제부흥의 격동기에 한국 교회 부흥을 이끌었던 하나님의 종이었다. 목사와 의사, 교수로서 전인적인 영성을 소유한 보기 드문 목회자였으며 모든 세대를 통틀어 강력한 메시지를 전하는 성경적인 설교자였다. 그리고 고난을 이기는 적극적인 신앙, '오직 예수 그리스도'의 신앙, 불가능을 가능하게 하였던 기도의 영성, 끊임없는 창조적인 삶을 통하여 하나님과 교회를 위하여 충성하였다. 그리고 혼란과 좌절에 빠진 수많은 사람들의 영과 마음과 육신을 치유하는 시대의 목회자였다. 그 영성은 광림교회로 열매 맺었다. 그리고 한국 교회의 성장과 부흥뿐만 아니라 세계 교회에도 많은 영향을 주었다.

김선도 목사의 영성에 관하여 정리하면서 얻은 결론은 복음적 희망으로 무장한 김선도 목사의 영성을 통하여 여러 가지로 어려운 도전을 받고 있는 한국 교회와 목회자들이 이루어 나가야 할 것이 너무나 많다는 것이다.

어느 시대나 위기가 없는 때는 없지만 그 위기가 다 같은 것은 아니다. 지금은 6.25전쟁과 같은 시대의 위기는 없다. 현대 기독교인들에게 죽음의 순간을 넘어선 신앙의 체험이 부족하다. 그래서 김선도 목사와 같은 적극적인 신앙이 생소하게 여겨지는 것이다. 마치 여호수아가 죽은 다음 이스라엘 백성들이 가나안 족속들을 온전히 내어 쫓지 못했던 것과 같다. 현대 한국 교회 목회자들과 성도들에게 필요한 것은 김선도 목사에게 있는 하나님과 하나님의 약속에 대한 확신과 순종이다.

참고문헌

단행본

김선도, 『풍요한 삶의 열쇠』, 광림, 1988

김선도, 『5분의 기적』, 넥서스CROSS, 2013

조용기, 『한국교회 설교가 연구』, 한국교회사학 연구원, 2000

논문

김홍정, 「한국교회 영성에 관한 연구」, 서울신학대학교 신학전문대학원 박사학위, 2004

학술지

『목회와신학』 2월호, 두란노, 2016

1984년 제1회 트리니티 성서연구에서 강의하는 김선도 목사와 성도들. 김선도 목사는
교회 성도들을 대상으로 성경공부를 실시하며 철저한 성경적 영성을 실현하였다.

1953년 서울 중구 쌍림동에 설립된 광림교회의 초창기 자료.
김선도 목사는 1971년 5대 담임목사로 부임했다.

1970년대, 김선도 목사(앞줄 오른쪽 세 번째)와 광림교회 성도들이 함께 찍은 기념사진.

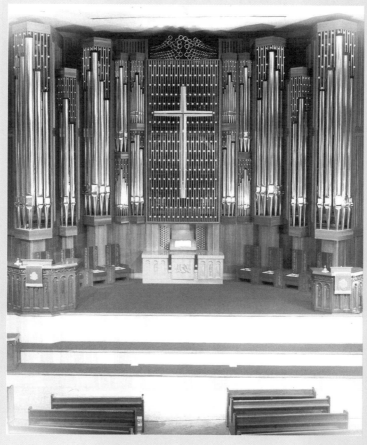

광림교회 본당에는 거대한 파이프 오르간이 설치되어 있다. 김선도 목사는 성스러운
예배를 위해 영성을 건드리는 음악이 중요하다는 생각을 가지고 있었다.

2장

나의 스승,
나의 영원한
'목회임상학 교수'

최이우

최이우

종교교회 담임목사. 한국복음주의협의회 회장과 국가인권위원회 인권위원
을 역임했다.

1976년, 감리교신학대학 4학년 강의실에서 목회임상학 교수로 교단에 선 김선도 목사를 처음 뵈었다. 나는 당시 문교부로부터 무기정학 처분을 받고 학교와 친구들을 떠나 1년 동안 고향에서 숨죽여 외롭고 힘든 각고의 시간을 지낸 후 감리교신학대학에 복학하였던 때였다. 친구들은 이미 다 졸업을 하였고, 함께 학생회 일을 하다가 나와 같은 이유로 1년 만에 복학한 친구 안석모(전 감리교신학대학 교수)와 함께 후배들 틈에서 공부했던 때였다. 당시 교단 위의 김선도 목사가 풍기던 첫인상에 나는 완전히 압도되었다. 그리 크지 않은 신장에 딱 벌어진 어깨, 그리고 회색 바탕의 갈색 체크무늬 양복을 입고 아타셰케이스(007가방)에서 목회학에 대한 책을 꺼내어 교탁 위에 올려놓으시고 학생들을 둘러보시는 모습은 신념과 자신감 가득한 움직이는 조각품 같았다. 졸업을 하면 담임목회를 해야 한다는 중압감 속에 막연한 두려움을 가지고 있던 나에게 김선도 목사는 갈릴리바다로 제자들을 찾아오신 예수님처럼 각인되었다.

십자가에 못 박혀 죽으시고 살아나신 예수님에 대한 소문을 어렴풋이 들었으나 확신이 없었던 제자들이 갈릴리로 내려와서 버려진 배와 그물을 다시 꺼내 바다로 나갔으나 밤새 한 마리도 잡지 못하고 새벽을 맞이할 무렵이었다. 바닷가에 서신 예수님이 제자들에게 말을 건넨다. "고기 좀 잡았소?", "그물을 배 오른편에 던져 보시오." 큰 물고기 153마리가 그물에 잡힌 것을 본 순간 제자들의 눈이 번쩍 뜨여 부활하신 예수님을 알아보았다. 그 아침 갈릴리 바닷가에서 조반을 함께하는 자리에서 제자들에게 "내 어린 양 떼를 먹여라, 내 양 떼를 쳐라, 내 양 떼를 먹여라" 말씀하셔서 사명을 부여하심으로 비로소 제자로서의 삶이 시작되었다. 이 한 학기 강의를 통하여 나는 어렴풋이나마 목회에 대한 감을 잡았고, 1977년 4월에 두려움 없이 경기도 남양주군 수동면 운수리 성산교회로 담임목회를 나갈 수 있었다.

1982년 5월, 광림교회에서 김선도 목사를 처음으로 직접 대면하는 영광을 가졌다. 전역을 앞둔 군목으로서 대대교회를 마련하고 교회에 필요한 성구지원을 요청하기 위하여 목사를 찾아간 것이다. 목사는 교회와 군목사역 그리고 한국 교회에 대하여 이런저런 질문을 하시면서 제법 긴 시간을 보내신 후에 "최 목사, 오늘 저녁 설교를 해주시오."라고 말씀하셨다. 대위 계급장을 단 군인 야전복을 입은 상태에서 5월 5일 저녁 설교를 하고 그날 밤 목사 사택에서 잠을 자게 되었다. 그리고 그 다음 날 놀라운 제안을 하셨다. "최목사, 우리교회 부목사로 와 함께 일합시다." 이 일이 나를 오늘 같은 목회자로있게 해 준 축복의 통로가 되었다.

그해 8월 15일 주일 부대교회에서 전역감사예배를 드리고 22일 광림교회 부목사로 사역을 시작하면서, 솔로몬 왕을 가까이에서 보고 감탄사를 연발했던 스바 여왕의 심정을 이해하게 되었다.

"왕께 말하되 내가 내 나라에서 당신의 행위와 당신의 지혜에 대하여 들은 소문이 사실이로다 내가 그 말들을 믿지 아니하였더니 이제 와서 친히 본즉 내게 말한 것은 절반도 못되니 당신의 지혜와 복이 내가 들은 소문보다 더하도다 복되도다 당신의 사람들이여 복되도다 당신의 이 신하들이여 항상

당신 앞에 서서 당신의 지혜를 들음이로다 당신의 하나님 여
호와를 송축할지로다 여호와께서 당신을 기뻐하사 이스라엘
왕위에 올리셨고 여호와께서 영원히 이스라엘을 사랑하시므
로 당신을 세워 왕으로 삼아 정의와 공의를 행하게 하셨도다
하고 "

(열왕기상 10:6-9)

광림교회에 몸담고 김선도 목사 가까이에서 5년 4개월을 섬기
며 사역을 했다. 짧지 않은 시간 동안 한두 번 만나는 정도가 아니라
그 지도를 직접 받으며 사역하고 있는 내가 얼마나 행복한지를 깨
달았고 감사했다.

1987년 12월 안산광림교회 개척 담임목사로 파송을 받으면서
사실상 김선도 목사의 제자로서 본격적인 사역을 시작하게 되었
다. 세계 최대의 감리교회 광림교회에서 배운 목회를 현장에서 펼
치던 12년의 담임목회는 실로 은총의 연속이었다. 1999년 12월, 당
시 왕십리교회(현 꽃재교회) 담임목사의 은퇴 후임자로 부임하기
까지 만 12년을 섬겼다. 개척예배를 드리고 한 달이 채 되기도 전인
12월 31일까지 주일 등록교인이 101명, 한국 교회 부흥의 추세를 타

고 불같이 성장하여 유기성 목사(현 선한목자교회 담임목사)를 후임자로 모신 후 왕십리로 임지를 옮기기까지 주일 예배 기준 등록교인이 5,000명에 육박하였다.

그리고 시작한 왕십리교회 목회는 나에게 결코 만만치 않았다. 내 능력과 관계없이 광림교회에서 5년 4개월, 안산광림교회에서 12년을 담임목사 중심적인 목회를 했던 목회 체질 때문이었다. 왕십리교회는 거의 100년이 된 역사에 열아홉 명의 장로님, 강력한 영적 리더십을 가지고 13년을 섬기셨던 전임목사와 함께 사역하던 부교역자들이 계셨다. 이런 상황에서 목회한다는 것은 이전과는 전혀 다른 모험이었다. 나만 힘들었던 것이 아니라 나를 담임자로 청빙해서 3년 3개월을 함께했던 모든 분들에게도 상당한 인내가 필요했을 것이라고 생각한다. 그러나 돌이켜 보면 왕십리교회 장로들과 부교역자들 그리고 성도들에게 진심으로 죄송하기도 하지만 정말 감사한다. 나를 참아주시고 기도해 주시며 도와주신 은혜로 역시 오늘이 가능할 수 있었다고 믿기 때문이다.

2003년 3월 종교교회 22대 담임목사로 청빙을 받았다. 왕십리교회보다 역사도 조금 더 길고, 장로의 숫자도 조금 더 많고, 교회 위치도 조금 더 도심 중심에 있으며 전임 나원용 목사가 27년 섬기셨던 교회다. 이곳에서 18년째 목회를 계속하고 있는 나는 이제 은퇴를 3년 앞두고 있다. 세상일이라면 43년째 같은 일을 성실하게 해 왔다면, 아마도 달인의 경지에 몇 차례 이르고도 남았을 법한데 목회는 아직도 처음 시작하는 마음으로 한다는 것이 솔직한 고백이다. 이 말은 아직도 숙달되지 않아 미숙하다는 뜻이 아니라, 하나부터 열까지 처음 하는 자세로 할 수밖에 없다는 의미다.

이를테면 설교가 그렇다. 지금까지 헤아리기 어려울 만큼 많은 설교를 해 왔다. 정리해 놓은 설교 원고를 책으로 낸다면 당장이라도 70-80권은 충분히 될 것이라고 생각하지만, 새벽기도 설교든지 주일 예배 설교를 준비하고 선포하는 나는 여전히 초년생 수준이다. 그래서 설교뿐만 아니라 목회 전반의 롤모델을 늘 생각하며 조심스럽게 마지막을 향해 달려가고 있다. 이것이 내가 김선도 목사의 목회에 대해서 글을 쓰는 결정적인 이유이다. 1976년부터 지금까지 김선도 목사는 내 목회의 스승이자 롤모델이다. 내 스스로 목사의 제자라고 생각하고 말하는 것이 상당히 조심스럽다. 감히 이 글을 쓰면서 목사께 누가 되지 않기를 진심으로 기도한다.

목회자 김선도의 철학과 걸어온 길

하나님 경험에서 시작하는 목회

목회는 하나님 경험에서 시작한다. 하나님과의 만남과 그 부르심이 출발점이 된다. 이스라엘 민족을 하나님의 양으로 섬기며 목회한 최초의 사람은 모세다. 출애굽을 한 이스라엘을 섬기며 인도한 40년 동안의 광야목회를 출애굽기와 레위기, 민수기, 신명기에 자세히 기록했다. 이 놀라운 목회는 미디안 광야 호렙산 중턱에서 양을 치던 모세에게 나타나신 하나님을 만남으로 시작되었다.

"여호와께서 그가 보려고 돌이켜 오는 것을 보신지라 하나님이 떨기나무 가운데서 그를 불러 이르시되 모세야 모세야 하시매 그가 이르되 내가 여기 있나이다 하나님이 이르시되 이리로 가까이 오지 말라 네가 선 곳은 거룩한 땅이니 네 발에서 신을 벗으라 또 이르시되 나는 네 조상의 하나님이니 아브라함의 하나님, 이삭의 하나님, 야곱의 하나님이니라 모세가 하나님 뵈옵기를 두려워하여 얼굴을 가리매 (…) 이제 가라 이스라엘 자손의 부르짖음이 내게 달하고 애굽 사람이 그들을 괴롭히는 학대도 내가 보았으니 이제 내가 너를 바로에게 보내어 너에게 내 백성 이스라엘 자손을 애굽에서 인도하여 내게 하리라 (…) 하나님이 이르시되 내가 반드시 너와 함께 있으리라 네가 그 백성을 애굽에서 인도하여 낸 후에 너희가 이 산에서 하나님을 섬기리니 이것이 내가 너를 보낸 증거니라"

(출애굽기 3:4 - 12)

이 말씀에서 우리가 알 수 있는 것은 모세를 부르시고 그를 바로 왕에게 보내어 이스라엘을 애굽으로부터 해방시키고 가나안 땅으로 이끄시는 하나님을 나타내는 것이 모세의 목회였다는 것이다.

우리는 사도행전 9장에서 예수 그리스도의 구원역사를 위해 가장 놀랍게 일한 훌륭한 목회자 바울을 만난다. 바울이 되기 전 사울의 자기소개는 빌립보서 3장 5-6절에서 간략히 읽을 수 있다. "나는 난 지 8일 만에 할례를 받았고 이스라엘 족속이요, 베냐민 지파이며 히브리 사람 중의 히브리 사람이요, 율법으로 말하자면 바리새 사람이며 열성으로는 교회를 핍박했고 율법의 의로는 흠 없는 사람입니다." 이 이력으로는 오늘 어느 교회에서도 목회자로 선택받을 수 없다. 그는 교회를 핍박하는 것을 하나님께 대한 신앙적 열심이라고 생각했다. 그래서 첫 번째 순교자 스데반을 성 밖으로 끌어내고 돌로 치는 사람들이 옷을 벗어 사울의 발 앞에 두었다. 사울은 스데반의 죽음을 당연하게 생각하였고 교회를 파괴하면서 집집마다 돌아다니며 남자와 여자를 가리지 않고 끌어내 감옥에 보냈다.(사도행전 7, 8장) 이런 사람을 이 땅의 모든 교회를 위한 목회자로 세우신 것은 교회의 머리가 되시는 예수 그리스도이시다. 사울이 여전히 주의 제자들을 위협하며 그들을 죽일 기세로 그 도를 따르는 사람을 만나기만 하면 남자와 여자를 가리지 않고 잡아다가 예루살렘으로 끌고 오기 위해 다메섹으로 가까이 갔을 즈음이었다. "갑자기 하늘에서 빛이 비춰 그를 둘러쌌습니다. 사울이 땅에 쓰러졌습니다. 그때 그는 '사울아, 사울아, 네가 왜 나를 핍박하느냐?' 하는 음성을 들었습니다. 사울이 '주여 누구십니까?'라고 묻자 '나는 네가 핍박하는 예수다. 지금 일어나 시내로 들어가거라. 네가 해야 할 일을 일러줄 사람이 있을 것이다.'라고 대답하셨습니다."(사도행전 9:3-6) 그러면서 예수님은 말씀하셨다. "이 사람은 이방사람들과 왕들과 이스라엘 사람들 앞에서 내 이름을 전하도록 선택한 내 도구다."(사도행전 9:15) 오늘의 기독교가 예수 그리스도의 가르침을 따르는가, 바울의 가르침을 따르는가를 이야기할 만큼 바울의 목회적 영향은 지대하다. 이 위대한 목회의 출발은 다메섹 가까운 곳에서 예수님의 부르심으로 시작되었고, 예수 그리스도의 복음을 전하고 교회를 세우고, 교회를 위해 자신의 생명을 바치는 헌신으로 이루어졌다.

김선도 목사의 목회자로서 출발은 모세를 만나주시고 사울을 만나주셨던 그 하나님과의 만남에서 시작되었다.

"1950년 6.25전쟁이 발발하였을 때 목사는 해주 의학전문학교를 다니면서 신앙의 자유를 찾아 월남할 수 있기 위해 기도하고 있던 중 북한군의 진영으로 끌려가서 군의관장교가 되었고 알코올, 밴드, 테이프가 든 손가방을 매고 1대대 군위 소장이 되었다. 정신없이 환자들을 돌보았다. 어느 날 지하 벙커에서 열린 참모회의에 참석했다가 맥아더가 인천에 상륙했다는 소식을 듣고 탈출할 기회를 생각하는 중, 부대가 평양으로 이동을 했다. 부대가 패배하여 후퇴하게 되었을 때 대열에서 이탈하였다. 군의관의 사복을 가지고 기관총을 지참하고 늘 따라다니는 연락병과 함께 평양 옆 비행장까지 내려왔을 즈음, 유엔군의 낙하산 4천여 개가 비행장으로 내려오는 것을 목격하고 계속 내려오던 날 밤 소나무를 끌어안고 눈물을 흘리며 새벽까지 부르짖었다. '하나님! 살려주십시오. 저를 살려 주시면 하나님께서 쓰시는 도구가 되겠습니다.' 북한군이 다 후퇴한 그곳에 국군이 유엔군보다 앞서 평양으로 들어왔다. 그때 곁에 있던 연락병에게 말을 건넸다. "너는 어떻게 할래? 나는 국군한테 내려간다." "저도 군의관님을 따르겠습니다." 병사가 가지고 있던 사복으로 갈아입고 군복은 땅에 파묻었다. 신작로를 따라 북진하고 있는 군대를 향해 나아갔다. 1사단 1연대 3대대 한 장교가 내게 다가와서 물었다. "메고 있는 것이 뭐요?" 가방을 열어 청진기와 밴드, 주사기 같은 간단한 의료기를 보여 주었다. "탈영한 북한 군의관이군." 운명의 갈림길 앞에서 숨을 죽이고 있던 그 순간 들여온 목소리였다. "당신이 필요하오. 당신이 필요하다고…. 보아하니 북한 군의관이었던 것 같은데, 이쪽에 다친 군인이 많이 있으니 도와주시오." 그 자리에서 곧바로 국군 1사단 11연대에 입대하게 되었다. 불과 5분 만에 이루어진 일이다. 더 이상의 질문도 없었다. 저희

들끼리 논의하는 일도 없었다. 그 현장에서 즉시 북한군에서 국군으로 바뀐 것이다. 얼떨결에 군복을 갈아입고 국군의 군의관이 되었다. 내 인생에서 수많은 기적의 순간을 이룰 수 있었던 기점이 어디냐고 묻는다면 나는 주저 없이 이야기한다. 북한군에서 국군으로 5분 만에 변화시키는 하나님을 체험한 그 순간이라고. 그리고 그 기적을 이루어낸 힘의 원천은 기도라고, 하나님께서 나의 기도를 들어주셨기 때문이라고. 이 체험이 나의 일생을 긍정하는 체험이 되었다. 어떤 상황에서도 절망하지 않을 수 있는 이유가 되었다. '살아 계신 하나님, 나와 함께 동행하시는 하나님, 나의 기도를 들으시고 응답하시는 하나님!'"*

삶과 죽음이 갈리는 순간 지극히 짧은 5분 만에 북한군 군의관에서 대한민국 국군 군의관으로 신분을 바꾸어 주신 살아계신 하나님, 살려주신 하나님, 기도를 응답하신 하나님께 서원했던 그대로 '하나님께서 쓰시는 도구'로 자신을 드려 헌신한 것이다. 김선도 목사의 삶의 알파와 오메가가 바로 여기다. 세계의 모든 길이 로마로 통하듯 김선도 목사의 모든 삶은 '5분의 기적'으로 통한다.

---

* 김선도, 『5분의 기적』, 넥서스CROSS, 2013, p.37-46

불가능을 밀어내는 절대 긍정의 믿음

'5분의 기적'으로부터 시작한 삶은 공군 군목 생활에서 증폭되는 기적으로 이어진다.

"목사로서 나에게는 두 가지 꿈이 있었다. 본래 의학도였던 까닭에 목회상담과 치유신학을 공부하는 것이고, 영어를 배우는 것이었다. 이 두 가지 꿈을 동시에 이룰 수 있는 길이 유학이라고 생각하고 기도하는 중에 웨슬리신학대학 학장 헤롤드 디울프로부터 유학 제안을 받았다. "채플린 킴, 당신이 여기 와서 공부할 수 있도록 장학금을 마련했습니다. 단 비행기 표는 당신이 알아서 하십시오." 그러나 당시 항공료 30만 원은 군목의 다섯 달 치의 월급에 해당되는 거금이었다. 서울에 있는 공군본부 미국 고문관 실을 찾아서 군사원조로 비행기 표를 사 주기를 요청해 놓은 후 매일 밤 산에 올라가서 기도하기를 일주일간 계속했다. '하나님 제게 비행기 표를 주십시오. 미 공군 고문관실의 마음을 움직여 주십시오.' 그러나 대답은 절망이었다. "미안합니다. 군사원조기금 가운데 한국 공군 군목에게 비행기 표를 사주라는 조항이 없습니다." 그러나 꿈을 접을 수 없어, 그날 저녁부터 매일 밤이면 아내와 함께 공동묘지가 있는 뒷동산에 올라가 필사적인 기도를 드렸다. '아버지 비행기 표 사

주세요. 아버지 비행기 표요, 비행기 표 사 주세요.' 그러던 어느 날 미 대사관 공군무관으로 있던 중령이 나의 형 편을 듣고 도우려고 미국 펜타곤의 공군본부에 알렸다. "김선도 한국 공군 군목, Space Available!(언제든 사용가능!) 미국 오고 가는 길, 어딜 가든지 미 펜타곤에서 쓰는 비행기이면 무료로 탑승하게 하라"는 공군장관의 특별 명령이 내려왔다. 미국 장군만이 누리는 특혜였다. 지금도 안 되고 힘든 일이 있을 때마다 그때의 공동묘지를 떠올린다. 어렵고 힘든 절망이 소망이 되고 상처가 영광이 될 수 있다는 것을 되새기고 나의 하나님은 내가 생각한 것보다 더 크신 분이라는 것을 잊지 않기 위해서 말이다."*

김선도 목사의 목회를 말할 때, 미국의 노만 빈센트 필과 로버트 슐러의 '적극적 사고방식'을 계승하는 것이 아닌가라는 생각을 하곤 한다. 김선도 목사가 특별히 좋아하는 성경 구절만 보아도 짐작할 수 있다.

"내게 능력 주시는 자 안에서 내가 모든 것을 할 수 있느니라"

(빌립보서 4:13)

---

* 김선도, 『5분의 기적』, p.156-173

"할 수 있거든이 무슨 말이냐, 믿는 자에게는 능히 하지 못할 일이 없느니라"

(마가복음 9:23)

1976년 감리교신학대학 교단에서 '목회임상학'을 강의하실 때에도 로버트 슐러의 책들을 소개하셨고, 1982년 이후 광림교회에서 부담임목사로 섬기던 때에 슐러 목사가 광림교회 부흥회를 인도할 만큼 가까운 관계였다. 돌이켜 보면 '적극적인 신앙'을 표방한다는 점에서는 분명히 비슷하다 할 수 있으나 그 가능성의 사고 출발 지점은 하늘과 땅처럼 다르다는 사실을 알 수 있다.

슐러의 출발지점은 인본주의다. 인간은 하나님이 창조하실 때부터 '하나님의 형상'이라는 무한한 가능성을 부여받았다. 그러므로 누구나 그 하나님의 선물을 인정하고 그 가능성을 끌어올리면 하나님의 성향인 창조력을 통하여 가능성을 발휘할 수 있다고 믿는 것이다. 그에게 있어서 예수 그리스도는 인간의 위대한 가능성을 그대로 발휘한 한 모델이다. 그런 의미에서 예수 그리스도는 모든 인간의 구원의 주님이시다. 예수처럼 하면 인간에게 잠재되어 있는 그 무한한 가능성을 사용할 수 있다는 것이다.

김선도 목사가 생각하는 가능성의 바탕은 철저하게 신본주의다. 인간 스스로 가지고 있는 위대한 잠재력이 아니라, 하나부터 열까지 하나도 예외 없이 위에 계신 성령으로부터 내려오는 하나님의 은혜이다. 예수 그리스도 없이는 죄 문제의 해결도, 기도응답도 없다. '능치 못함이 없는 믿음'은 내게 능력을 베푸시는 전능하신 하나님과 기도를 들으시고 응답하시는 하나님으로부터 오는 가능성이다. '무엇이든지 할 수 있는 능력'은 스스로의 가능성을 끌어내어 일하는 것이 아니라 '내게 능력 주시는 예수 그리스도 안에서'만 주어지는 은혜이다. 은혜를 사모하는 목회사역은 세 가지 사역에 집중되어 있다.

첫째로, 예전적인 예배이다.

"예배는 하나님을 만나는 시간이며 신앙생활의 결정체요, 신앙행위의 꽃이다. 광림교회가 오늘 세계적인 교회로 성장할 수 있었던 것은 생동감이 넘치는 예배가 밑받침되었기 때문이고, 교회의 5대 전통이 교회역사로 이어질 수 있기 때문이다."[*]

김선도 목사의 목회 현장을 가장 잘 볼 수 있는 것은 주일 예배

※ 광림교회 역사편찬위원회, 『은총의 기념돌을 기억하라: 광림교회 50년사』, 광림교회, 2003, p.97-101

이다. 그리스도인은 예배를 통하여 하나님께 영광을 돌리고 하나님이 공급하시는 은혜의 양식을 받아 믿음으로 살아간다.

우리가 보통 한 끼 식사를 하고 난 다음 이렇게 말한다. '그럭저럭 한 끼를 해결했다. 배불리 식사를 했다. 품위 있게 잘 차려진 식사를 만족하게 했다.' 한 끼 식사를 한 것은 같지만 이 세 가지 중에 하나를 선택하라고 하면 어떤 것을 선택하겠는가? 나라면 당연히 세 번째이다. 1982년 8월 22일부터 부담임목사로 광림교회를 섬기면서 정말 좋았던 것은 주일마다 질서 있게 잘 준비된 경건한 예전이 있는 풍성한 예배였다. 지금도 그때의 예배를 내 목회에 적용하기 위해 노력한다. 젊은이들을 위해서는 예전의 격식을 갖추기보다 마음의 문을 열고 은혜에 뛰어들게 하는 열린 예배가 좋다. 그러나 예배의 생명은 하나님의 임재에서 가능한 것이고 그 하나님 앞에서 겸손히 발에 신을 벗고 낮은 자세로 엎드리는 예배다운 예배가 신앙생활의 품격을 높인다. 1980년대부터 도입된 열린 예배 혹은 구도자를 위한 예배가 믿음이 없거나 처음 믿는 자들이 기독교 신앙에 보다 쉽게 접근할 수 있는 길을 열어준 것은 참 잘한 일이라고 여겨진다. 그러나 모든 교회가 그 예배를 쫓아가려고 예배 예전의 모든 격식을 파괴하고 예배 인도자의 복장도 자유로워 넥타이를 매지 않을 뿐 아니라 청바지 차림으로 기타를 둘러매고 강단을 뛰어다니며 예배하는 중에 종교의 가장 기본인 경건은 찾아보기 어려워졌다. 결국 예배인지, 집회인지 구분이 되지 않는 교회 예배가 많아졌다.

광림교회 김선도 목사는 "예배드리는 자유와 축복"에 대해서 이렇게 말한다.

"인간이 동물과 다른 점이 세 가지가 있습니다. 부끄러워 할 줄 알고, 남을 긍휼히 여길 줄 알며, 절대자이신 하나님 앞에 예배할 줄 안다는 것입니다. 하나님을 믿고 예배하는 것이 인간의 가장 기본적인 자유입니다. '사람들은 소크라테스나 공자님이 나타날 때는 자리에서 벌떡 일어나 예를 표할 수는 있으나, 예수 그리스도가 나타나실 때는 모든 사람이 무릎을 꿇고 경배할 것이다.' 이 세상의 우리들에게 모든 죄와 허물과 인간의 타락에서부터 우리를 자유롭게 하셔서 하나님의 은총을 체험한 우리들은 하나님 앞에 나와서 예배드림으로 말미암아 구원을 받게 됩니다. 하나님 앞에 아름다운 예배의식을 가지고 예배를 드리고 우리가 하나님 앞에 충성을 다하고 헌신을 다하는 놀라운 아름다운 모습을 통하여 하나님 앞에 경배하는 우리 광림교회에 놀라운 축복을 주신 것을 알 수 있습니다. 우리 기독교는 하나님 앞에 예배하는 종교입니다."

'기독교=예배'라는 등식이 성립된다면 광림교회 목회가 예배를 얼마나 소중하게 여기는지 알 수 있다. 예배 입례부터 임사자의 퇴장까지 예배를 인도하시는 목사의 태도, 기도드리는 내용, 성경봉독, 찬양대의 찬양, 헌금봉헌과 광고까지 어느 것 하나 흐트러짐 없이 준비되어 최상의 예배를 드린다.

둘째로, 성경공부이다.

광림교회는 화요 트리니티 성경공부가 유명하다. 1984년, '프랭크 와튼' 박사가 직접 내한하여 강의함으로써 시작된 '트리니티 성경공부'를 김선도 목사는 광림교회의 성경공부로 정착시켰다. 사실 fact, 의미meaning, 적용Application으로 구분하여 가르치는 이 과정은 사실 부분에서는 성경내용 자체를 알고, 의미 부분에서는 이 말씀이 함축하고 있는 의미가 무엇인지를 찾아내고, 적용 부분에서는 이 말씀을 삶에 어떻게 적용할 것인가를 공부하는 것이다. 이 시기에 이미 한국 교회는 소그룹 성경공부가 활발히 진행되고 있었다. 목사는 이 교재를 중심으로 1,000명 내외의 다수를 대상으로 한 트리니티 과정을 소화했다. 매주 화요일 오전과 저녁이 되면 커다란 바인더를 가지고 대예배당을 꽉 메운 교인들이 열심히 받아쓰기도 하고 목사의 강의를 집중하며 듣는 모습은 장관을 이루었다. 목사의 목회 모든 분야가 그러했든 처음에는 다소 가볍게 시작이 되지만 갈수록 강의의 열기가 높아지고 참여하는 교우들의 호응도 뜨거워졌다. 이 공부가 1년 내내 진행이 되는 것도 중요하지만, 구약과 신약의 총론이 끝나면 각론으로 이어지면서 끝없이 성경공부가 지속된다는 것이 그 특징이다. 처음 교재를 접하는 사람들은 다소 어리둥절해 한다. 사실과 의미와 적용으로 구분된 교재 자체가 아주 단순하여 무엇을 어떻게 가르쳐야 할지 막연하기 때문이다. 그래서 이 성경공부를 가르치는 강사의 준비가 그 만큼 중요하고 강사의 역량과 노력에 따라서 공부는 무궁무진하게 발전될 수 있다. 광림교회는 이 성경공부를 통하여 모든 성도들의 믿음과 삶이 성경 위에 확고히 세워지게 되었다. 오늘날 교회가 어떤 교재로 어떤 방법으로 성경공부를 해야 하는지를 고심하는 교회와 목회자들이 적지 않지만 성경공부는 그야말로 성경 자체를 읽고 묵상하며 삶에 적용하는 것이라고 하는 기본에 충실한 것이 트리니티 성경공부의 장점이라고 생각한다. 세상은 하루가 다르게 변하고 새로운 것을 찾기에 목말라 있지만 기독교 신앙은 지난 2천 년 동안 변함없이 성경 그 위에 세워져 왔다. 모름지기 목회자는 성도들의 신앙과 교회를 성경 위에 견고하게 세워야 어떤 상황에서도 흔들리지 않고 천국까지 이를 수 있다는 예수님의 말씀이다.

"그러므로 누구든지 나의 이 말을 듣고 행하는 자는 그 집을 반석 위에 지은 지혜로운 사람 같으리니 비가 내리고 창수가 나고 바람이 불어 그 집에 부딪치되 무너지지 아니하나니 이는 주추를 반석 위에 놓은 까닭이요 나의 이 말을 듣고 행하지 아니하는 자는 그 집을 모래 위에 지은 어리석은 사람 같으리니 비가 내리고 창수가 나고 바람이 불어 그 집에 부딪치매 무너져 그 무너짐이 심하니라"

(마태복음 7:24 - 27)

셋째로, 뜨거운 기도이다.

1985년 광림교회 부목사로서 첫 번째로 두 달 동안 미국 해외 연수를 다녀온 적이 있다. 로스앤젤레스 남쪽에 위치한 풀러신학교에서 2주간 교회성장학 강의를 듣고 중요한 교회 현장을 방문하여 목회자들을 만났다. 그때 방문했던 두 교회에 대한 기억은 오늘까지 내 뇌리에 선명하게 각인되어 있다. 한 교회는 로버트 슐러 목사가 담임하는 '크리스탈 대성전'이고 다른 한 교회는 잭 헤이포드 목사가 섬기는 '처치 온 더 웨이Church on the Way'이다. 물론 두 교회 모두 당시 사람들에게 연구의 대상이 된 대단한 교회였다. 그런데 세월이 지나 지금은 첫 번째 교회는 소멸되었고, 두 번째 교회는 엄청난 교회로 성장해 큰 영향력을 미치고 있다. 결과를 두고 평가하는 것이 짜 맞추기처럼 보일 수도 있겠지만 그럼에도 이야기하고 싶은 것은 '처치 온 더 웨이'에서 보았던 강렬한 영적기도이다. 교회를 소개하는 목사들이 방문자였던 우리에게 통성 기도를 함께할 것을 제안했고, 우리는 그들과 함께 기도하였다. 그리고 오래된 구성전을 그대로 두고 있었는데, 그곳에서는 하루 종일 중보기도를 하는 교인들이 엎드려 있는 모습을 볼 수 있었다.

교회는 성도들의 뜨거운 기도만큼 부흥의 불길이 타오른다. 김선도 목사의 삶의 알파와 오메가는 기도라고 보아도 지나치지 않다. 특히 1988년부터 매년 성령 강림절을 기점으로 40일간 열리는 '호렙산 기도회'는 예배당을 가득 메워 새벽마다 기도하는 열정이 강철이라도 녹일듯하다. 해마다 '나라와 민족, 교회와 개인'을 위해 열리는 전 교인 총력 새벽기도운동은 모든 성도가 뜨거운 기도로 살아계신 하나님의 응답을 경험하는 역동적인 믿음의 산실이다. 이 기도의 영성은 5분의 기적을 창출한 소나무를 끌어안고 밤새 부르짖은 연장선상에서 시행되고, 유학 갈 비행기 표를 주시라고 공동묘지에서 찬 이슬을 맞으며 밤새 부르짖어 기도하던 목사의 기도하는 영성에서 나온 것으로 온 교회가 함께하고 있는 것이다.

5대 전통을 이어 가는 목회철학

생명이 있는 모든 것은 겨자씨처럼 자란다. 예수님이 가르친 천국의 비유들은 하나같이 작게 시작하여 성장하고 꽃을 피우고 많은 열매를 맺게 하신다는 내용이다. '천국'을 비유로 가르치신 마태복음 13장의 '씨 뿌리는 비유', '가라지의 비유', '겨자씨의 비유', '누룩의 비유'가 그것이다. 생명의 가치와 그 속성을 일깨우고 있다.

김선도 목사는 "겨자씨는 모든 씨앗들 가운데 가장 작은 씨앗이지만 모든 풀보다 더 커져서 나무가 된다. 그래서 공중에 나는 새들이 와서 그 가지에 깃들게 된다"는 마태복음 13장 32절의 말씀을 들며 이 생명의 신비를 광림교회 목회에서 입증해냈다. 대표적인 것이 목회철학을 실천해 가는 집념이다. 1984년 여름이었던 것으로 기억한다. 임원전지훈련으로 경주로 내려간 첫날 저녁 목사는 '광림의 전통'을 선포하셨다.

첫째, '적극적 신앙'이다.

생각이 바뀌면 세상이 바뀐다. 김선도 목사가 살아오신 한국 사회와 교회는 부정적인 생각을 숙명처럼 받아들이고 있었다. 더욱이 36년 동안의 일제 강점기에 한국의 역사를 부정적인 이미지로 왜곡하고 각인시킨 일본의 악한 의도에 매도된 영향도 없지 않다. 이런 상황에서 목사는 "태도가 사실보다 더 중요하다"는 칼 메닝거Karl Menninger의 가르침을 소중히 받아들이고 성도들을 가르쳤다. 내 형편과 처지를 하루아침에 바꿀 수는 없지만 그것을 어떤 시각으로 바라보고 어떻게 받아들이느냐에 따라 전혀 다르게 반응할 수 있다는 것을 깨우쳐 주었다.

그는 믿음을 '적극'으로 이해했다. 성경에서 말하는 믿음이란 하나님의 약속에 대한 신뢰이다. 보이지 않는 하나님의 약속을 눈에 보이도록 만드는 것이 믿음이다. 하나님의 약속이 성취되도록 하는 것, 약속을 내 것으로 사유화하는 것이 믿음이라는 것이다.

이 정신은 신학적으로는 감리교창시자인 존 웨슬리의 은총의 낙관주의를 표방한다. 내 앞에 놓은 그 어떤 사실보다 하나님의 은혜가 더 크다고 믿는 것이다. "내게 능력 주시는 자 안에서 내가 모든 것을 할 수 있느니라"(빌립보서 4:13) 이 말씀을 믿고 기도하며 상황을 타개해 나가는 신앙의 자세가 바로 '적극적 신앙'이다.

둘째, '풍요한 창조'이다.

6.25전쟁의 참극 속에서 경험했던 하나님의 살아계심과 기도의 응답은 하나님의 은혜 안에서의 '풍요'에 대한 믿음이다.

"도둑이 오는 것은 도둑질하고 죽이고 멸망시키려는 것뿐이요 내가 온 것은 양으로 생명을 얻게 하고 더 풍성히 얻게 하려는 것이라"

(요한복음 10:10)

"나의 삶의 여정은 무에서 유로, 점에서 선으로, 생존에서 사명으로, 소유의 행복에서 나눔의 행복으로, 더 크고 넓고 깊고 높은 풍요를 향해서 '살아라'의 생명이 '누리고 나누라'의 생명으로 확장되어 나아간 것이다. 인간을 하나님의 형상으로 만드시고 '살아라' 하시며 생명을 주신 후에 '풍요로움을 창조하라'고 명령하셨다."*

"여호와는 나의 목자시니 내게 부족함이 없으리로다 그가 나를 푸른 풀밭에 누이시며 쉴 만한 물 가로 인도하시는도다"

(시편 23:1 – 2)

이것은 하나님의 은총 안에 살아가는 양들의 행복이며 선한 목자 예수님이 인간에게 주신 구원의 은혜이기도 하다. 그러나 풍요

※ 김선도, 『5분의 기적』, p.288-292

로움은 믿음 안에서 저절로 주어지는 것이 아니라, 인간의 책임 있는 활동으로 '창의성'과 '창조성'에 따른 노력의 열매이다.

출애굽한 이스라엘에게 하나님이 약속하신 '젖과 꿀이 흐르는 땅' 가나안은 비워 둔 땅도 아니고 심기만 하면 땀 흘리지 않아도 백 배, 육십 배, 삼십 배를 거둘 수 있는 땅이 아니었다. 피 흘리는 전쟁으로 정복해야 하는 땅이었고 땀을 흘려 갈고 심고 가꾸는 노력을 통해서 만들어지는 땅이었다. 하나님은 심지 않은 데서 거두고 헤치지 않은 데서 모으시는 분이 아니라, 많이 심는 자는 많이 거두게 하시고 적게 심는 자에게는 적게 거두게 하신다. 사람을 당신의 형상으로 만드시고 복을 주시며 '자식을 많이 낳고 번성해 땅에 가득하고 땅을 정복하라. 바다의 물고기와 공중의 새와 땅위에 기는 모든 생물을 다스리라'(창세기 1:28) 말씀하셨다.

셋째, '성실한 생활'이다.
풍요한 창조를 가능하게 하는 삶의 수단이 성실한 생활이다. 풍요는 없는 것을 있는 것같이 불러내시는 '창의성'을 시작부터 끝까지, 하나부터 열까지 '성실성'으로 발전시켜 나갈 때 주어지는 하나님의 선물이다. 우리가 믿는 하나님의 품성 중에 하나가 '성실하심'

이다. 그리고 예수님은 지극히 작은 것에 대한 성실한 태도가 그 운명을 결정한다고 강조하셨다.

"이것을 내가 내 마음에 담아 두었으니 그것이 오히려 나의 소망이 되었사옴은 여호와의 인자와 긍휼이 무궁하시므로 우리가 진멸되지 아니함이니이다 이것들이 아침마다 새로우니 주의 성실하심이 크시도소이다"

(예레미야 애가 3:21 – 23)

"지극히 작은 것에 충성된 자는 큰 것에도 충성되고 지극히 작은 것에 불의한 자는 큰 것에도 불의하니라"

(누가복음 16:10)

"잘하였도다 착하고 충성된 종아 네가 적은 일에 충성하였으매 내가 많은 것을 네게 맡기리니 네 주인의 즐거움에 참여할지어다"

(마태복음 25:21)

사람을 보는 중요한 기준 중에 하나가 '성실성'이다. 함께 교회를 섬길 목회자를 청빙할 때도, 교회의 임원을 세울 때도 기준은 동일하다. 교회의 집회, 호렙산 새벽기도회, 트리니티 성서연구, 남녀선교회, 전도, 헌금생활에서의 성실한 참여와 헌신을 우선적으로 본다. 성실성의 바탕은 '일관성'과 '지속성'과 '근면성'이다. 김선도 목사의 삶의 철학이 이 세 가지 단어에 녹아 있다. 신앙도 삶도 목회도 그 어떤 것도 이벤트식 행사나 행정으로 이루어질 수가 없다. 사람들의 시선과 관심을 끌어 보려고 행하는 일회성의 일들은 결국 아무것도 이루어 낼 수 없다.

넷째, '사랑의 실천'이다.

요한1서 4장 8절의 "하나님은 사랑이시다"는 말씀 한 구절이 기독교의 본질을 담고 있다. '사랑은 동사'라는 말이 있다. 인간을 향한 하나님의 사랑은 육신으로 오셔서 십자가에 죽으신 예수 그리스도 안에 다 계시되었다. '사랑의 실천은 세상과 구별되는 교회의 본질이다.' 그럴듯한 말로 사람을 현혹시킬 수는 있을지 몰라도 사람과 세상을 변화시키지는 못한다. 감리교회의 창시자 존 웨슬리는 이 사랑의 실천이 그리스도인의 완전에 이르게 하는 길이라고 했다.* 김

---

* 김민석, 『웨슬리안 실천교리』, 샘솟는 기쁨, 2019, p.165

선도 목사는 사랑의 실천으로 선교하고 교회를 세우는 일에 기도와 재정을 쏟았다. 1980년대부터 우리나라에 100개 이상의 교회를 건축하고 청년들이 어려운 교회를 도와 여름성경학교를 지원하고 SALT프로그램으로 성장 가능한 미자립 교회를 지원하며 해외에 40개 이상의 교회를 세웠다. 이 외에도 독거노인, 가난한 이웃, 탈북이주민, 외국인 노동자, 소녀소년 가장, 장애인, 호스피스, 재난재해, 군부대 등 그리스도의 사랑이 필요한 곳은 어디든지 도움의 손길을 건네 왔으며 사회봉사관을 통해 적극적인 실천을 진행했다. 이 모든 것은 성육신되어 우리 가운데 오신 예수 그리스도의 구원역사를 본받아 아픔이 있는 곳으로 들어가는 성육신 목회를 실천하는 것이다.*

다섯째, '일치된 순종'이다.

교회의 머리가 되시는 예수 그리스도 안에서 모든 성도의 온전한 연합을 의미한다. 지금 우리의 시대는 개인화의 차원을 넘어 완전히 개별화되고 말았다. 공동체 혹은 공동체 의식이라는 말 자체가 낯선 시대가 되었다. 인간은 속성상 개인으로 존재할 수 없음에

---

* 김선도, 『5분의 기적』, p.300-304

도 불구하고 마치 홀로 모든 것을 해결하고 살아갈 수 있는 것처럼 착각하며 살아간다.

태초에 하나님이 천지를 창조하실 때 매일매일 지으신 창조의 결과를 보시며 '보시기에 심히 좋았더라'는 감탄사를 연발하셨다. "사람이 혼자 있는 것이 좋지 않으니 내가 그에게 알맞은 돕는 사람을 만들어 주겠다" 하시며 하와를 만드셨다. 그런 후에 "하나님께서 자신이 만드신 모든 것을 보시니 참 좋았습니다. 저녁이 되고 아침이 되니 여섯째 날이었습니다."(창세기 2:18, 1:31) 하시며 하나님과 아담과 하와, 이렇게 '우리'가 되었을 때 '심히 좋았다'며 탄성을 지르신 것이다.

본래 하나님의 본질적인 존재 방식이 '성부, 성자, 성령' 삼위일체다. 하나님께 구원받은 그리스도인의 모임을 교회라 부르고, 그 교회에 모인 사람들을 '성도聖徒'라 부르는 것은 그 단어 자체가 이미 공동체성을 전재하고 있는 것이다. 교회는 예수 그리스도의 피 값으로 세운 예수 그리스도의 교회이고 예수 그리스도가 머리 되시고 모든 성도가 그 몸 된 교회의 지체가 됨으로 하나이다. 김선도 목사는 1980년 강북 쌍림동에서 강남 신사동으로 광림교회를 옮겨 오는 과정에서 교회는 확실히 공동체라는 것을 온몸으로 체험했다. 그리고 이 하나의 몸 공동체 의식을 살려 나가기 위해 신년 금식성회, 임원전지훈련, 전교인 체육대회, 찬양대회 등을 진행했다. '일치된 순종'이라고 하면 자칫 지도자의 전횡이나 중앙 집중적인 목회 형태로 나타날 위험이 있다. 그러므로 먼저 지도자가 하나님의 뜻에 순종하는 모범을 보여야 하고 모든 일에 있어 철저한 자기 헌신과 이타적인 태도가 우선되어야 한다.

또한 지도자의 '축복권'과 '내리사랑'이 실현되는 리더십은 교회의 공동체 의식을 살리는 데 절대적인 조건이다. 여기에서 중요한 것은 목회자의 은밀한 골방기도와 더불어 강단 개인기도가 병행되어야 한다는 것이다. 목회자가 실제로 강단에 엎드려 성도들을 위해 간절히 기도하는 모습을 지속적으로 보일 때 성도는 교회를 신뢰하고 가르침을 따른다. 지도자는 목회철학, 비전과 방향을 공개적으로 선언하므로 성도들과 공감대를 형성하고 따를 수 있게 해야 한다.*

이 땅의 모든 교회는 나름의 목회철학이 있고 그것을 실천하기 위한 매년의 목회 방향이 선포된다. 그런데 그럴듯한 내용이 선포되지만 그것을 줄기차게 붙잡고 노력하며 발전시키고 그 열매를 거두는 교회는 찾아보기 쉽지 않다. 김선도 목사의 목회에서 놓쳐

＊ 김선도, 『5분의 기적』, p.304-311

서는 안 될 소중한 가치는 그 내용이 얼마나 탁월하냐보다 그것을 탁월함으로 만들어 가는 창의성과 식지 않는 열성으로 이끌어 가는 지속성이다. 욥기 8장 7절 말씀 "네 시작은 미약하였으나 네 나중은 심히 창대하리라"를 그대로 이루어 가는 목회이다.

교회의 성장과 보편적 교육

만들고 다듬고 세워 가는 교회

광림교회 5대 전통은 광림교회를 지금의 광림이 되게 한 목회 철학이다. 길을 가던 한 행인이 걸음을 멈추고 조각가가 대리석 앞에서 열심히 돌을 쪼아내고 다듬는 모습을 한참 바라보다가 입을 열었다. "선생님 지금 무엇을 조각하고 계십니까?" "아ㅡ네, 이 대리석 속에 숨어 있는 천사를 놓아 주려고요." 유명한 미켈란젤로의 일화다. 대리석 속에 천사가 숨어 있다는 말은 조각가의 마음에 이미 형상화된 천사가 있었다는 말이다. 목회 현장을 어떻게 만들어 가느냐, 섬기는 교회 성도들을 어떤 성품의 교인으로 만들어 가느냐

하는 것은 전적으로 목회자에게 달려 있다. 간혹 '교회가 이래서는 안 된다', '도대체 교인들이 어떻게 저 모양이냐'며 분통을 터트리는 목회자를 보게 된다. 그뿐만 아니라 '저 교회는 부흥이 되는데, 내가 섬기는 교회는 왜 부흥이 안 되느냐'며 못마땅해 하는 사람도 있다. 그런데 하나님은 세공된 다이아몬드 반지를 우리에게 주시기보다, 다이아몬드 원석을 주시며 기술껏 세공해서 사용하라 하신다. 이것이 우리의 삶이다.

김선도 목사의 목회에서 보게 되는 것은 탁월한 세공기술이다. 목사를 만나면 교회와 성도들뿐만 아니라, 자기 자신과 가족들, 동역자들까지, 더 나아가 그를 만난 모든 사람들이 기대 이상의 수준으로 다듬어진다.

광림교회는 1953년 10월 3일 35명의 교인들이 마련한 고야사라는 일본 절간 한쪽 40여 평 예배 장소에서 시작되었다. 김선도 목사는 9년 동안 공군 군목으로 군목회에 전념하다가 1971년 젊음과 열정 가득한 41세에 광림교회의 5대 담임목사로 부임하였다. 당시 150여 명의 교인이 예배에 출석했는데 교회 안에는 갈급한 마음으로 가정 제단을 쌓거나 용문산, 삼각산 등을 찾아다니며 은혜를 구걸하는 다섯 개의 그룹이 있었다. 목사는 '믿음을 바탕으로 한 희생적인 봉사와 영적 각성운동'을 강조하며 교회 부흥을 위해 전력투구하였다.

"1972년, 광림교회는 '일하는 교회'라는 표어를 내걸고 '적극적인 신앙생활, 희생적인 봉사생활, 뜨거운 친교생활'을 교인들의 생활지표로 삼고 목회계획을 수립해 나갔다. 뜨거운 기도와 현실에 대한 적극적인 도전이 교회사역에 반영되자 영적으로 침체된 과거의 모습을 벗어 버리고 새로운 비전과 미래상을 바라보며 활발히 움직이기 시작하였다. 1972년도 주일 예배 출석 목표를 350명, 저녁예배 150명, 새벽기도회 30명으로 세웠다. 그리고 교회예산의 10퍼센트를 선교비로 책정하여 군인교회 결연 및 선교지원에 적극적인 협조를 다짐하였고 교인들의 신앙교육을 강화하고, 속회를 6속에서 11속으로 개편하여 속회부흥과 활성화에 힘썼다. 1972년 11월 말에는 재정문제로 교회건물의 일부를 점포로 내주었던 비용 3백만 원을 지불하고 교회를 깨끗이 정리하였다. 추가해서 사찰주택 개축, 교회 양쪽 계단 복원, 담장공사, 조명시설, 정문, 화장실, 주보까지 새롭게 바꾸었다."*

※ 광림교회 역사편찬위원회, 『은총의 기념돌을 기억하라: 광림교회50년사』, p.125-128

이 기록은 광림교회 담임목사로 부임한 다음 해 목회의 면면을 설명한 것이지만, 이 속에 김선도 목사 목회의 모든 것이 함축되어 있다. 가장 먼저 교회의 '구원의 질서'를 바로잡아 모든 성도가 교회 중심의 신앙생활을 할 수 있도록 했다. 교인들이 각자의 영적 욕구를 충족하기 위해 교회 이외의 또 다른 각자의 채널을 가지고 신앙생활을 하고 있는 것을 교회라는 하나의 채널로 집중하게 한 것이다. 이것은 후에 만들어진 광림의 5대 전통에서 나타난 '일치된 순종'의 기반을 구축하는 대단히 중요한 목회적 역량이다. 그리고 교인들을 '적극적인 신앙생활', '적극적인 도전'으로 이끌었다. 광림의 5대 전통에 '적극적 신앙'이 있는 것은 어느 날 갑자기 스쳐 지나가는 생각에서 비롯된 것이 아니었다. 이미 광림목회의 초기 단계에서 강조되었던 목사의 영적 성품에서부터 시작된 것이다. 그다음에 눈에 들어오는 단어는 '목회계획'이다. 즉흥적이거나 주먹구구식 목회가 아닌 치밀한 계획을 세워서 목회를 했다는 뜻이다. 심지어 성장목표까지 분명하게 세워서 교회가 나아가야 할 목표와 방향을 확실하게 제시하고 교회 내외의 모든 환경까지 완전히 새로운 형태로 바꾸었다. 그 결과 영적으로 침체된 과거의 모습을 벗어 버리고 새로운 비전과 미래상을 바라보며 활발히 움직이기 시작하였다. 겨우 부임 1년 만에 교회가 이렇게 변화하고 있었다. 이런 목회가 광림교회에서 30년 계속되었다고 생각해 보라. 잘못된 것은 바로잡고, 부족한 것은 가르치며 목사가 솔선수범하여 헌신함으로 모든 성도가 교회 중심으로 믿음생활을 영위한 결과 세계 속에 우뚝 선 광림교회가 된 것이다.

특히 1974년 광림교회 목회는 새로운 변화를 도모했다. '천명 전도 운동'과 '교회 갱신 운동'이 동시에 일어난 것이다. '천 명 전도 운동'은 광림교회가 세계 제일의 감리교회로 부흥하고 성장하게 된 중요한 계기가 되었을 뿐만 아니라 사랑의 나눔을 펼칠 수 있는 기반을 마련함으로 광림의 역사상 가장 중요한 선교정책으로 손꼽힌다.[*] 매주 수요일 저녁 예배에 참석한 교인들은 목사의 사도행전 말씀을 듣고 둘씩 짝을 지어 30분씩 거리 전도에 나섰다. 70인 전도대는 교회 주변 사람들에게 복음을 전했다. 교회가 부흥하고 성장하면서 영동제일교회, 강남제일교회(현 임마누엘교회), 상계제일교회, 진주광림교회 등 여러 곳에 개척교회를 세웠다.

---

[*] 광림교회 역사편찬위원회, 『은총의 기념돌을 기억하라: 광림교회50년사』, p.130

1974년 김선도 목사를 통해서 진행된 또 하나의 운동이 '갱신 운동'이다. 그해 10월 열린 감리교회 총회의 목사 선출 과정에서 정치적으로 팽팽한 긴장감이 계속되는 가운데 교회보다 사람 중심의 움직이지 않는 현장을 견디지 못한 총회대표 40여 명이 선언문을 낭독하고 총회장을 이탈하여 갱신총회를 시작하고 목사는 교육국 총무의 직임을 맡아 교단 갱신 운동을 이끌었다. 매주 토요일 김선도 목사의 사택에서 40여 명의 목사들이 모여 1년여 동안 '하나님 말씀을 중심하는 교회, 복음 선교를 제1차적인 사명으로 삼는 교회, 민족과 사회와 그 역사의 방향에 빛을 던져 주는 교회'가 되기를 기도하였다. 4년 후인 1978년 10월 합동총회에서 완전통합이 이루어지기까지 광림교회는 갱신 운동의 중심적 역할을 감당하였다.

같은 해 김선도 목사는 세 분야에서 지도력의 큰 도전을 받았다. 교회건물 안에서 운영하고 있던 유치원을 폐쇄하고 부족한 교회학교 교육 장소로 전환하는 일과 새로운 부교역자 부임으로 인한 분열의 조짐과 장로 선택 문제로 인한 갈등으로 위기를 맞았으나 교인들이 이탈해 나가거나 분열됨이 없이 오히려 계속 부흥하고 성장할 수 있었다. 목사의 설득력 있는 교육으로 모든 교인들이 담임자를 중심으로 일치단결하여 새로운 도약의 발판을 만들었기 때문이다. 그야말로 위기가 곧 기회가 된 셈이다.

세상 어디라고 문제가 없겠으며 갈등이 없겠는가. 갈등이 생기는 것은 인간의 부족함 때문이다. 최선을 다해도 불완전한 인간에게는 항상 결함이 따른다. 그러나 갈등을 파괴의 씨앗이 아닌 공동체를 더욱 건강하게 세워 가는 기회로 만드는 것이 바로 탁월한 리더십이다.

교회성장의 발판이 된 설교와 교육

김선도 목사의 목회를 한마디로 말하라고 하면 '교육목회'이다. 이것은 예수 그리스도의 지상명령을 따른 것이다.

"예수께서 나아와 말씀하여 이르시되 하늘과 땅의 모든 권세를 내게 주셨으니 그러므로 너희는 가서 모든 민족을 제자로 삼아 아버지와 아들과 성령의 이름으로 세례를 베풀고 내가 너희에게 분부한 모든 것을 가르쳐 지키게 하라 볼지어다 내가 세상 끝날까지 너희와 항상 함께 있으리라 하시니라"

(마태복음 28:18 − 20)

인류구원을 위하여 친히 십자가에 못 박혀 죽으심으로 죄의 대가를 완벽하게 지불하심으로 '다 이루었다' 하신 예수 그리스도는 제자들에게 최후의 명령과 함께 놀라운 약속을 하셨다. '모든 민족을 가르쳐 지키게 함으로 제자 삼아라. 하늘과 땅의 모든 권세를 가진 내가 세상 끝날까지 항상 함께 있겠다.' 사명도 크지만 약속은 더 크다. 제자가 모든 사람을 가르쳐 지키게 하는 사명을 엄수하면 예수님은 반드시 함께하신다. 한편으로 생각하면 엄청난 부담이고, 다른 한편으로 생각하면 예수님처럼 일할 수 있는 위대한 기회이다. 교육목회는 예수님과 함께 가르치고 지키게 함으로 예수님의 제자를 만드는 사역이다.

영국 버밍엄대학교에서 '대중의 과학 참여'를 가르치는 교수이자 영국과학협회British Science Association협회장인 앨리스 로버츠가 『세상을 바꾼 길들임의 역사: 인류의 생존을 이끈 선택과 협력의 연대기』를 출판했다. 그 책에는 이러한 이야기가 담겨 있다.

"우리에게 친숙한, 놀라운 야생의 과거를 지닌 열 가지 종 —개, 밀, 소, 옥수수, 감자, 닭, 쌀, 말, 사과 그리고 우리 인류까지— 인류가 길들인 많은 종 가운데 열 개의 종을 골라 고고학, 언어학, 역사학, 유전학, 지질학을 넘나들며 '길들임'이라는 새로운 렌즈를 통해 야생의 씨앗과 들판의 동물이 인류에게 중요한 협력자가 되기까지의 경로를 연구하였다. 로버츠는 이 책에서 인류가 관용적이고 사회적인 동물이 되기 위해 '스스로를 길들였다'고 밝힌다. 즉 인간이 다른 종에 보다 용이하게 접근할 수 있게, 친밀하고 덜 공격적인 성향과 외모로 스스로를 진화시켰다는 것이다. 생존과 번성을 위해 먼저 스스로를 길들이는 전략을 택한 셈이다. 우리는 길들여지지 않은 야생을 가꿀 필요가 있다. 자연의 나머지 부분에서 우리를 분리할 수 있다는 생각으로는 앞으로 나아갈 수 없다. 그들과 함께 살아가는 방법을 배워야 한다. 그런 상호관계를 받아들이는 방법, 야생과 싸우는 대신 더불어 번성하는 방법을 배우는 것이야말로 이번 세기의 과제가 아닐까?"

이 이야기는 생물 인류학자이며 해부학자의 견해이긴 하지만, 우리가 살아가는 데 필요한 상당한 통찰력을 열어준다. 예수 그리스도께서 인간으로 이 땅에 오셨을 때 처음부터 하나님 나라를 위해 함께 헌신할 동역자는 한 사람도 없었다. 제자로 부르심을 받은 열두 명이 그 사실을 명백하게 보여 주었다. 동고동락한 3년이란 시간이 결코 짧지 않았으나 십자가를 지실 때에는 단 한 사람도 예수님의 곁에 남아 있지 않았다. '주를 위해서라면 제 목숨도 바치겠습니다.'(요한복음 13:37)라고 다짐했던 베드로도 제 갈 길로 가고 없었다. 그런데 놀랍지 않은가! 그들이 다 돌아왔고 목숨을 걸고 복음을 전함으로 이 땅에 오늘의 기독교가 세워졌으니 말이다. 어떻게 가능하였을까? '가르쳐 지키게 하는 교육'의 결과였다. 예수님의 제자들은 이 일을 위해 자신들의 생명을 다했다. 그럼으로 그들은 날마다 성전에서 또 집집마다 다니면서 예수께서 그리스도라고 가르치고 선포하기를 쉬지 않았다.(사도행전 5:42)

① 실천을 부르는 목회자의 설교

김선도 목사는 1983년 풀러신학대학원에서 '목회임상학과 교회성장에 관한 연구'라는 논문으로 목회학 박사학위를 취득했다. 학위를 받기 전에 이미 '교회성장 세미나'를 개최하여 초교파적으로 수많은 목회자들과 교회성장의 열정을 나누어 오고 있었다. 풀러에서 교회성장을 공부하면서 사회학적, 통계학적 근거를 가지고 과학적인 경영이론을 바탕으로 한 교회성장 이론이 가슴 뜨거운 목회에 적용하기에는 딱딱한 이론임을 간파했다. 목사가 목회자로 부름 받은 사건은 모세와 사도 바울이 그러했듯이 코페르니쿠스적 대전환이었다. 부름 받기 이전과 이후 사이에 현현하신 하나님과의 만남이 있었다. 이 만남은 일생의 목회에서 뜨거운 기도로 이어졌다. 이와 같이 교회와 성도를 사랑하는 뜨거운 가슴을 성장이론만으로 채워 줄 수는 없었다. 그래서 웨슬리신학대학원에서 배운 '치유'라는 목회상담과 임상에 대한 체험을 바탕으로 교육학과 설교학에 대한 치유적 관심을 더했다. 목사의 교육과 설교에는 '치유'와 '교회성장'이 통일화되어 있으며, 삶을 변화시키려는 교육적 요소가 충분하다는 것을 알 수 있다. 현대인들의 중심에 소속감과 안정감을 추구하는 욕구를 발견하고 불안을 넘어설 수 있는 설교를 통해서 사람들의 존재와 삶의 변화를 추구하였다.

그의 설교 제목 몇 개를 살펴본다. "잔이 넘치는 삶", "그리스도인의 확실성", "무궁한 힘을 개발하라", "위대한 능력의 보고를 열라", "억압된 감정을 해방시키라", "불안을 평안으로 바꾸라", "감정의 상처를 치료하라", "신성한 자존감을 잃지 말라.", "아버지 집으로 돌아오라", "우리는 어떻게 살아가야 하는가?", "성숙한 사람이 되는 길", "복의 근원이 되라", "사람 낚는 어부가 되라", "생명의 빛을 나누자". 김선도 목사의 설교는 명사형이 아니라 동사다. 움직이지 않는 거대하고 훌륭한 조각품이 아니라, 단순한 제안처럼 권고하는 정도를 훨씬 넘어서 명령처럼 선포하였다. 설교를 들은 사람들은 '아─, 목사의 설교가 참 좋다'가 아니라 '이제 내가 어떻게 살아야

＊ 김선도, 『5분의 기적』, p.238-243

하나?' 하는 생각을 갖도록 하며, 기도하며 실천에 옮기도록 한 것이다. 그야말로 가르쳐 지키게 하였다. 제자 삼는 목회를 하였다. 목사의 설교를 통해서 하나님의 생명의 말씀을 들은 성도들은 마치 에스겔이 본 골짜기에서 일어나는 '여호와의 큰 군대'와 같았다.

② 성서 교육은 성도의 양식

설교를 듣고 삶의 변화를 도모하려고 하는 성도들에게 성서 교육은 영양가 높고 맛있는 양식이 되었다. 1984년부터 미국의 프랭크 와튼 목사를 만남으로 그가 저술한 『트리니티 성서연구』를 번역하고 광림교회뿐만 아니라 교회성장 세미나에 도입했다. 교회성장학에 성서연구를 병행한다는 것 자체가 새로운 시도였다. 성경을 '사실', '의미', '적용'이라는 차원에서 독자적으로 종합해 저술한 책이다. 사실 이 책의 편집과 내용은 지극히 단순하여 총론개론 수준으로 보였다. 그러나 김선도 목사는 이 간단한 교재를 바탕으로 깊이 있는 연구와 노력을 더해서 놀라운 성경공부로 발전시키셨다. 성경 자체를 집중적으로 공부하는 동안 삶의 변화에 대한 강한 충동을 받은 성도들은 이 성서연구를 통해서 그 말씀대로 살 수 있는 영적 힘을 공급받은 것이다. 광림교회는 매주 화요일 오전과 저녁 흰색 바인더를 든 성도들이 본당을 꽉 메웠다. 낮에는 여성 교인 중심으로, 저녁에는 직장 생활을 하는 남성 중심으로 2013년도에는 6,000여 명이 등록하여 공부하였다.[*] 광림교회의 저력이 성서 교육 으로부터 나왔다고 해도 지나치지 않다.

③ 성도 간 협력을 위한 임원전지훈련

김선도 목사는 교회에서 웨슬리적인 평신도 훈련을 시작하였 다. 새롭게 선임된 임원뿐만 아니라 기존 임원들의 재교육을 임원 전지훈련이라는 이름으로 실시하였다. 평신도 지도자들에게 1년 의 목회 방침을 설명하고 지도자의 자질을 높이기 위한 집중훈련 이다. 경주도쿄호텔, 뉴설악호텔, 낙산비치호텔, 온양관광호텔, 부 곡관광호텔 백운수양관, 광림수도원에서 2박3일 동안 담임목사가 직접 인도하셨다. '임원의 책임과 사명, 속회의 활성화 방안, 예배의 본질, 리더십과 지도자론, 전도와 선교의 방향성, 기도훈련, 현대신 학동향, 기독교 동향' 등 신학적이고 전문적인 주제들도 함께 다루 었다.[**] 주일 강단 설교가 삶의 변화를 촉구하는 강력한 불쏘시개라 고 하면, 성서연구는 그 불길을 계속 이어 가도록 공급하는 나무와

---

[*] 김선도,『5분의 기적』, p.263-264
[**] 김선도,『5분의 기적』, p.162

같았다. 임원전지훈련은 그 불길들을 한곳으로 모아 일을 성취하게 하는 힘이라 할 수 있다. 불의 에너지는 무엇이든지 태울 수 있지만 그 불길이 한곳으로 모아지면 목적하는 바를 이룰 수 있다. 임원전지훈련은 임원들 각자가 광림교회라고 하는 거룩한 공동체에 확실한 소속감을 갖게 하는 것과 동시에 임원 상호 간에 교제를 통하여 교회가 한 목표를 향하여 힘차게 달려가게 하는 기회가 되게 하였다. 어떻게 생각하면 오늘날 같이 바쁜 사회에서 교회를 위해 시간을 내기가 쉽지 않을 것만 같은데 광림교회 임원전지훈련은 참여하는 모든 사람들로 하여금 임원의 긍지와 자부심을 갖게 하는 계기가 되었다. 교육은 사람을 길들이고, 동시에 함께하는 동안 서로가 서로에게 길들여지게 하는 채널이다. 교회 공동체의 각 지체들이 서로에 대한 이해도가 높아지고 친밀해져서 동질감을 갖게 되면 서로 편안하게 협력하며 즐겁게 동행할 수 있게 된다. 교회 안에서 담임목사와 부교역자, 목회자와 평신도 사이에 이런 평안함이 있을 때 사람들은 그 교회를 은혜롭다고 한다. 그렇다. 예수 그리스도를 믿음으로 하나님의 자녀가 되고 십자가의 대속의 은혜로 죄 사함을 받고 성령의 충만함으로 예수님의 몸 된 교회를 섬기는 사람들은 다 하나님(예수님)의 양이다.(시편 23:1-6, 요한복음 10:1-11, 요한복음 21:15-17) 양은 본래 싸울 무기가 전혀 없다. 그런데 어느 한

쪽이 양이 아니라 이리나 사자로 보이는 순간 양이 아닌 다른 탈을 쓰고 싸우려고 달려든다. 교회에서 싸움이 일어나고 상처투성이가 되어 깨지고 나누어지는 일이 발생하는 것은 그런 이유 때문이다. 그런데 목회자의 리더십이 제대로 발휘되면 교회는 작은 천국이 된다. 담임목사의 교육이 모든 양들을 양의 본성으로 돌아오게 할 수 있다. 설령 이리처럼 탈을 쓰고 나올지라도 그를 끝까지 양으로 인정하고 선한 목자이신 예수님의 성품과 사랑으로 생명의 말씀을 잘 요리해서 맛있는 양식을 공급하며 자상하게 돌봐주면 배가 부른 양들은 목자 곁에 와서 몸을 부비며 젖을 짜 달라고 할 것이다.

④ 민방위 교육장이 된 교회당

신사동에 교회 건축을 하고 난 후 강남구청장으로부터 민방위 대원을 교육하는 장소로 교회 시설을 사용하고 싶다는 요청을 받았을 때다. "나는 강남구청에 한 가지 요구조건을 내걸었다. 그것은 바로 나를 민방위 교육 강사로 채용해 달라는 것이었다."[*] 1981년부터 시작된 이 교육에는 매달 정기적으로 3,000여 명의 젊은이들이 찾아왔다. "여러분, 여러분 안에는 아직 쓰지 않고 남아 있는 무한한

---

[*] 김선도, 『5분의 기적』, p.254

가능성이 살아 있습니다. 실패라는 사실이 중요한 것이 아닙니다. 중요한 것은 태도입니다. 절망하지 않는 태도, 다시 한 번 용기를 내고 일어서고자 하는 태도가 중요한 것입니다. 여러분 안에 있는 용기를 내고자 한다면 여러분 안에 있는 그 무한한 가능성이 일어날 것입니다."* 이 민방위 교육이 광림교회의 폭발적인 성장을 이루어 낸 핵심이 되었다. 교육을 받은 젊은이들 중에 800명이 가족들을 데리고 교회에 나왔고, 그해 1,600명의 새 신자가 등록하는 기적이 일어났다. 민방위 교육을 통한 전도는 1980년 중반까지 성장을 이끈 견인차가 되었다. 1983년 이후 교회가 조직화되면서 1986년까지 실제로 배 이상의 성장을 가져왔다.

---

* 김선도, 『5분의 기적』, p.256

교회의 지도자로서 목회자의 태도

비전을 갖고 나누고 펼치는 목회

예수 그리스도는 '인류구원과 하나님 나라의 완성'이라는 사명을 받아 겨자씨처럼 지극히 작고 아무 힘이 없는 아기로 베들레헴 시골마을 무명의 처녀 마리아와 정혼한 요셉의 가정에 태어났다. 이 하나님의 비밀을 미리 알게 된 사탄은 예수를 죽이려고 안간힘을 썼다. 당시 최고 권력자 헤롯왕에게 크고 날카로운 칼을 들려주어서 베들레헴 주변 두 살 미만의 어린이를 모두 죽이게 했다. 그 칼을 피해 멀고 먼 이집트로 피신하였다가 나사렛으로 돌아온 예수 그리스도는 30년 동안 가난한 집안의 생계를 책임지는 목수로 숨

죽이고 살아야 했다. 그리고 어느 날 요단강에 나가 세례 요한에게 세례를 받는 중에 메시아이심이 선포되셨다.

> "하늘로부터 소리가 있어 말씀하시되 이는 내 사랑하는 아들 이요 내 기뻐하는 자라 하시니라"
>
> (마태복음 3:17)

그러나 이내 성령께서 예수 그리스도를 광야로 이끌어 가셔서 40일 동안 밤낮을 금식하셨다. 사탄은 또다시 시험했다. 돌로 떡을 만드는 능력을 보여 보라고 했고, 성전 꼭대기에서 뛰어내리는 위험한 행동을 통해 메시아임을 보여 보라고 했다. 그리고 천하만국의 영광을 보여 주며 내게 절만 하면 이 모든 것을 주겠다고 현혹했다. 어쩌면 이 유혹은 헤롯의 칼보다 훨씬 더 무섭고 위험한 시험이었다. 살해의 위협은 피하기만 하면 살 수 있지만 광야의 시험은 스스로 판단하고 선택해야 했기 때문이다. 예수 그리스도는 모든 유혹을 오직 하나님을 믿는 믿음으로 잘 이겨냈다.

그러나 시험은 여기서 끝이 아니었다. 마지막 시험은 골고다에서 겪어야 했다. 예수 그리스도는 십자가를 지기 위해서 왔다는 사실을 이미 잘 알고 있었고 그 사실을 몇 차례 제자들에게 밝히셨다.

그러나 막상 눈앞에 그 순간이 다가왔을 때 그 시험은 어느 시험보다 강렬했다. 하나님 아들로서 엄청난 힘을 소유했고 발휘할 수 있었음에도 불구하고 칼을 쓰지 아니하고 십자가를 진다는 것이 얼마나 어려운지를 온몸으로 겪어야 했다. 십자가에 달려 '다 이루었다'고 선포하고 운명하실 때까지 시험은 끝까지 인내에 인내를 거듭해야 했었다.

"회개하라. 천국이 가까이 왔다." 예수 그리스도의 메시아 사역은 이 비전선포와 함께 시작되었다. 예수 그리스도의 부르심을 받은 제자들은 이 '천국' 비전이 예수님이 보여 주시는 능력이라면 넉넉히 이루어지리라 확신했기 때문에 기꺼이 따랐다. 어쩌면 제자 가룟 유다는 십자가를 지시기 전날 밤 최후의 만찬에서 이 꿈이 산산조각 나고 있다는 사실을 확인하고 은 30냥이라도 챙기고 싶었는지 모른다. 그런 배반과 십자가에서의 죽음을 통하여 예수님은 비로소 성소의 휘장이 위에서부터 아래로 찢어져 둘이 되어 하나님의 임재가 있는 지성소로 나아가는 길을 활짝 여셨다. 예수 그리스도의 십자가는 새로운 살길이었다.(요한복음 14:6, 마태복음 27:51, 히브리서 10:19-20) 그리고 승천하신 후 보혜사 성령을 보내셔서 그를 따르는 모든 제자들이 예수 그리스도의 천국비전을 완성하도록 오늘까지 함께 일하시는 것이다.(마태복음 28:20)

비전은 보고 품기만 하면 시간이 지나가면서 저절로 이루어지는 것이 아니다. 많은 사람들이 비전을 보고 비전을 품는다. 그리고 비전을 말한다. 그러나 그 비전을 이루어 내는 사람은 드물다.

"하나님이 말씀하시기를 말세에 내가 내 영을 모든 육체에 부어 주리니 너희의 자녀들은 예언할 것이요 너희의 젊은이들은 환상을 보고 너희의 늙은이들은 꿈을 꾸리라"

(사도행전 2:17)

성령 강림으로 이 비전을 꿈꾸고, 눈으로 보고, 사람들에게 담대히 선포한 사람들이 어떻게 살았는지를 사도행전에서 분명하게 볼 수 있다. 예루살렘에서 집에서나 성전에서나 그들이 있는 어느 곳에서나 '예수는 그리스도다'라고 가르치고 전도하던 사람들이 스데반의 순교에 이어 예루살렘의 대 박해가 진행되자 유대와 사마리아로 뿔뿔이 흩어졌다. 박해는 계속되었다. 그런데 놀라운 사실은 뿔뿔이 흩어진 사람들은 가는 곳마다 복음의 말씀을 전했다.(사도행전 8:4) 예수 그리스도의 십자가의 피 값으로 사신 예수님의 교회(사도행전 20:28)는 처음부터 오늘까지 순교자들의 피 위에 세워졌고 또 세워지고 있다.

김선도 목사의 목회 비전은 1971년 광림교회 제5대 담임목사로 부임하여 1974년까지의 목회에서 이미 보였고, 선포되었고, 실현되었다. 특히 김선도 목회의 비전은 1978년 강남구 신사동에 1,700평의 새 성전 터를 마련함으로 시작되었다. 1973년 쌍림동의 330평에 세워진 280평의 구 성전을 봉헌하면서, '2,000평 대지에 1,000평의 예배당을 신축한다'는 새로운 비전을 선포하였다. 그러나 교회 주변의 땅 확보가 어려워 1977년 11월, 강남 영동 지역에 새 땅을 찾기로 결의하고 다음해 1월 현재의 땅 매입을 완료하였다. 강남의 새 성전건축은 '선교와 영혼구원'의 비전을 이루기 위함이었으나 성취의 과정에서 겪어야 했던 난관들은 산 넘어 산이었다. 1978년 4월 18일 기공예배를 드리고 1979년 12월 16일 봉헌예배를 드리기까지 1년 8개월 간 공사가 진행되는 동안에 겪었던 어려움들은 오늘에 와서는 하나의 신앙고백이 되었다. 2,400평의 예배당을 건축하기 위해 550평의 지하실을 파고 건축허가를 받는 일부터 72미터 높이의 종탑건립, 수시로 다가오는 건축비의 상환, 교회 주변의 빈정거림과 지역사회의 비난 등 어느 하나도 그냥 넘어가는 일이 없었다. 그때마다 할 수 있었던 일은 오직 기도뿐이었다.

"철야기도, 다시 철야기도를 했다. (…) 기도밖에는 할 것이 없어, 20일 금식기도, 또 20일 금식기도를 했다. (…) 1982년 11월 28일

주일 오후 3시에 드디어 대지 2천 평에 4,300명을 수용할 수 있는 본당과 희망의 탑이 일만 여명의 성도가 모인 가운데 하나님 앞에 드려졌다. 기도와 수고의 열매, 땀과 피의 열매를 거두는 광림교회 성도들에게는 기쁨과 감격이 충만하였다."[*] 그리고 1983년 11월 5일 창립 30주년 기념예배에 10,000명이 모여서 예배드림으로써 홍해를 건너 가나안 땅에 들어가는 것과 같은 놀라운 기적을 이루게 되었다.

동등하게 함께 일하는 목회

처음 예루살렘 교회가 일취월장으로 성장에 성장을 거듭하는 중에 최초로 교회 공동체 안에 갈등이 표출되었다. 교인 수는 기하급수적으로 늘어나는데 사역자들은 사도들로만 한정되어 있었다. 이들이 기도하고 말씀을 전하고 교회 공동체 안에 구제하는 일까지 도맡아 하기에는 한계가 있었다. 바로 이때 사도들의 결정은 탁

---

[*] 광림교회 역사편찬위원회, 『은총의 기념돌을 기억하라: 광림교회50년사』, p.142-156

월했다. 교회 안에서 불평불만의 근원이 되는 그리스파 과부들을 효과적으로 도울 수 있도록 하기 위하여 그리스파 사람들 중에 일곱 명의 지도자들을 세워 그들을 섬기도록 했다. 사도들은 기도하고 말씀을 가르치는 일에 온 힘을 기울였다.

"하나님의 말씀이 점점 왕성하여 예루살렘에 있는 제자의 수가 더 심히 많아지고 허다한 제사장의 무리도 이 도(믿음)에 복종하니라"

(사도행전 6:7)

"두 사람이 한 사람보다 나음은 그들이 수고함으로 좋은 상을 얻을 것임이라 … 한 사람이면 패하겠거니와 두 사람이면 맞설 수 있나니 세 겹 줄은 쉽게 끊어지지 아니하느니라"

(전도서 4:9,12)

하나님의 나라는 탁월한 능력자가 혼자서 여러 역할을 능수능란하게 해내는 원맨쇼로 이루어 낼 수 없다. 김선도 목사에게 가장 탁월한 동역자는 박관순 사모다. 박관순 사모는 서울대학교 간호학과를 졸업하고 서울대학병원에서 근무하다 목사와 결혼하여 가정을 돌보고 교회를 섬기는 일에 목사의 기가 막히는 명콤비가 되었다. 우선 박관순 사모는 목사의 수제자로서 믿음생활에 모든 교인들에게 본을 보이셨다. 트리니티 성서연구 시간에 성경구절 암송이라든지 새벽기도, 예배드리는 일까지 모든 교역자들과 성도들의 모범이 되셨다. 그리고 환자들을 돌보는 심정으로 교인들의 상황을 자상하게 살피셨다. 주일 예배 안내를 하실 때는 '족집게'라는 별명을 가질 정도였다. 교회에 등록하지 않은 사람이 교회에 들어오면 틀림없이 알아차리고 그 분주한 가운데 한두 마디 질문하신다. "어디에 사시죠?" 다가가서 전화번호를 물으셨다. 그러면 귀찮은 듯 대충 전화번호를 말하면 정확하게 기억하셔서 월요일에 어김없이 심방을 하셨다. 박관순 사모는 전화번호뿐만 아니라 사람 이름까지 기억하였다. 매해 연말이 되면 모든 교역자들이 목회계획 세미나에 함께해서 새해 임원선출을 한다. 선교구 목사와 교구를 담당하는 부목사가 추천서를 올리면 교인의 사정을 담당교역자보다 훨씬 정확하게 파악하고 계신다. 심지어 담당교역자가 박관순 사모에게 물을 정도이다. 목사의 목회는 물리적으로 시간이 부족하다. 박관순 사모는 이런 부분을 거의 완벽하게 보완하셨다.

김선도 목사는 부교역자들에게 사역을 위임하시면 모든 재량을 마음껏 발휘할 수 있도록 허락하신다. 그러나 매주 화요일 정기회의 때가 되면 빈틈없이 목회활동을 점검하신다. 나는 이때 보고서를 작성하는 이유를 깨달았다. 보고서는 보고자의 정직을 담보한다는 사실이다. 교회 규모가 커지면서 사역의 사각지대가 생기면 목회에 치명적 결함이 생길 수 있다. 김선도 목사는 동역자들을 신뢰함과 함께 철저하게 관리하심으로 그 빈틈을 메꾸어 나갔다. 지금 내가 섬기는 종교교회는 부목사 일곱 분과 여러 명의 전도사님이 동역을 한다. 나 역시 부교역자들에게 사역을 위임하면 신뢰하며 사역의 방향을 제시하는 일을 소홀히 하지 않고 사역의 내용을 철저히 챙긴다. 한번은 주일 예배 시간에 부목사가 예배에 10분 늦게 도착하는 것이 눈에 띄었다. 그런데 그다음 주일에 또 10분 늦게 들어오는 것이다. 그래서 그다음 주간회의 때 그 목사의 보고서를 자세히 살펴보니 두 주일 모두 제 시간에 참석한 것으로 기록한 것을 확인하고 엄하게 꾸짖고 바로잡은 적이 있다. 사역에 있어 신뢰성에 균열이 가면 맡길 수가 없다. 광림교회에서 5년 4개월 부목사로 섬기면서 위로는 하나님의 시선과 아래로는 담임목사의 시선을 의식하면서 성실하게 일하려고 노력했다.

삶의 본보기가 되는 목사의 행동

김선도 목사는 삶의 태도가 얼마나 중요한지를 깨우치고 본인
의 행동으로 본을 보이신다.

> "문지기는 그를 위하여 문을 열고 양은 그의 음성을 듣나니
> 그가 자기 양의 이름을 각각 불러 인도하여 내느니라 자기 양
> 을 다 내놓은 후에 앞서 가면 양들이 그의 음성을 아는 고로
> 따라오되"
>
> (요한복음 10:3 - 4)

'목자가 앞서가면 양들은 따라간다.' 너무나도 당연하고 중요하
지만 적지 않은 지도자들이 말만 그럴듯하게 하고 자기는 그렇게
살지 않으니 따르는 자가 적은 것을 볼 수 있다. 칼 메닝거는 '태도가
사실보다 더욱 중요하다'고 말했다. 1976년, 김선도 목사를 대학 강
의실에서 처음 만난 날부터 오늘까지 그분의 태도는 달라진 것이
없다. 지금은 연세가 드셔서 체격이 줄어들고 기운은 다소 빠지셨
지만 태도만은 여전하시다. 5년 4개월 동안 가까이에서 뵈면서 나

자신도 따라해 보고자 노력한 몇 가지 태도가 있다.

첫째로, 의자에 앉을 때는 다리를 포개 앉지 않는다. 두 무릎이 서로 맞닿게 가지런히 놓이도록 앉는다. 상대방이나 회중에게 겸손하고 정직한 모습을 드러내는 자세다.

둘째로, 의자에 앉을 때는 엉덩이를 의자 등받이에 밀착시켜 허리를 곧추세워 앉는다. 앉아 있는 모습이 항상 흐트러짐이 없고 시선은 앞으로 직시하여 흐트러짐이 없다.

셋째로, 길을 걸을 때나 사람을 만날 때 손을 바지 주머니에 넣지 않는다. 두 손을 어떻게 두느냐에 따라 사람들에게 비치는 이미지가 확연하게 차이가 난다.

넷째로, 길을 걸을 때는 어깨를 펴고 시선은 앞으로 두고 씩씩하게 걷는다. 좌우를 두리번거리거나 아래로 시선을 깔지 않는다. 주일 예배에 주보를 나누어주며 봉사하시는 육군 고위 장성 출신의 권사가 나를 보고 "목사님은 군에서 일생을 보낸 저보다 자세가 더 똑바르십니다. 등이 조금도 굽지 않으셔서 참 좋습니다." 라는 말씀을 하셨다. 김선도 목사에게 본받은 태도이다.

다섯째, 옷매무새와 몸가짐을 항상 단정하게 한다. 공군 군목으로 9년을 사역하셨고, 공군사관학교 군종실장(소령)으로 예편하신 목사답게 항상 빈틈이 없다. 머리카락 한 올도 흐트러지지 않고, 구두도 몸과 옷의 단정함처럼 단정하다.

여섯째, 성경 찬송을 항상 소지하고, 찬송가는 마지막 절까지 다 부르고 힘 있게 부른다. 예배 중에 부르는 목사의 찬송가는 군가軍歌 같다는 생각을 할 때도 있다. 예배시간이 초과되더라도 찬송가를 1절부터 끝까지 다 부른다.

일곱째, 손에서 책을 놓지 않는다. 광림교회에서 함께 목회한 5년 4개월 동안 가까이에서 목격한 김선도 목사는 차에서나 사무실에서나 손에서 책을 놓으신 적이 없었다.

여덟째, 원고 준비를 성실하게 한다. 설교 원고 내용은 차치하고 원고 작성으로만 보아도 토시 하나 빠짐없이 철저히 준비한다. 성실하게 준비하는 것은 상대방을 존중하는 태도다. 덕분에 정리해 놓은 설교 원고로 지금 당장이라도 50-60권의 책을 낼 수 있을 정도가 되었다.

'한 번 해병은 영원한 해병'이라는 말이 있다. 김선도 목사는 나의 영원한 '목회임상학' 교수님이시다.

김선도 목사의 젊은 시절. 그는 1971년부터 대학에서 목회학을 강의했다.
1976년에 신학도였던 최이우 목사는 강의실 교단에 선 김선도 목사를 처음 만났다.

광림교회의 예배 풍경. 생동감이 넘치면서도 경건한 예배는
광림교회의 성장에 토대가 되어 주었다.

광림교회는 1988년부터 매년 성령 강림절을 기점으로
40일간 호렙산 기도회를 열고 있다.

광림교회 쌍림동 시절 사진. 광림교회는 1953년 10월 3일 35명의 교인들이
마련한 고야사라는 일본 절간 한편에서 시작되었다.

1978년 광림교회 새 성전 건축 기공식 기념사진.
광림교회는 강남구 신사동으로 이전한 후 세계적 교회로 성장했다.

3장

영성의 목회자,
김선도 감독

리처드 포스터

리처드 포스터

미국 아주사퍼시픽대학교 및 미시건 스프링아버대학교 영성신학 교수. 영성
수련법 레노바레(RENOVARE)를 설립했으며, 『영적 훈련과 성장』, 『신앙 고
전 52선』 등의 저서가 있다.

평생 잊을 수 없는 카이로스가 광림수도원에서 있었다. 당시 기도공원을 산책하고 묵상하며 만났던 김선도 목사와의 대화는 영성을 새로운 차원에서 생각하도록 이끌어 주었다. 하나님과 끊임없는 친밀한 교제에 있던 그는, 심오한 영성의 빛을 보여 주었고 자연스럽게 나는 김선도 목사에게 기도를 청하게 되었다. 그분의 기도는 무엇과도 바꾸거나 비교할 수 없는 영성의 값진 보물이 되었다.

영성이라는 주제를 가지고 서양과 동양을 넘나들면서 연구하고 생활해 온 나의 시간들도 반세기를 넘어섰다. 수많은 목회자들과 다른 종교의 사람들도 만났고 나름대로 가지고 있는 영성의 지평과 깊이, 포용력까지도 보게 되었다. 그리고 나는 지금 이 시대에 영성의 깊고도 높은 산맥을 이룬 한 사람, '김선도'를 영성의 대표적인 인물로 소개하지 않을 수가 없다. 마치 대제사장의 흉패에 붙여진 열두 보석처럼, 그의 영성은 하나님의 말씀과 진리를 선포하고 드러내는 빛이 되고 있다. 그 열두 보석을 캐내는 심정을 가지고 내가 포착한 김선도 목사의 인생과 영성을 세계 기독교인들과 나누고자 한다. 진실로 바라기는, 김선도 목사를 연구하며 포착한 아래의 단편들이 향후 기독교 영성을 연구하고 확장하는 데 더없이 소중한 영성의 보물창고가 되길 기도한다.

인생과 영성

영성의 연대기가 된 김선도의 인생

김선도 목사의 인생은 다양한 전환점을 가지고 있다. 이 전환점은 일종의 터닝 포인트로 볼 수도 있지만, 그의 영성이 심화되고 확장되는 영적 성장의 단계로 반드시 살피고 연구되어야 할 대목이다. 그는 일본 식민 지배하에서 강제로 일본어를 쓸 수밖에 없었지만, 한글로 성경을 읽고 한글로 하나님께 기도했다. 북한군의 군복을 벗고 남한군의 군복을 입었을 때 그는 북한 사람에서 한국 사람으로 신분이 바뀌었다. 그를 둘러싼 이데올로기적 상황도 전환되었다. 의사 가운을 벗고 목사 가운을 입었을 때 그의 직업이 바뀌었고 인성은 영성의 차원으로 탈바꿈했다. 가족을 잃고 수년간 이산가족으로 지낼 때 교회를 중심으로 살면서 혈육의 가족만이 아니라 수많은 지역의 사람들을 가족처럼 섬기고 가르치고 치료했다. 공군 군목의 제복을 벗고 광림교회 담임목사가 되면서 민족의 목사에서 열방의 목사로 목회 지평이 전환되었다. 그는 다양하게 다가오는 인생의 계기들을 우연의 산물로 지나치지 않고 하나님께서 주시는 특정한 사건들로 파악하고 끊임없이 그의 인생의 연대기를 영성의 연대기로 심화하며 확장해 나갔다.

영성의 발달단계는 어느 누구도 의도의 산물로 만들어낼 수 없다. 하나님께 더욱 가까이 다가서려는 피나는 믿음의 열정과, 하나님과 맺은 약속을 지키려는 의리를 마지막 순간까지 관철시키는 불굴의 의지와, 삶의 모든 순간을 최후의 순간으로 직면하는 종말론적 인생의 자세와, 이 세상을 하나님 나라의 지경으로 끌어올리려는 목회적 관점과, 언제 어느 순간이든 하나님 앞에서 번제물로 바쳐지고자 스스로의 몸과 마음과 영혼을 겸손하고 순전하게 지켜 나간 기도의 모습은 밀도 높은 영성의 순도를 형성시킨 요소다.

하나님은 그런 그의 삶을 기뻐하시고 필연의 선물로 영성의 씨앗을 풍요롭게 심어주셨다. 영적인 통찰력은 이성과 감성의 영역을 폭넓게 감싸고 있는 영성의 뿌리에서 자라고 열매 맺는다. 그의 삶은 한 개인의 인생의 수준에서 하나님을 향한 일생의 차원으로 모든 순간 깊고 넓고 높아지고 있다.

하나님을 향한 영성의 모델

김선도 목사의 영성은 개인의 생활영역과 목회영역을 훨씬 뛰어넘는 역사의 범주와 맥락을 타고 형성되었고 여전히 확장되는 과정에 있다. 개인의 역사가 민족의 역사와 세계의 역사와 함께 흘러가는 경우는 흔치 않다. 민족의 역사와 세계의 역사가 흘러가는 극적인 전개와 변화의 흐름에 따라 개인의 역사도 영향을 받으며 파란만장하게 변하게 마련이지만, 그의 영성은 영향을 받는 수동적 개인의 역사성이 아니라 적극적으로 역사의 전개와 변화와 흐름에 영향력을 끼치고 개입해 온 적극적이고 세계적인 영성이다.

그는 한 집안의 가장에서 출발해 세계적인 영적 일가一家를 형성했다. 수천수만 명의 목회자들이 그의 설교와 목회에서 직접적인 영향을 받았다. 그는 한 사람이 세속에서 출발해 영성으로 진입하는 과정이 어떠한 단계를 거치는지 직접적으로 보여 주었다. 위축되었던 한국형 감리교를 세계 최대 최고의 감리교회로 거듭 탄생시켰다. 한국 교회사를 세계 교회사로 끌어올린 여러 목사들 중 가장 중요한 한 사람이다. 존 웨슬리가 설교한 단상에서 동양인 최초로 설교한 첫 목회자이자 아프리카 짐바브웨, 터키 안디옥, 에스토니아 발틱, 일본 나고야 고마가네, 러시아 모스크바 등지에 단순한 숫자의 나열로 헤아리기 힘든 선교센터를 설립했고, 여전히 선교의 새 역사를 기록하고 있다. 국제월드비전과 적십자사 등 사회복지 계열에서의 희생적 역할과, 세계감리교협의회를 비롯한 영국과 미국과 러시아 그리고 유럽에 끼친 종교 계열에서의 영적 지도력, 한국과 세계 유수의 명문대학에 미치고 있는 교육 계열에서의 아낌없는 투자, 과거 고르바초프를 비롯해 세계 각국의 대통령과 지도자들에게 전한 십자가 복음과 기도의 파워풀한 메시지는 세계 역사를 이끄는 지도자들에게 범세계적이고 범종교적이며 범사회적이고 범역사적인 영향력이자 영성과 지도력의 모델이 되고 있는 것이다.

그의 리더십과 영성과 인간형은 '말씀의 진리를 선포하는 구도자, 구원의 길을 걸어가는 순례자, 양떼들을 이끄는 제사장, 세계 전역을 누비는 선교사, 매일 새벽이면 하나님께 부르짖는 기도자' 등 다양한 형태로 제시될 수 있다.

김선도 연대기

그의 인생 스무 장면

김선도 목사의 인생과 김선도 목사의 영성. 이 두 차원의 프레임에서 검토할 수 있는 그의 연대기 속 주요 자료를 스무 개의 장면을 통해 보고자 한다.

① 현존하는 세계적 목회자

김선도는 미국 부활의 교회 스테인드글라스에 새겨진 세계적인 기독교 지도자 중 유일하게 현존하는 가장 고령의 목회자다. 미국 부활의 교회에서 2017년 하나님께 봉헌한 스테인드글라스에는 성경의 인물에서 20세기까지 이르는 세계 기독교 역사의 가장 중요한 인물들을 선별해 새겨 놓았는데, 제작 봉헌 당시 김선도 목사와 빌리 그레이엄 목사가 현존해 있었지만 2018년 빌리 그레이엄 목사가 소천한 후 김선도 목사만이 가장 고령의 현존하는 목회자로 활동하고 있다. 놀랍게도 그는 여전히 힘차게 설교하고 있다.

② 민족의 역사와 함께한 인생

한국전쟁과 세계대전을 직접 몸으로 경험한 역사적 인물이다. 의사의 길에 들어섰으나 북한군에 징집당하면서 무신론과 유물론의 군복에 의학의 길이 막히고 파묻힐 수도 있었다. 그러나 그는 군의관 배지를 달고 죽음의 전쟁터 속에서도 생명을 살리는 역할로 자신의 정체성을 유지해나갔다. 전쟁의 포화로 죽음의 대열과 무신론의 행렬로 내밀렸던 젊은 병사들의 처지를 돌보고 치유하면서 하나님의 치유와 하나님의 긍휼을 몸으로 체험할 수 있었다. 전쟁이 할퀸 육신의 상처를 치료하던 피범벅의 현장에서 그는 육신의 상처만이 아니라 영혼과 마음을 치유하리라는 결단을 했고, 병사 한 사람 한 사람을 돌보는 가운데 개인의 역사가 운명적으로 흘러가는 처참한 상황을 바꾸어놓기 위해서는 민족의 역사가 흘러가는 커다란 역사의 줄기를 변화시켜야 한다는 사명감을 갖게 되었다.

③ 동양의 예루살렘 선천의 영향

김선도 목사는 기독교의 원형을 간직한 곳, 동양의 예루살렘이라고 불리던 평안북도 선천에서 태어났다. 장로교 가정에서 청교도적인 신앙관과 생활관을 가지고 자랐으며, 십일조와 예배를 목숨처럼 지킨 어머니로부터 인간의 존재 목적은 하나님을 경외하는 것임을 배웠다. 그리고 하나님을 경외하는 삶은 겸손한 자세와 이웃 사랑, 성실한 생활에서 출발한다는 교육을 받았다. 당시는 일본이 한반도를 지배하던 식민지 치하였다. 모든 사람들이 일본이 세운 각 지역의 신사에서 일왕 히로히토의 사진 앞에 절을 해야만 했다. 일본 제국주의에 대한 저항의식으로 독립운동에 참여하려던 의지를 불태운 유년시절을 보냈다.

④ 오직 예수만을 모델로 의사가 된 청년

예수님을 평생의 모델로 삼아 성장했다. 평안북도 선천에 있던 동서남북 교회 중 동교회에 출석하던 청소년기에는 자연과학의 사고방식과 함께 신앙열정이 동시에 자라났다. '어떻게 하면 예수님처럼 살 수 있을까?'를 고민하면서 자연스럽게 소외된 사람, 병든 사람을 찾아가서 치유하신 예수님처럼 자연과학자이자 십자가 신앙인으로서 의사가 되기로 결정했고 1948년 신의주의학전문학교에 입학했다. 1950년 한국전쟁이 발발하기 직전이었던 당시 상황은 남한과 북한이 이미 갈라진 상태에서 교회의 십자가를 뽑고 신앙을 질식시키던 공산체제가 광범위하게 지배했고, 사회주의와 공산주의, 유물 이데올로기가 암세포처럼 번져 나간 시기였다.

⑤ 인생을 바꾼 '5분의 기적'

그는 유물주의 공산체제를 벗어나기 위해 신의주의학전문학교에서 남쪽에 가까운 해주의학전문학교로 전학을 한다. 병원에서 환자들을 치료하던 중, 환자를 위해 기도하던 그의 모습에 고발을 당하기도 하면서 반동분자로 몰리기도 했다. 이 와중에 1950년 한국전쟁이 발발했고, 북한 군의관으로 강제 징집되었다. 전쟁의 포화 속에서 죽음의 행렬을 벗어난 계기가 1사단 한국군을 만나 군복을 갈아입으면서 시작되었다. 불과 5분 만에 그는 북한군에서 국군 1사단 11연대의 국군 의무관으로 신분이 변화되었다. 이 순간이 인생의 기점이 되었다.

⑥ 예수 그리스도의 부활로 살겠다는 다짐

전쟁 과정에서 그는 유엔군의 비행기 포격과 중공군의 인해전술을 경험하고 시체 더미가 쌓여 가는 현장에서 참된 승리가 무엇인가를 생각했다. 중공군에 포위당해 수많은 청년들이 군복을 입은 채 마른 막대기처럼 쓰러져 죽어 가는 상황에서 하나님께 서원했다. "살려만 주시면 평생을 하나님의 종으로 살겠습니다." 죽음의 현실 앞에서 그는 의사의 길을 내려놓고 목사의 길, 하나님의 종의 길을 걷게 된다. 그리고 1951년 1월 4일, 스스로에게 종말선언을 한다. "김선도, 너는 죽었다. 이제는 예수 그리스도의 부활로 산다."

⑦ 약한 자를 돌보다

1953년 7월 휴전협정이 이뤄지고, 휴전 후 그는 군복을 벗어야 했다. 남한에 왔는데, 현실이 막막하고 두려웠다. 가족은 뿔뿔이 흩어져 생사를 확인할 길도 없었고, 어디로 가야 하며 무엇을 해야 할지 아무것도 결정할 수 없었고, 동시에 모든 것을 결정해야만 했다. 이때 그는 하나님의 섭리에 자신을 맡겼다. 군에서 치료해 주었던 한 국군 소위의 권유로 경상남도 고성에 가게 되었고, 가장 먼저 그곳의 상리장로교회에서 기도했다. 그곳에서 야학을 열어 피난민들과 학생들을 가르치기 시작했다. 성경과 영어, 생물 등을 가르치던 야학 천막학교가 이후 상리중학교가 되었다. 주일학교에서는 모세, 삼손, 예수님, 삭개오 등 성경의 인물들을 가르쳤고, 마을에서는 군의관 출신이라는 소문을 듣고 찾아온 환자들을 치료했다.

⑧ 가족과의 상봉

한국전쟁 중 부산 피난민 수용소에서 우연하게 아버지와 의형제를 맺은 분을 만나고, 전라도 군산에 가족들이 피난 와 있다는 소식을 듣게 된다. 그렇게 군산 선양동의 피난민 판자촌에서 가족들과 해후했다. 하나님의 섭리가 아니고서는 달리 설명할 방법이 없는 눈물겨운 만남이었다. 만남과 함께 그는 가문의 현실을 어깨에 질 수밖에 없었다.

⑨ 감리교인이 되다

1952년 그는 국군의무사령부를 찾아 면접을 보고 채용되어 의정부의 유엔종군경찰병원에서 군의관으로 일하게 된다. 의정부의 캐나다야전병원에 파견되어 외국인과 한국인을 치료하던 시기를 보내고, 의정부 경찰병원에 근무하면서 의정부의 천막교회에서 예배를 드리게 되는데, 바로 의정부감리교회였다. 장로교 출신으로 하나님의 예정을 배웠던 그가, 이제 감리교인이 되어 하나님의 선재적 은총을 세례 받게 된 것이다. 그리고 불과 1년 사이 교회 예배당을 건축하고 사택도 건축하게 된다.

⑩ 하나님의 종이 되려는 다짐으로 신학도가 되다

교회 건축의 시기에 그는 감리교 권사 직분을 받았고, 1954년 비로소 하나님의 종이 되겠다는 약속을 지키기에 이른다. 감리교 신학대학에 입학한 그의 나이 스물다섯 살 때였다. 이때 존 웨슬리의 설교와 신학을 익혔고, 신학은 사변이 아니라 전도 현장에서 생성된 실천적인 것임을 배웠다. 하나님의 선재적인 은총 안에서 인간의 죄의 문제와 양심의 문제를 깨닫고, 하나님의 은혜를 감사하며, 인간과 세상에 대한 긍휼을 어떻게 살아갈지 고민하고 기도하고 전도하는 20대의 후반기를 지나게 된다. 특히 제주전도여행은 그에게 평생 잊지 못할 지도자의 모습을 안겨 주었다. 전도를 위해 승선했던 해군 군함이 풍랑 속에서 뒤집힐 상황에도 불구하고 해군 함장은 일렁이는 파도에 직면하여 "스트레이트 어웨이straight away!"를 외치고 있었고, 그 모습은 자신 인생의 함장이 주님이심을 고백하게 했다.

⑪ 목회 인생의 시작

1957년 서울의 전농감리교회에서 담임전도사의 신분으로 첫 목회를 시작하게 된다. 첫 목회를 지내면서 부친이 목회하시던 철원의 관인교회에 출석하던 여인을 만나게 된다. 지금의 박관순 사모다.

서울대학교 간호학과를 졸업하고 간호사로 일하면서 한 번도 새벽 예배를 빠지지 않던 신앙인이자 철학과 역사, 그리고 음악을 좋아한 박관순 사모와 1960년 4월 아현감리교회에서 결혼식을 올린다.

⑫ 희생하는 삶

궁핍한 살림에 형제들과 함께 비좁은 목사관에서 살던 그 시절, 결혼식 축의금은 모두 동생들의 학자금으로 들어갔고, 끼니를 거르기 일쑤여서 결국 사모는 결혼반지까지 팔게 됐다. 시장에서 남들이 버린 배추를 주워서 김치를 만들었다. 성도들의 생활도 비참했다. 홍역과 장티푸스가 빈번했고 그는 목사였지만 의사처럼 성도들을 돌보았다. 전쟁의 폐허에서 생존의 열망으로 살아가던 사람들의 모습을 보면서 그는 삼각산기도원에 수시로 올라가 하나님께 치유와 위로와 비전의 능력을 부르짖어 간구했다.

⑬ 전설의 군목이 되다

하나님을 향한 간구가 6개월 동안 이어지면서 놀라운 역사를 보게 된다. 강력한 메시지가 있는 설교로 변화되고, 신유의 기적을 경험하고, 40명 성도가 150명 성도로 급격히 부흥하게 되었다. 당시 그는 심방 가방에 성경책과 함께 의사들의 청진기를 비롯해 각종 치료기구와 약을 들고 다녔다. 육체를 치료하는 의사이자 영혼을 치유하는 목사가 되어 목회에 전력을 다하던 중, 1962년 청년을 향한 목회 비전에 모험을 걸게 된다. 신학대학의 스승님이신 홍현설 학장이 군목으로 지원해 보라는 제안을 해 왔고, 이 제안을 받아들여 시험을 합격하면서 군에 들어가게 되었다. 그의 군목 시절은 하나의 전설로 남아 있다. 대전 공군기술교육단 항공병학교에 파송받은 그때는 북한군 군의관 신분에서 국군 의무관으로 신분이 변화된 날부터 꼭 12년 되던 해였다. 자신의 목숨을 살리려던 청년이 하나님의 종이 되겠다고 기도한 지 12년 후 민족을 살려 낼 청년들을 예수님께 인도하는 군목이 된 것은 기적이고 은혜였다.

⑭ 복음을 위한 헌신

그는 사병들과 동고동락했다. 군 영창 안에서 죄수들과 함께 자면서 복음을 전하고, 명절 즈음이면 새벽에 보초병들을 찾아가 위로하고 과자와 커피를 주었다. 참모회의 브리핑에서 장교를 전도하고, 국가와 민주주의와 희망과 용기와 신념, 그리고 사명의식을 설교했다. 그는 이때 주일 예배를 두 곳에서 드렸다. 한 곳은 공군기술교육단이었고, 다른 한 곳은 부대에서 가까운 영천감리교회였다. 담임목사 없이 천막에서 성도들 여섯 명이 드리는 예배를 그냥 지나칠 수 없었다. 결국 월급 수개월 치를 쏟아 교회 예배당을 건축하게 된다. 이 건축 과정에서 박관순 사모는 수두를 앓는 아들을 등에 업고 벽돌을 만들고, 우물에서 물을 길어 올려서 교회 기초공사를 돕고, 한 주 내내 콧구멍에서 밀가루 냄새가 날 정도로 밀가루 칼국수만 해 먹으며 교회를 건축했다. 먹은 것이 없으니 당연히 1966년 예배당을 완공하던 순간 급성 간염과 영양실조가 찾아왔다. 온 가족이 영양실조를 겪었다.

⑮ 기도로 완성된 유학길

이윽고 1967년에는 미국 유학길에 오른다. 찰스 스톡스 박사의 소개로 당시 한국을 방문했던 헤롤드 디울프 미국 웨슬리신학대 학장을 만난 것이 계기가 되었다. 그는 김선도 목사의 입학을 허가하고 장학금도 주었다. 그러나 비행기 표를 살 돈이 없었다. 사모는 이때 사람을 의지하지 말고 하나님을 의지하라는 말로 정신을 깨워주었다. 그러고는 뒷동산 공동묘지에 함께 올라가 밤새 기도했다. 하나님의 응답은 신비하게 주어졌다. 미국 펜타곤 공군본부에서 공군장관이 펜타곤에서 쓰는 비행기이면 모두 무료로 탑승할 수 있도록 특권을 준 것이다. 그렇게 열린 유학 기간 동안 하루 4시간 이상을 자 본 적이 없다. 열심히 공부했고 열심히 기도했다. 밤 12

시가 되면 존 웨슬리가 말을 타고 있는 동상 앞에서 기도했고 언젠가는 말 지린내가 진동하는 착각마저 들 정도로 몰입했다. 새벽 6시면 새벽기도를 시작했다. 그러자 신학대학에서 처음 있는 일들이 벌어지기 시작했다. 동시에 전인적 치유라는 주제로 깊게 공부해 나갔다.

⑯ 하나님께서 이끈 또 다른 전환점

1970년, 유학을 마치고 귀국해 서울 공군사관학교 군목으로 부임했다. 공군사관학교 군목으로 근무하며 평생 잊지 못할 순간을 맞이했다. 1971년 제19기 졸업식 현장에 참석했던 박정희 대통령 앞에서 기도했을 때, 대통령이 손수건을 꺼내 눈물을 닦는 것이었다. 그 즈음, 그는 장군 군목이 될 꿈을 꾸고 있었다. 그러나 하나님은 다른 방향으로 그의 목회를 이끌고 계셨다.

⑰ 광림교회로 부임하다

모교 감리교신학대학의 부흥회 요청을 받고 먼저 성령의 능력을 간구하기 위해 찾은 강원도 철원의 대한수도원에서 기도하던 중, 안은섭 목사를 만나게 되었다. 그의 요청으로 서울의 광림교회에서 설교를 하게 되었는데, 이후 광림교회 성도들이 인사위원회를 열어 초빙하기로 결정한 것이다. 군목의 신분으로 담임자 부임은 애초에 불가능한 일이었고, 그는 군선교의 비전으로 가득하던 때였다. 그러나 광림교회 교인들이 국방부에 탄원서를 제출했고, 집안 살림을 모두 교회로 이사하기까지 했다. 그렇게 국방부의 제대 특명이 나왔고 1971년 11월 광림교회로 부임한다.

⑱ 새 시대를 연 광림교회

500명 좌석의 교회에 150명이 예배하던 광림교회에서 그는 "세계에서 제일 큰 감리교회가 되자"는 비전을 제시했고 1975년에는 총동원 주일에 1,003명이 예배했다. 비전은 현실이 되고 있었다. 교회의 장로들과 함께 엑소더스의 길을 열기 시작했다. 삼각산기도원과 한얼산기도원에서 수차례 금식기도를 했다. 그리고 1978년 홍해를 가르듯 한강을 건너 지금의 광림교회 터전에서 기공예배를 드리게 된다. 건축 규제와 재정 문제 등 여러 가지 건축의 난제들이 몰아닥쳤지만 '성전건축'을 성도들과 외치며 하나님의 전을 건축해 나갔다. 건축 과정은 기적의 연속이었다. 한번은 이런 일도 있었다. 공사 현장에 파둔 땅에 연못처럼 물이 가득 고여 있었는데, 그 물을 전부 빼고 나니 붕어들이 새하얗게 깔려 있는 것이 아닌가. 이때 경험에 착안해 현재 광림교회의 로고가 탄생되었다. 당시 대한생명을 경영하던 최순영 장로의 부인은 김선도 목사가 제3한강교에서 수많은 고기를 낚아 올리는 꿈을 꾸기도 했다. 당시 한국은 지하철 건설과 도시 재건 사업 등으로 철골 파동과 레미콘 파동이 잇달아 일어나 교회 건축이 거의 불가능한 지경이었고, 성도들은 24시간 연속기도회를 하며 모든 상황을 이겨 나갔다.

⑲ 기적적인 성장을 이루다

1979년 12월, 성전 건축 결의와 건축위원회가 출범한 지 2년 만에 입당 예배를 드렸다. 5천 개 좌석이 모두 넘치도록 찼다. 세계 제일의 감리교회가 되어 선교 봉사의 주역이 되자는 비전이 현실로 이뤄진 것이다. 1980년대 한국은 도시 개발과 인구 이동 등으로 인한 개인주의와 영혼을 상실한 채 막연한 성공을 꿈꾸는 성공 지상주의가 팽배한 시절이었다.

그는 유목민처럼 이동하는 이들에게 안정감을 주는 설교, 영혼을 상실한 이들에게 소속감을 주는 설교, 내일에 대한 불안으로 흔들리는 이들에게 새 비전을 제시하는 설교에 열정과 시간을 쏟아부었다. 그 설교로 인해 8만 5천 명의 성도가 예배하는 곳으로 광림교회는 부흥을 했다. 수만 명의 사람들이 그의 설교를 듣고 적극적이고 긍정적인 삶으로 회귀하는 인생역전을 맞이하게 되었다. 1984년 하나님이 주신 목회철학인 광림의 5대 전통(적극적 신앙, 풍요한 창조, 성실한 생활, 사랑의 실천, 일치된 순종)은 성도들의 신앙에 뼈대가 되었다.

⑳ 창의적 목회로 이룬 세계적인 교회

그는 광림교회를 통해 창의적인 목회를 펼쳐 현재 한국 교회 목회의 패러다임을 만들었다. 첫 번째 시도는 교회에서는 처음으로 민방위 교육을 실시하여 남자 성도들이 교회에 넘치는 계기를 마련했다. 호렙산 기도회를 40일간 실시하면서 특별새벽기도회의 첫 장을 열었다. 전교인 헌혈운동을 처음 시행하면서 수많은 환자들에게 새 생명을 전달했다. 무료 요양시설인 '사랑의 집'을 건축하여 당시 정부에서도 행하지 못한 러시아 사할린 동포 1세들이 영구 귀국할 수 있는 장소를 마련하고 모셨다. 1995년에는 세계 감리교 감독들을 초청해 세계감리교감독회의를 열었고, 세계감리교 서울희년대회도 개최했다. 이후 서울대학교병원에 병원 교회를 건축하는 한편 모교에 생활관을 건축하고 국내외에 셀 수 없을 정도의 수많은 교회를 건축하고 목사를 파송하고 성도들을 양육했다. 다양한 목회의 씨앗이 광림교회를 중심으로 그가 설립한 기관에 심겨져 있다. 광림수도원은 영성센터로, 광림사랑의집은 치유센터로, 광림국제비전랜드는 교육센터로, 광림세미나하우스는 연구센터로 기능하고 있다. 2013년에는 광림 사회봉사관을 봉헌하며 세계 선교와 사회 선교의 금자탑을 쌓고 있다.

김선도를 정의하다

역사와 믿음의 사람

① 1930년대 일본 제국주의의 식민 통치하에서 기독교 신앙의 원리를 지켰고, 제국주의와 식민주의와 우상주의에 맞서 유년기를 보냈다.

② 1940년대 공산주의와 유물주의의 이데올로기 다툼에 맞서 교회를 지켰고, 과학과 신앙의 만남을 의학도이자 신학도로서의 그의 삶으로 이뤄 나갔다.

③ 1950년대 한국전쟁 전후의 시기에 국가의 중요성과 국민의 사명을 체험하면서 나라와 민족을 향한 사명의식과 교회의 역할을

고민하며 삶을 만들어 갔다.

④ 1960년대 폐허가 된 한반도에 의사로서 치료자의 역할을 했고, 목사로서 전인적인 치유를 외치며 사람들을 돌보았고, 교사로서 학생들을 가르치고, 군인으로서 청년 기독교인들을 양성했고, 건축자로서 수많은 교회들을 건축해 나갔다.

⑤ 1970년대 한강의 기적으로 불리는 국가경제의 성장과 함께 수많은 교회들에게 한국 교회 부흥의 모티브를 제공하고, 외향의 성장뿐만 아니라 급격한 인구 이동과 도시화가 촉발시킨 영혼의 문제를 돌보는 전인 치유의 목회를 펼쳐 나갔다. 대통령마저 하나님 앞에서 눈물을 흘리게 한 기도자로 쓰임 받았다.

⑥ 세계 선교의 현장에 가면 가장 먼저 교회를 찾아가 기도하고, 박물관을 찾아가 그 국가의 역사를 공부하고, 도서관을 찾아가 국민의 정신을 이해하고자 힘썼다.

⑦ 1980년대 전인 치유 목회의 열매로 영성센터, 치유센터, 교육센터, 연구센터가 광림교회를 중심으로 설립되었고, 이와 함께 광림교회의 위성 교회가 국내외로 설립되면서 세계 구원의 장이 넓혀지게 되었다. 구소련의 고르바초프가 자신의 신앙 정체성을 고백한 기도의 일화는 유명하다.

⑧ 1990년대 한국의 IMF 경제 위기로 국가 경제가 급격히 몰락

하는 상황에서 한국감리교 감독회장이자 세계감리교협의회 회장으로서 새 희망과 새 비전을 선포하는 지도자의 사명을 다하면서 한국 교회의 위상을 새롭게 이끌었다.

⑨ 2000년 새 밀레니엄의 시대에 본격화된 종교다원주의와 포스트모더니즘, 세속화의 물결에 직면해 21세기의 기독교가 새롭게 세워가야 할 영성과 복음과 섬김의 살아있는 모델이 되고 있다.

⑩ 현직 목회 은퇴 이후 20년이 지난 지금도 한결같이 새벽제단을 지키며 세계 구원을 위해 기도하는 대제사장의 사명을 다하고 있다.

긍휼과 겸손의 사람

① 한국의 예루살렘으로 불리는 평안북도 선천에서 태어나 장로교의 전통과 감리교의 전통을 배웠다. 군목으로서 한국인 최초의 유학생이 되어 전인적 치유목회와 목회상담을 도입했다.

② 그의 신앙과 신학은 이론에서 이론으로 흐른 사변이 아니라, 현장에서 실천으로 직행한 성육신의 신앙이고 목회였다.

③ 전쟁 휴전협정 후 폐허 위에서 사람들에게 희망을 안겨주었

다. 직접 찾아가 육체를 치료하고 영혼을 치유했다. 다음 세대들을 가르쳤다. 그는 의사였고, 목사였고, 교사였다.

④ 국민들에게 희망을 안겨주는 한편, 군생활을 통하여 일반 사병들과 함께 숙식하고 함께 행군하고 함께 밤을 새워 보초를 서면서 기독 청년들을 양성시켰다. 민족의 미래를 책임지는 군 장성들이 이때 여러 명 배출되었다.

⑤ 헐벗고 굶주린 이들을 보면 지나치는 법이 없던 그는, 자신이 거주할 집도 없이 의정부에서 평신도로서 자신의 사비를 총동원해 교회를 건축하고, 공군 군목 시절에도 담임목사도 없는 쓰러져가는 교회를 찾아가 설교를 하고 자신의 사비를 총동원해서 교회를 건축했다. 이 과정에서 양식이 떨어져 밀가루로 수개월을 살면서도 스스로의 빈곤과 가족의 굶주림을 절대 내색한 적 없다. 먹을 양식이 생기면 교인들이 미안해 할까 염려하며 교인 몰래 그들에게 전달하는 희생적인 생활을 했다.

⑥ 받은 은혜와 사랑을 기억하면서 고향 땅이 있는 북한에는 국수공장을 지어주고, 모교 감리교신학대학에는 학생 300명이 생활할 수 있는 기숙사를 건축하고, 서울대학교병원에는 병원 교회를 세우고, 영국 웨슬리 채플에는 감리교박물관을 새롭게 개장하도록 비용 전부를 헌신하고, 국제월드비전 이사로 섬기면서 전 세

계 기아 해결에 적극적으로 나섰으며, 국가와 정부도 하지 못하던 사할린 동포를 모셔 오고, 무너져 가는 기독교방송사를 살리는 등 받은 은혜와 사랑에 대해 끊임없이 감사하고 보답하는 삶을 살고 있다. 이 과정에서 받은 각종 명예직과 박사학위, 국가 훈장이 다수임에도 불구하고 그는 모든 것을 뒤로 하고 기도하는 목사로 기억되고 남기를 원하고 있다.

⑦ 그의 가장 큰 기쁨은 설교 단상에서 하나님의 말씀을 선포하는 예배의 시간, 새벽제단에서 하나님과 대화하는 기도의 시간, 그리고 손주들의 손을 잡고 십일조 꼭 하라는 말과 함께 조용히 용돈을 쥐어주는 가족과 함께하는 시간, 어떻게 하면 하나님을 기쁘시게 할까, 어떻게 하면 교인들을 찾아가 돌볼까 고민하는 시간, 그리고 사랑하는 아내와 함께 조식을 들고 묵상하며 산책에 나서는 시간이다.

한국전쟁 당시 북한군에 강제 징집된 김선도(오른쪽)는
전쟁 중 기적적으로 남한으로 넘어와 국군 1사단의 의무관이 되었다.

1953년 UN종군경찰병원에서 근무하는 의무관 김선도(오른쪽).

공군기술교육단 예배당 앞에 서 있는 김선도 군목. 이곳에서 사병들과
동고동락하며 전설의 군목이 되었다.

1971년 전역 송별예배에서 설교하는 김선도 목사.
전역 후 광림교회의 5대 담임목사가 되었다.

1972년 광림교회 야외 예배 전경. 부임 당시 150여 명이 예배하던 교회를
3년 만에 성도 1,000명의 교회로 성장시켰다.

강남구 신사동으로 본당을 이전하기로 한 광림교회는
1978년 기공예배를 드리고 건축을 시작했다. 사진은 당시 공사 현장.

김선도 목사와 광림교회의 지원으로 건축된 감리교신학대학교 장천생활관.
광림교회는 국내외에 수많은 교회와 기관을 건축하는 데 지원을 아끼지 않았다.

광림수도원 전경. 다양한 목회의 씨앗이 광림교회를 중심으로
그가 설립한 기관에 심겨져 있다.

1997년 짐바브웨 아프리카대학교에서 명예문학박사 학위를 수여받는
김선도 목사. 세계적인 목회 지도자 김선도는 21세기의 기독교가
새롭게 세워 가야 할 영성, 복음, 섬김의 모델이다.

원문

Bishop
Kim, Sundo

Richard J. Foster

Richard J. Foster

Professor of spiritual theology at Ajusa Pacific University and
Spring Arbor University in the U.S. He founded the spiritual
training method 'RENOVARE', and also wrote books such as
『Celebration of Discipline』and 『Devotional Classics: Selected
Readings for Individuals and Groups』.

The life of Bishop Kim

The life of Bishop Kim, Sundo has various turning points. It can be shown a kind of turning point, but it is a passage which surely should be looked and studied for the spiritual stage of growth that is able to be deep and expanded. Under the Japanese colonization, though he was forced to use Japanese, he red the Bible and prayed to the God in Korean. When he took off the uniform of North Korean Army and wore the military uniform of South Korean Army, his position was changed to South Korean from North. His ideological circumstance surrounding him was converted.

His occupation was changed, and transformed into the spiritual dimension in his personality when he put on the pastoral gown after taking off doctor's. After spending his lifetime for several years as dispersed family, he had lived his life in the centered of church and he had served, taught, and healed not only to his own family, but also to many local people like his blood. Becoming a senior pastor for Kwanglim church after taking off the chaplain uniform in air force, his pastoral prospect was changed national pastor to worldwide. He did not pass opportunities of the coming lifetime with just concerning happenstance, but he understood it as special event that God had given and continuously went out to deepen and to expand for that his lifetime would be changed into spiritual chronicle. No one can make the stage of spiritual growth by own intentive product. It is the cause to be formed spiritual purity of high density; a bloody passion of faith to go near God more, an iron will that clinches faithfulness which tries to keep an appointment with God at the last minute, an apocalyptic posture of life that faces the moments of whole life as the last minute, a pastoral viewpoint to pull this world up to the place of God's kingdom, a form of the prayer getting on with keeping own body, mind and spirit humble and pure to be offered burnt offering before presence of God at any time, any where. God will be pleased and plant spiritual seed with inevitable gifts abundantly. The spiritual insight grows in the spiritual root widely enclosing area of reason and emotion, and it yields that fruit. His life is going to be deep, wide and high every moment as the dimension of lifetime toward God from the level of a personal life.

Bishop Kim's Spirituality

The spirituality about Bishop Sundo Kim was formed through context and historical category, well surpassed personal living area and pastoral territory, that is still in the process of expanding. It is an uncommon case for a personal history to flow with the history of our people and the history of the world. According to the flux and dynamic development flowing with the history of our people and the world, it is certain for a personal history to be influenced and changed by that turbulently. His spirituality, however, is not passively personal historicality influenced, but is the aggressive and global spirituality that has positively affected and interfered in the course of history and its change. He began at a head of household first, and he made it to be formed as the global spiritual family. Thousands upon thousands of pastors was influenced directly in his preaching and ministry. He directly showed what a person was going through, what stages for his entering into the spirituality from secular starting point. He established Korean methodist church which had been withered to the world best and largest methodist church once again. Among pastors, he is the most important person who drew up the Korean history to the world history. He was the first Asian pastor who preached on the altar where John Wesley did, and furthermore, he founded so many missionary centers which is hard to count in simple number; they are in Zimbabwe Africa, Antioch Turkey, Baltic Estonia, Nagoya Komagane Japan, Moscow Russia, etc. He is recording new history of mission as ever. He is becoming a model of spirituality and leadership and a generally global, religious, social, and historical influence to the leaders who are leading the world, that cause of these: his sacrificed role in Social services affairs, like the World Vision and the Red Cross Society and so on; a spiritual leadership that affected World Methodist Council as well as United Kingdom, United States of America, Russia, and Europe in religious affiliations; unsparing investment influencing Korean and world prestigious university in education line; the Gospel of the cross delivered to presidents and leader in all countries of the world, including the Gorbachev in the past time and his powerful massage in the prayer. His leadership, spirituality, and character can be presented to various forms - a seeker who proclaim the truth of word, a pilgrim walking on the path of salvation, a priest leading a flock of sheep, a missionary moving up in the world, a prayer who cries out to the God in every early in the morning.

The brief course of life of Bishop Kim Sundo

Let us to see the 20 scenes of main resources in his chronicle that is able to review in two frames: the life of Bishop Kim Sundo and his spirituality.

A. He is the only and oldest pastor in existence among world Christian leaders. In the stained glass of the Church of Resurrection in America, dedicated to God in 2017, there are most important figures of world Christian history from biblical figures to characters in 20th century that are chosen. Bishop Kim Sundo and Pastor Billy Graham were existing at the time of producing and dedicating it. Since Pastor Billy Graham passed away, Bishop Kim Sundo is the only working pastor who is the oldest in existence and is still strongly preaching.

B. He is the historical figure who had experienced the Korean War and the World War in his own body. He entered into a way of surgeon, but conscripted by North Korean army, his path of medical science could be blocked and buried by the military uniform of atheism and materialism. He, however, attached a badge of army surgeon and maintained his identity that plays a role to live a life even in the battlefield of death. Taking the healing position of young soldiers whom gunfire of war dragged out to the line of death and parade of atheism, he could experience healing and mercy of God in person. He determined to heal not only the wound of flesh, but also the mind of spirit in a bloody field where he had cured injury that the war created. He got the sense of mission that he should change the large stem of history on that the history of our people is flowing, so that he would change a personal history that is flowing to terrible situation by destiny.

C. He was born in Suncheon, North Pyoung-An Province, once called Jerusalem of Korea, where keeps the original form of Christianity. He grew up in a Presbyterian family that kept a Puritan spiritual discipline, and learnt that the purpose of the human existence is to fear God from his mother who kept her tithes and worship laying down her life. He got an education that the life to fear God starts from a humble attitude, loving neighbors, and faithful living. That time was under Japanese colonization over Korean peninsula. All Korean people had to bow in front of Emperor Hirohito's picture at the shrines in each local area that Japan built. He spent his childhood, eager to take a part in the independence movement, with a sense of resistance against Japanese imperialism.

D. He grew up modelling after Jesus in his whole life. In adolescent period attending the East church of 4 NSWE churches in Suncheon, North Pyung-An Province, a fervor of his faith had grown up along with his way of thinking of natural science Concerning what he must do to live like Jesus, he decided to be a surgeon as the believer in the Christ and natural scientist, just like Jesus who went and healed people of the underprivileged and the sick, and entered Shinuiju Medical College in 1948. In the situation of that time, shortly before the Korean War broke out in 1950, South Korea and North Korea had already been parted. Communism, which extracted the cross from churches and suffocated faithful prayers to Christ, had widely ruled. That time was when Communism, Socialism, and relic ideology had been spread like a cancer cell.

E. He transferred to Haeju Medical College near south from Shinuiju Medical College to get out of the materialism and communism system. When he was healing patients in a hospital, he was accused of being a traitor, because of the fact that he prayed for his patients. Meanwhile, the Korean War broke out in 1950, and he was conscripted by force to be a North Korean surgeon. The opportunity to get out of the procession of death in gunfire came when he met the First Division of South Korean Army and changed his uniform. Just in five minutes, his position has changed from a surgeon of North Korean Army to a surgeon of 11th Regiment, First Division of South Korean Army. This moment became the starting point of his life.

F. In the course of war, he went through UN forces' aircraft bombardment and the human-wave strategy of Chinese Communist army. In front of the field where a pile of corpses were stacking up, he wondered what can be called a 'true victory.' He made a vow to the God when so many young people were falling dead in their military uniforms. "If you let me live, I will be your forever servant." In the course of death, he put down his way of surgeon, and became the servant of God. On January 4th, 1951, he bid farewell to his old self. "Kim Sundo, you are now dead. You shall live as Jesus Christ who as been raised from death.

G. After the truce agreement in July 1953, he took off his military uniform. He arrived in South Korea, but did not know what to do. His family was scattered, and there was no way to find out whether they were alive or not. He could not decide anything: where he should go or what he should do. He entrusted himself to the God's providence. On the second lieutenant's suggestion, whom he had treated in the army, he went to Goseong, in South Gyeong-sang Province. He prayed at Sangri Presbyterian Church upon arrival. He opened a tent school and taught refugees and students. The very tent school that had taught subjects such as the Bible, English, and Biology, became Sangri Middle School, later on. In Sunday Schools, he taught about the figures in the Bible: the stories of Moses, Samson, Jesus, Zaccheus, and so on. He also treated patients in the town, who sought him upon hearing the rumor that he was a surgeon officer.

H. Two years later, he visited the refugee camp in Busan. There he ran into a sworn brother of his father, and heard that his family took shelter in Gunsan, Jeolla Province. Finally, he was able to reunite with his family at the refugee shantytown in Gunsan. It was a tearful reunion which cannot be explained without the help of His providence. Upon reunion, he had to take care of his family.

I. He is the eldest son of the family. He arrived in Seoul, with responsibility to look after his family and his parents who had went through tough times. At that time, Korea was experiencing an extreme shortage of healthcare workers. He visited the Armed Forces Medical Command(AFMC) and after an interview, he was recruited as a medical officer of a UN Police Force Hospital. While his dispatch to Canadian Field Hospital, he had an opportunity to treat foreigners along with Koreans. After, he worked in police force hospital in Uijeongbu, and attended a makeshift church which later on became the Uijeongbu Methodist Church. He who had learned the predestination of God from Presbyterian Church became a methodist, being baptized with the prevenient grace of God. And just in a year, he was successful in building not only a church chapel, but also a parsonage of his own.

J. When the church was being built, he was nominated as an exhorter of Methodist Church and fulfilled his promise to be a servant of God as of 1954. He was twenty five years old when he entered the Methodist Theological Seminary. He learned John Wesley's sermon and theology, and learned that theology is not speculative, but practical formed in the field of evangelism. After realizing the conscience and sin of mankind in the prevenient grace of God, he spent his late 20s concerning, praying and spreading His word with a grateful mind. Especially, the missionary journey to Jeju gave him an experience that he can never forget. The ship he boarded for missionary was about to overturn in a storm. However, the captain, confronting the fierce waves, shouted out, "Straight away!" That is when he realized, that God is the captain of his life.

K. He conducted his first pastoral care at the Jeonnong Methodist Church, located in Seoul, as a missionary in 1957. As he did so, he came across a lady attending Kwanin Church in Cheorwon, where his father was ministering. This lady is now his spouse. She had a bachelor's degree in nursing from the Seoul National University, and was a faithful believer who attended the early morning prayers every single day. He got married to Park Kwansoon, who loved philosophy, history, and music, and held their wedding ceremony at Ahyeon Methodist Church in April 1960.

L. He had to live in a narrow parsonage with his brothers, and all their congratulatory money was used to pay his brothers' tuition fee. Skipping meals was a routine, so his wife had to sell her wedding ring. She made kimchi with discarded lettuces that she found on street markets. The other saints' lives were also miserable. They were easily infected with measles and typhoid fever. Though he was a pastor, he took care of the saints as a doctor. Witnessing people suffering from the ruins of war, holding deep desire for survival, he often visited the Prayer House of Samgak Mountain. He cried out to God, praying for the power of healing, comfort, and vision.

M. After his prayers to God continued on for six months, he experienced a great change in life. His sermon came to harbor a powerful message. His church experienced a miracle of healing and the number of saints of the church sharply increased from 40 to 150. At that time, he carried a Bible in his atrial bag, along with various medical devices such as the doctors' stethoscope and medicines. While working hard in the ministry as a doctor who treats the body and a pastor who heals the soul, he ventured on the vision of the ministry for the youth in 1962. Dean Hong Hyun Seol, his mentor at Theological University, suggested he apply as a military chaplain. He accepted and was able to join the military after passing the exam. His days as the military chaplain remain a legend. When he was sent to the Air Force Technical Education Corps in Daejeon, it was exactly twelve years after when his status changed from a surgeon of North Korean Army to a surgeon of South Korean Army. It was a miracle and grace that, within the time of twelve years, the boy who prayed to save himself has become a chaplain that leads the people who saves others.

N. He shared joy and sorrow with the soldiers. He slept with the prisoners in the military camp and preached the gospel, and when it was the time of holidays, he visited the sentries at dawn to comfort them and gave them some snacks and coffee. In a briefing at the staff meeting, he preached officers, and preached national democracy, hope, courage and conviction, and a sense of mission. He held Sunday services at two places; one was at the Air Force Education and

Technology Corps, and the other one was at the Yeongcheon Methodist Church near the military unit. He could not pass by the service which was held by six saints in a tent without a proper pastor. In the end, he spent few months' salary on building a chapel. During the construction, his wife, Park Kwansoon, made bricks while carrying their son who was suffering from chickenpox, and pulled water from the well to work on the groundwork for building the chapel. Throughout the week, she built the chapel while eating only flour noodle soup, to the amount that her nostrils smelt like flour itself. This led to acute hepatitis and malnutrition as soon as the chapel was completed in 1966. The whole family suffered malnutrition.

O. He went to study abroad at the United States in 1967. It was due to a meeting with Harold Diwolf, dean of Wesley Theological Seminary in the United States, who visited Korea with the introduction of Dr. Charles Stokes. Harold Diwolf even gave him a scholarship, but most importantly, he did not have the money to buy a plane ticket. His wife awakened him by telling him to rely on God and not men. Together, they went up to the cemetery in the back hill and prayed all night. God's answer was given in a mysterious way. The Pentagon Air Force Headquarters in the U.S. has given the Air Force Secretary the privilege of boarding all planes used in the Pentagon free of charge. While studying abroad, he has never slept more than four hours a day. He studied hard and prayed hard. At midnight, he prayed in front of the statue of John Wesley riding a horse. He immersed himself into praying, to the point he felt a scent of horse odor. Early morning prayers were held at six o' clock in the morning. It was a new happening to the Theological University. At the same time, he deeply studied on the subject of universal healing.

P. In 1970, he finished his studies abroad and returned to Korea. He became the military chaplain at the Seoul Air Force Academy. While serving as the military chaplain, he experienced an unforgettable moment in his life. When he prayed in front of Former President Park Chung Hee, who attended the 19th graduation ceremony in 1971, the former president took out a handkerchief and wiped away tears. Around that time, he was dreaming of becoming a chaplain general, but God was leading his ministry in a different direction.

Q. Upon receiving a request from his alma mater Methodist Theological University, he visited Gangwon Province to seek the power of the Holy Spirit. While he was praying at the Korean monastery in Cheorwon, Gangwon Province, he met Pastor Ahn Eun Seop. At the pastor's request, he gave a sermon at Gwanglim Church in Seoul, where the saints invited him to a personnel committee. As a military chaplain, he could not be appointed as a head staff, and he had his vision of military missionary. However, all members of the Gwanglim Church filed a petition to the Ministry of National Defense, even moving his household items to the church. Therefore, he was discharged from the military and was appointed to the Gwanglim Church in November 1971.

R. At Gwanglim Church, which had 500 seats but only 150 people attended, he presented his vision of 'turning Gwanglim Church into the world's largest Methodist Church.' And in 1975, on the day of the Great Gathering, the total of 1,003 people attended the service. His vision was becoming a reality. He opened the path of Exodus with the church elders. For several times, he gave fasting prayers at the Prayer Houses of Samgak Mountain and Haneol Mountain. In 1978, he crossed the Han River as if it were the Red Sea and offered a completion ceremony service at the site of the current Gwanglim Church. Despite various architectural challenges, including building regulations and financial problems, he kept on building the temple of God with the saints. The building process was a series of miracles. At one time, the construction site was filled up with water like a pond. When the water was removed, a school of white carp was on the bottom of the ground. Therefore, the current logo of Gwanglim Church was born. The wife of elder Choi Soon Young, who ran the Daehan Life Inc. at the time, dreamed of her catching numerous fish at the Third Han River Bridge. At that time, church construction was almost impossible in Korea because of the shortage of steel frames and ready-mixed concrete due to the series of subway construction and urban reconstruction projects. The congregation gave unending prayers that lasted 24 hours to overcome the situation.

S. In December 1979, a church entrance service was held two years after the building resolution and the building committee were formed. The 5,000 seats were filled to overflowing. The vision to turn the church into the world's largest Methodist church and to become the leader of missionary service has come true. In the 1980s, individualism prevailed in Korea due to urban development and population movement. It was a time when the spirit was easily lost, and everyone had a vague hope of success. He poured his passion and time into sermons that gave stability to those who moved like nomads, sermons that gave a sense of belonging to those who lost their spirits, and sermons that presented new visions to those who were shaken by anxiety about tomorrow. With his sermons, Gwanglim Church thrived as a place where 85,000 saints attend. Thousands of people who heard his sermon were led to an active and positive life. In 1984, the five traditions of Gwanglim Church, the pastoral philosophy given by God, (active faith, rich creation, sincere lifestyle, practice of love, and consistent obedience) became the faith of saints.

T. As he conducted creative ministry through Gwanglim Church, his first attempt was to create a paradigm for Korean churches. By conducting a civil defense education in the church, he provided the opportunity for male saints to gather. By holding the Horeb Mountain Prayer Meeting for 40 days, he opened the first chapter of the

Special Early Morning Prayer Meeting. By implementing the Blood Donation Campaign, he delivered new lives to countless patients. By building the "House of Love," a free nursing facility, he provided a place in Korea where the first generation of Russian Koreans in Sakhalin could come back, which operation could not be done by the government at that time. In 1995, he invited Methodist directors from around the world to hold the World Methodist Supervision Conference, and also held the World Methodist Jubilee Competition. Later, he built a hospital church at Seoul national University Hospital. He built a dormitory in his alma mater, built numerous churches, dispatched pastors, and raised saints, both at home and abroad. Various pastoral seeds were planted in the institution he founded, spreading from Gwanglim Church. Gwanglim Monastery serves as a spiritual center, Gwanglim Love House as a healing center, Gwanglim International Vision Land as an educational center, and Gwanglim Seminar House as a research center. In 2013, the Gwanglim Community Service Center was dedicated to building a monumental tower for world missionary and social mission.

Bishop Kim Sundo, the man of history and faith

A. Under the Japanese colonial rule in the 1930s, he kept the principle of Christian faith, and spent his childhood against imperialism, colonialism, and idolism.

B. In the 1940s, he defended the church against communism, materialism, and ideology, and put together science and faith in harmony as a medical and a theological scholar.

C. During and after the Korean War in the 1950s, he

experienced the importance of the nation and the mission of the people. He agonized over the mission and the role of the church for the country and the people.

D. In the 1960s, he served as a doctor on the devastated Korean Peninsula, took care of people with holistic healing as a pastor, taught students as a teacher, trained young Christians as a soldier, and built numerous churches as an architect.

E. In the 1970s, he provided the opportunity to thrive to countless Korean churches, along with the growth of the national economy, which is called as a miracle of the Han River. He held pastoral sessions of healing for looking after the devastated souls due to the rapid population migration and urbanization.

F. Upon arrival to the field of world missionary, he would pray at a church, visit a museum to study the country's history, and visit a library to understand the spirit of the country's people.

G. In the 1980s, the spiritual center, the healing center, the education center, and the research center were established by Gwanglim Church. At the same time, satellite churches of Gwanglim were built in both Korea and out of Korea, which led to expansion of world salvation. The story of Gorbachev of the former Soviet Union is famous, confessing his religious identity in his prayer.

H. In the 1990s, facing the IMF foreign exchange crisis, the economic growth was falling at a devastating state. As a Chairman of the Korean Methodist Supervision Committee and the President of the World Methodist Council, he led the Korean churches anew, practicing the mission of a leader to declare new hope and new vision.

I. In the 2000s, he became the living model of spirituality, gospel, and service that Christianity should seek in the 21st century, according to the religious pluralism and postmodernism in the new millennium era.

J. Twenty years after retiring from the ministry, he still carries out his duty as the high priest who keeps the early morning altar and prays for world salvation.

Bishop Kim Sundo, the man of mercy and humility

A. Born in Seoncheon, Pyeonganbuk-do, which is called the Jerusalem of Korea, he learned the tradition of Presbyterianism and Methodistism. And as the military chaplain, he became the first Korean student to study abroad and introduced the healing ministry and pastoral counselling.

B. His faith and theology were not just events that flowed from theory to theory, but the faith and ministry of the incarnation formed by practice at the very field.

C. After the truce agreement, he brought hope to the people at the ruins of war. He visited in person to treat the bodies and heal the souls. He taught the next generation. He was a doctor, a pastor, and a teacher.

D. While giving hope to the people, he spent his military life training young Christians, eating and sleeping with ordinary soldiers, marching together, and staying overnight with those who stand sentry. Several military generals responsible for the future of the nation were produced at this time.

E. He never passed by the poor. He did not have a house of his own, but he used his own money to build a church in Uijeongbu. During his service as a military chaplain in Daejeon, he visited the tent church and, once again, used his own money to build a proper church. In the process, he lived on flour for months due to lack of food but never expressed his poverty and hunger. When there was food to eat, he secretly delivered it to the members of the church. He lived a sacrificial life.

F. Remembering the grace and love he received, he built a noodle factory in his hometown of North Korea, built a dormitory for 300 students at its alma mater Methodist Theological University, established a hospital church at Seoul National University Hospital, dedicated all expenses to opening a new Methodist museum at Wesley Chapel in England, served as director of International World Vision to save children suffering from starvation, provided a place in Korea to live for the Russian Koreans in Sakhalin, and saved a failing Christian broadcasting company. With a grateful mind, he lived and still lives a dedicated life. Despite the countless honorary positions, doctoral degrees, and national orders that he received in the process, he wishes to be remembered as just a pastor who prays for the people.

G. His greatest joy are the times of spreading His word

at the service, giving early morning prayers to God, spending enjoyable moments with his family and his grandchildren, thinking about how to please God, agonizing over how to look after the church members, and spending his morning with his beloved wife.

3장 | 영성의 목회자, 김선도 감독 : 리처드 포스터

425

목사 김선도의 연혁

1930년   12월 2일 평안북도 선천에서 탄생했다.

1950년   해주의학전문학교를 졸업하고 외과의사가 되고자 했다. 하지만 6.25전쟁이 발발해 북한군에 강제 징집되어 군의관으로 참전했다.

1951년   신앙의 자유와 개인의 신념을 위해 남으로 넘어가기로 결심하고 하나님께 간절히 기도하며 국군 주둔지를 향해 걸어갔다. '5분의 기적'으로 북한군에서 국군의 군의관으로 신분이 바뀌었고 유엔종군경찰병원에서 의무관으로 근무하며 부상당한 장병을 치료했다.

1953년   휴전협정 이후 전역하고 서울 도심에 병원을 개원해 의사의 삶을 살았지만 이듬해 목회자가 되기 위해 감리교신학대학교에 입학해 신학도가 되었다.

1958-1962년	감리교신학대학교를 졸업하기도 전에 전농감리교회에 청빙되어 담임목사로 섬겼다.
1960년	전농감리교회를 섬기던 중 박관순 사모를 만나 부부의 연을 맺고 평생의 동역자를 얻었다.
1962년	전농감리교회 담임목사직을 사임하고 대전의 공군기술교육단 군목이 되었다. 군목으로 재직하는 동안 전설적인 일화를 남기며 성공적인 목회를 이끌었다.
1967년	목회를 하면서 신앙이 깊어지고 커질수록 배움의 목마름 또한 간절해졌다. 김선도 목사는 또 한 번의 도전을 했다. 군인 신분으로는 최초로 미국 유학길에 오른 것이다.
1968년	미국 롱비치선교연구원을 수료하고 1971년 웨슬리신학대학원에서 종교교육학석사M.R.E를 취득했다.
1970년	유학을 마치고 공군사관학교 군종실장으로 근무했다.
1971년	광림교회에 청빙되어 전역했다. 기독교대한감리회 광림교회의 5대 담임목사로 부임해 당시 교인들 사이에 뿌리내리고 있던 갈등과 반목의 뿌리를 걷어내고 적극적인 전도와 영성의 목회를 시작했다. 더 큰 성장과 부흥을 위해 쌍림동에 위치하던 교회를 강남 신사동으로 이전하기로 결단한다.

1971-1973년	감리교신학대학교 및 선교대학원, 이화여자대학교, 강남대학교의 외래교수를 역임하며 후학을 양성하는 데 힘썼다.
1974년	영국 런던 엡솜감리교회에 교환목회를 하면서 목사 스스로 서구 전통의 목회를 체험하며 신학적 역량을 키웠다.
1978년	강남구 신사동에 새 성전 건축 기공식을 거행하고 건축한 뒤 지금의 자리로 교회를 이전했다. 영성을 울리는 인상적인 설교와 사랑과 나눔을 실천하며 전인적 목회를 이끌었고, 광림교회는 세계적인 규모의 교회로 성장했다.
1979-1983년	아세아연합신학대학원 초빙교수를 역임하였다.
1982년	미국 풀러신학대학원 목회학박사D.Min를 취득했다.
1987년	사회복지법인 광림복지재단 이사장직을 맡아 이웃에 대한 사랑을 실천하고 복음의 사회적 성화를 위해 공헌하고 있다.
1988-2011년	사회복지법인 한국월드비전 이사 및 이사장직을 역임했다.
1988-2008년	국제월드비전 이사를 역임했다.
1990-1997년	로잔세계복음화 한국위원회 의장을 역임했다.
1991-1995년	한국기독교교역자협의회 대표회장을 역임했다.
1991-1997년	세계감리교협의회WMC 실행위원을 역임하며 한국을

넘어 세계의 기독교에 영향을 주었다.

1993년	애즈베리신학대학원 명예신학박사D.D를 수여받았다.
1993-1995년	대한적십자사 중앙위원을 역임했다.
1994-1996년	기독교대한감리회 감독회장을 역임하며 학교법인 감리교학원 이사장을 지냈다.
1994-2000년	학교법인 연세대학교 이사를 역임했다.
1995-1997년	기독교TV 공동대표이사를 역임했다.
1996-2000년	세계감리교협의회 회장을 역임하며 세계적인 감리교 지도자로서 헌신했고 동시에 한동대학교 이사, 연세대학교 외래교수를 역임했다.
1997년	짐바브웨 아프리카대학교 명예문학박사D.Litt를 수여받았다.
2001년	김정석 목사에게 광림교회 담임목사직을 이임하고 원로목사가 되었다.
2001-2008년	학교법인 서울 현대학원 이사를 역임했다.
2006년	호서대학교 명예신학박사D.D를 수여받았다.
2007년	감리교신학대학교 명예신학박사를 수여받았다.
2013년	세계 감리교의 존경받는 목회자로서 그 공로를 인정받아 서울신학대학교 명예문학박사를 수여받았다.

2016년	대한민국 해병대 명예해병으로 임명되기도 하였다.
현재	기독교대한감리회 광림교회 원로목사, 사회복지법인
	광림복지재단 이사장, 한국기독교총연합회 명예회장,
	국가원로회의 공동의장, 한국목회연구원 원장, 웨슬리
	복음주의협의회 회장, 영국 웨슬리 채플 명예협력목사
	로 섬기고 있다. 또한 학교법인 문영학원 이사, 감리교신
	학대학원 및 미국 풀러신학대학원, 웨슬리신학대학원,
	세인폴신학대학원, 유나이티드신학대학원의 객원교수,
	애즈베리신학대학원 석좌교수 및 명예이사장으로서 후
	배 목회자들에게 신학과 목회학 연구의 길을 열어주고
	그 역량을 키우도록 돕는 데 힘쓰고 있다.

상훈

1990년	미국 웨슬리신학대학원 존 웨슬리상 수상
1991년	감리교신학대학 동문회 동문상
1993년	대한적십자 인도장 금장 수상
1996년	대한민국 국민훈장 목련장 수상

1997년	한국교회사학연구원-한국 10대 설교가로 선정
2002년	제1회 기독교 대한감리회상 교회개척 및 선교분야 수상
2011년	제1회 목원 크리스챤목회대상 수상
2012년	미국 애즈베리신학대학원 SUNDO KIM HALL 명명
2014년	한기총 기독교지도자상 목회자부문 수상

저서

『김선도 컬럼 1-3』, 예목, 1986

『그럼에도 불구하고』, 광림, 1992

『인생의 매스터키를 소유하라』, 광림, 1999

『김선도 목사 전집 1-12』, 광림, 2001

『새 시대를 여는 거룩한 습관』, 광림, 2009

『상처가 영광이 되게 하라』, 광림, 2009

『5분의 기적』, 넥서스CROSS, 2013

* 영문 설교집 『What a Wonderful Change』, 『Finding Hidden Treasure』,

『Hurt Turning into Groly』 외 다수.

목사 김선도 1

목회가 참 신났습니다

초판 1쇄 발행 2020년 12월 21일

지은이   김영헌 외 6인
총괄기획   이상완
펴낸이   김정신
펴낸곳   서우북스

주소   서울시 강남구 논현로 507 성지하이츠 3차B/D 107호
팩시밀리   02-556-9175
이메일   wan1-2-3@hanmail.net
홈페이지   seowoobooks.com

ISBN 979-11-963804-6-5   04230(세트)
ISBN 979-11-963804-7-2   04230

서우瑞友는 '남녀노소 모든 사람들에게 복이 되는 친구'라는 뜻으로 서우북스는 출판을 통하여
좋은 친구처럼 도움을 주는 일에 주력하고자 합니다.